新商科一流本科专业群建设"十四五"规划教材

新商科一流本科专业群建设"十四五"规划教材

总主编 ◎ 姜 红　熊平安

SHANGYE DASHUJU FENXI
商业大数据分析

主 编 ◎ 叶 龙

华中科技大学出版社
http://www.hustp.com
中国·武汉

内 容 提 要

本书是一本融合知识和技能的商业大数据分析教材,集合了文字、多媒体、知识库等多种信息传递形式,即便是零基础的读者也可以通过本书及其配套教学资源快速掌握和使用商业大数据分析技能。全书按照大数据分析的流程,系统地介绍了商业大数据分析从大数据采集、大数据预处理、数据存储与管理,到大数据分析、大数据可视化,以及大数据计算所需的基础设施等知识,构建了比较完整、系统的商业大数据分析知识体系结构。本书不仅适合酒店管理、电子商务、工商管理、金融学、市场营销、商务经济学等商科类专业的本科生或研究生作为教材使用,也适合大数据分析领域的初学者、从业者及科技人员学习参考。

图书在版编目(CIP)数据

商业大数据分析/叶龙主编. —武汉:华中科技大学出版社,2021.5
ISBN 978-7-5680-7117-8

Ⅰ. ①商… Ⅱ. ①叶… Ⅲ. ①商业信息-数据处理 Ⅳ. ①F713.51

中国版本图书馆 CIP 数据核字(2021)第 084654 号

商业大数据分析 Shangye Dashuju Fenxi	叶 龙 主编

策划编辑:王 乾 李 欢
责任编辑:陈 然
封面设计:原色设计
责任校对:李 弋
责任监印:周治超
出版发行:华中科技大学出版社(中国·武汉)   电话:(027)81321913
　　　　　武汉市东湖新技术开发区华工科技园   邮编:430223
录　　排:华中科技大学惠友文印中心
印　　刷:武汉市籍缘印刷厂
开　　本:787mm×1092mm 1/16
印　　张:14.25 插页:2
字　　数:386千字
版　　次:2021年5月第1版第1次印刷
定　　价:59.80元

本书若有印装质量问题,请向出版社营销中心调换
全国免费服务热线:400-6679-118 竭诚为您服务
版权所有 侵权必究

总 序

Introduction

教育部推进"四新"(新工科、新医科、新农科、新文科)建设,特别是在《教育部办公厅关于启动部分领域教学资源建设工作的通知》中提到,2020年起,将分年度在部分重点领域建设优质教学资源库、优化教育教学条件、推进教学方法改革、加强教师队伍建设,探索"四新"理念下教学资源建设新路径和人才培养新模式。在国家推动加快形成以国内大循环为主体、国内国际双循环相互促进的新发展格局的背景下,新商科建设作为新文科建设的重要组成部分,是培养新财经人才的重大改革探索和实践,对新时代人类命运共同体的发展和全球经济的发展具有重大意义。同时,新时代背景下中国的发展及其在世界舞台上的地位,以及上海打造世界著名旅游城市和"世界级会客厅"、打响上海的"四大品牌"(上海服务、上海制造、上海购物、上海文化)、发展在线新经济,都将使培养具有专业知识、信息技术、职业素养、国际视野和家国情怀的新商科卓越人才成为重中之重。而新商科教材是新商科建设和培养新商科人才的关键环节。

2017年,教育部、财政部、国家发展改革委印发了《统筹推进世界一流大学和一流学科建设实施办法(暂行)》,2018年印发了《关于高等学校加快"双一流"建设的指导意见》;2018年,上海市教育委员会发布了《上海高等学校创新人才培养机制 推进一流本科建设试点方案》,进一步推动上海高等学校创新人才培养机制,建设一流本科,培养一流人才,形成上海高等教育"一流大学、一流学科、一流专业"的整体战略布局。为了更好地响应文件精神,面向未来新商科发展需求,聚焦上海服务,构建新商科一流本科专业群,培养服务于国家战略、具有中国特色的新商科人才,积极落实一流本科专业群系列教材建设,整合商科教育资源,为我国商业经济的发展提供强有力的人才保证和智力支持,让商科教育发展进入更加系统、全方位发展阶段,出版高品质和高水准的"新商科一流本科专业群建设'十四五'规划教材"成为商科教育发展的迫切需要。

基于此,教育部高等学校相关专业教学指导委员会委员及上海商学院部分专家学者,与华中科技大学出版社共同发起聚焦"新商科一流本科专业群建设",依托上海商学院一流本科专业群平台课和核心主干课建设方案,计划出版平台课及核心主干课系列教材。本套教材着重于更新和优化新商科的课程内容,反映新技术、新业态、数字化背景下新的商业实践以及最新的理论成果;致力于提升新商科人才的培养规格和育人质量,并纳入新商科一流本科专业群建设综合改革项目,以更好地适应教育部新一轮学科专业目录调整后新商科高等教育发展和学科专业建设的需要。该套教材由姜红、熊平安担任总主编,选定"新商科一流本科专业群建设'十四五'规划教材"出版书目,并推荐遴选经验丰富、有影响力的专家担任每个方向的编写者,参与审定大纲、样张、总体把控书稿的编写进度,确保编写质量,全面完成上海商学院新商科一流本科专业群教材体系建设。

本套教材从选题策划到成稿出版，从编写团队到出版团队，从内容组建到内容更新，均展现出极大的创新和突破。选题方面，主要编写服务于国家战略和城市建设的新商科特色课程教材，包括《商业布局规划》《商业大数据分析》《现代服务管理》《酒店客户管理》《旅游研究方法》等，融合高科技和现代服务的新时代特色，突出商业发展实践中的新规律、新模式以及商科研究中的新思想、新方法。编写内容方面，结合时代背景，不断更新相关理论知识，以知识链接和知识活页等板块为读者提供全新的阅读体验。在此基础上，以多元化兼具趣味性的形式引导学生学习，同时辅以形式多样、内容丰富且极具特色的图片和视频案例，为配套数字出版提供内容上的支撑。此外，编写团队成员均是新商科方向的专业学者，出版团队亦为华中科技大学出版社专门建立的精英团队。

　　在新商科教育改革发展的新形势、新背景下，相关本科教材需要满足商科本科教育以及经济发展的需求。因此，编写一系列高质量的"新商科一流本科专业群建设'十四五'规划教材"是一项重大工程，更是一项重要责任，需要商科的专业学者、企业领袖和出版社的共同支持与合作。在本系列教材的组织策划及编写出版过程中，得到了诸多专家学者和业内精英的大力支持，在此一并感谢！希望本系列教材能够为学界、业界和各位对商科知识充满渴望的学子们带来真正的养分，为新商科一流本科专业群建设添砖加瓦，为推进更高起点的深化改革和更高层次的对外开放的课程和教材建设，培养符合长江三角洲区域一体化国家战略发展需要、具有中国特色和国际视野的新商科人才助力。

丛书编委会
2020 年 12 月

前　言

大数据时代的到来对商业应用型人才提出了新的要求，需要掌握大数据和人工智能的主要技术和模型，结合大数据分析技能和商业领域知识，发现和解决商业问题的复合型人才。在此背景下，本书收录了三个国家一流商科和上海一个一流商科类本科专业开设的"大数据概论""商业大数据分析"通识必修课的教学实践，酒店管理、电子商务、工商管理、金融学等专业都开设了商业大数据分析课程。

本书从掌握大数据分析系统知识，培养大数据获取、加工、分析和展现能力出发，按照大数据分析的流程，分为七章：

第一章"大数据分析概述"，介绍大数据分析的生态全貌，介绍当前大数据分析的总体状况。

第二章"大数据基础设施"，介绍大数据计算所需要的软硬件基础设施。

第三章"大数据采集"，介绍大数据的来源和获取方式，特别是网络爬虫技术。

第四章"数据预处理"，介绍对原始数据的预处理方式，提高数据资源质量。

第五章"数据存储与管理"，介绍数据库系统的相关知识和技能，是大数据存储的核心部件。

第六章"大数据分析"，介绍机器学习的历史发展，主要的12种机器学习算法，以及机器学习在商业分析中的应用。

第七章"大数据可视化"，介绍大数据产品的展现方式。

各章根据章节的知识点都设计了相关的大数据分析进阶实验，不仅让读者掌握知识，更能运用相关的商业大数据分析技能，做到学以致用；同时能加深读者对商业大数据知识的理解，极大地提高读者对商业大数据分析学习和使用的兴趣。

在目前众多的商业大数据分析工具中，我们选取了国际著名开放、开源的图形化商业大数据分析工具 KNIME 4.1 作为商业大数据分析的实践工具。因为 KNIME 完全兼容 Python 3 计算机编程语言，可以让有一定程序设计基础的读者将 Python 程序直接在 KNIME 中运行，进行大数据分析。

本书作为大数据时代新型立体化教材，涵盖了商业大数据分析知识和技能体系，其配套的教学视频以及教学大纲、知识题库、课程文档等教学资源已在网站（https://coursehome.zhihuishu.com/courseHome/1000008230/45672/15#teachTeam）上发布。即便是零基础的读者也可以通过本书及其配套教学资源快速地掌握商业大数据初步分析技能。本书所载的教学资源在仅仅一学年内已有超过42所不同类型的高校的10000余人进行了线上学习，教学效果好，满意度达到92.9%，推荐率更是高达93.4%。

本书不仅适合酒店管理、电子商务、工商管理、金融学、市场营销、商务经济学等商科类专业的本科生或研究生作为教材使用,也适合大数据分析领域的初学者、从业者及科技人员学习参考。

  本书的出版受益于 2019 年上海市高校大学计算机课程教学改革项目——《商业大数据分析课程群改革与实践》。感谢姜红、蒋传进等各级院系领导的学术指导,同事许洪云、李周平和张玲玲等的支持和帮助,也要感谢我的学生蔡致礼、林哲显、杨宇林、杨雪晴、陈夏童和王喆等所做的整理和协助工作,更要感谢我的家人的默默奉献,同时也很感谢华中科技大学出版社编辑王乾、陈然对本书出版做出的努力。

"商业大数据分析"
在线课程二维码

Contents 目 录

1 第一章　大数据分析概述
　　第一节　数据与大数据　　　　　　　　　　　　　　　　/1
　　第二节　大数据分析　　　　　　　　　　　　　　　　　/7
　　第三节　大数据分析应用　　　　　　　　　　　　　　　/12
　　第四节　大数据岗位需求　　　　　　　　　　　　　　　/16

25 第二章　大数据基础设施
　　第一节　大数据计算部件　　　　　　　　　　　　　　　/25
　　第二节　云计算　　　　　　　　　　　　　　　　　　　/29
　　第三节　其他云技术　　　　　　　　　　　　　　　　　/34
　　第四节　大数据软件　　　　　　　　　　　　　　　　　/35
　　第五节　大数据计算模式　　　　　　　　　　　　　　　/40

50 第三章　大数据采集
　　第一节　大数据采集　　　　　　　　　　　　　　　　　/51
　　第二节　大数据来源　　　　　　　　　　　　　　　　　/56
　　第三节　网络爬虫　　　　　　　　　　　　　　　　　　/59

75 第四章　数据预处理
　　第一节　数据预处理概述　　　　　　　　　　　　　　　/76
　　第二节　数据质量　　　　　　　　　　　　　　　　　　/78
　　第三节　数据探索　　　　　　　　　　　　　　　　　　/81
　　第四节　数据清洗　　　　　　　　　　　　　　　　　　/85
　　第五节　数据集成　　　　　　　　　　　　　　　　　　/89
　　第六节　数据规约　　　　　　　　　　　　　　　　　　/90
　　第七节　数据变换　　　　　　　　　　　　　　　　　　/91

第五章 数据存储与管理

第一节 数据管理 /108
第二节 数据库概述 /110
第三节 关系数据库系统 /112
第四节 大数据存储与管理 /115

第六章 大数据分析

第一节 大数据分析概述 /132
第二节 机器学习 /135
第三节 特征工程与数据分割 /154
第四节 机器学习建模算法 /158
第五节 模型的训练与性能评估 /167

第七章 大数据可视化

第一节 数据可视化 /181
第二节 视觉感知 /189
第三节 统计图 /193
第四节 视觉可视化案例 /201

参考文献

第一章

大数据分析概述

学习导引

以大数据、物联网、人工智能、5G为核心特征的数字化浪潮正席卷全球。随着网络和信息技术的不断普及,人类产生的数据量正在呈指数级增长。通过本章的学习,我们将了解大数据的基本概念和特点、大数据对生产生活的影响、大数据分析的基本概念、大数据分析的流程和主要方法、大数据分析的应用等。

学习重点

通过本章学习,重点掌握以下知识要点:
1. 大数据的基本概念和特点;
2. 大数据分析的基本概念;
3. 大数据分析的基本流程和主要方法;
4. 大数据分析在不同领域的应用;
5. 大数据分析工具KNIME的基本使用。

大数据就像一个已经被发现、正在被开采的金矿一样等着我们去发掘其中的价值。世界肯定需要大量的数据分析师和工程师来处理如此大量的数据。事实是现在几乎所有技术领域都离不开大数据。软件程序员、网络专业人员、项目经理、测试人员,甚至数字营销人员和市场研究人员都希望大数据能够为他们各自的职业发展带来帮助。

扫码看视频

大数据分析概论

第一节 数据与大数据

生活中的大数据无处不在。例如银行通过收集客户的教育程度、经济能力、住房情况等数据,开展相应的金融业务;电子病历上包含病程记录、检查检验结果、手术记录等数据,可以有效地辅助医生监控病人的病情;通过对电商平台的流量、订单以及转化率等数据进行分析,决策者可以找到合适的营销策略。

一、大数据时代

半个世纪以来,随着计算机技术全面融入社会生活,信息已经累积到了一个开始引发变革的程度。互联网(社交媒体、搜索引擎、电商)、移动互联网(微博、抖音、微信)、物联网(传感器、"智慧地球")、医学影像、安全监控、金融(银行、股市、保险)、电信(通话、短信)都在产生大量的数据。全球的数据以每年 50% 的增速在发展。2020 年,整个世界的数据总量超过了 59ZB($1ZB=10^{21}B=10^9TB$),如图 1-1 所示。

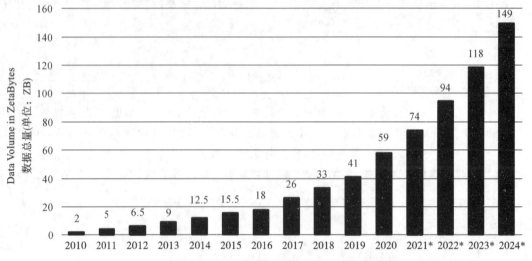

图 1-1　全球数据总量(* 代表是预测的)

(数据来源:https://www.statista.com。)

根据互联网数据中心(IDC)的预测,到 2025 年,全球数据总量将达到 175ZB,与 2010 年相比,数据量增长了近 87 倍。国外一家名为 Domo 的公司每年发布"数据永不眠"报告,展示每一分钟全球数据的产生情况,如图 1-2 所示。

图 1-2　2020 年 Data Never Sleeps 8.0

(图片来源:https://www.domo.com/learn/data-never-sleeps-8。)

我们来到了一个数据爆炸的时代,其历史发展大致经历了三个阶段,如表 1-1 所示。

表 1-1　大数据发展历史阶段

阶　段	时　间	内　容	标　志
萌芽期	1990—2001 年	数据库技术	商业智能和知识管理技术,如数据仓库、专家系统、知识管理等
成熟期	2001—2010 年	非结构化数据 移动设备	Web 2.0(用户原创内容),如博客; 并行计算与分布式系统,如 Hadoop; 非关系型数据库 NoSQL
应用期	2010 年至今	移动互联网、物联网 大数据技术	人工智能,如深度学习; 各领域应用,如商业、科技、医疗、政府、教育、经济、交通、物流等

大数据是信息经济时代主要的生产要素,是改造生产力和生产关系的基础性力量,个人角色、企业组织结构与战略、国家治理方式、国家之间竞争方式,将在数字空间中被重新构建。面对如此庞大且还在不断增长的数据,需要信息科技从存储能力、计算能力和网络传输能力三方面为大数据时代提供技术支撑,对数据进行有效的存储、管理和分析。

二、大数据定义

数据是指为了某种目的(分析)而收集和转换的任意字符集,包括文本、数字、图像、语音和视频等。互联网时代,每时每刻都在产生着数据,"大数据"的概念就应运而生了。公认的大数据(Big Data)的定义主要有以下几个。

麦肯锡全球研究所(McKinsey Global Institute)给出的定义:一种规模达到在获取、存储、管理、分析方面大大超出了传统数据库软件工具能力范围的数据集合,具有海量的数据规模、快速的数据流转、多样的数据类型。

研究机构 Gartner 给出的定义:需要新处理模式才能具有更强的决策力、洞察力和流程优化能力的海量、高增长率和多样化的信息资产。

"科普中国"给出的定义:无法在一定时间范围内用常规软件工具进行捕捉、管理和处理的数据集合,是需要新处理模式才能具有更强的决策力、洞察发现力和流程优化能力的海量、高增长率和多样化的信息资产。

需要指出的是,随着信息技术的不断发展,符合大数据标准的数据量也会增长,所以不能从数据量的角度来定义大数据。只能说在目前的信息技术水平下,大数据的数据量在不同行业可以从太字节 TB 到拍字节 PB(1PB=1024TB)级,或者更大。

三、大数据特点

2001 年,Gartner 公司的前身 META 集团的数据分析师 Doug Laney 指出了大数据的基本特点为大体量(Volume)、多维度(Variety)、高速度(Velocity)(见图 1-3)。这些特点不仅有助于我们了解大数据,而且能指导我们在合理的时间框架内以可管理的速度处理大量、不同的数据,以便我们能够从中获取价值,进行实时分析,并快速提供后续的响应。

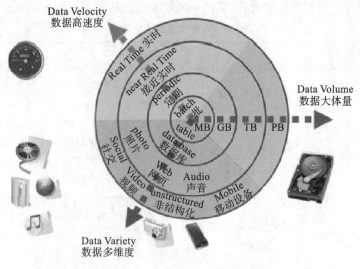

图 1-3 大数据的三大基本特点图

(一) 大体量(Volume):数据量大

体量是指信息技术世界中不断生成的数据的绝对容量,它提出了关于数据容量的问题。一般认为大数据的体量至少应该达到 TB 级别。例如,淘宝网上几亿的会员每天产生的商品交易数据约 20TB,Facebook 上每 10 亿用户每天会产生超过 300TB 的日志数据。当然,随着信息技术的不断发展,符合大数据标准的数据量也会增长。但是,对于大体量的数据一般需要采用分布式的存储和计算,用智能的算法来统计、分析、预测和实时处理这些大数据,让其转化为有价值的生产要素。

(二) 多维度(Variety):数据种类丰富

维度是指事物或现象的某种特征,例如时间、性别、收入等。大数据具有种类丰富的特征。它既可以是定性数据,也可以是定量数据。定性数据指的是字符(文本)数据,如城市、性别、种类等。定量数据指的是数值数据,如收入、年龄、成绩等。既可以是结构数据,也可以是半结构数据和非结构数据。结构数据指的是用二维表结构来表示的数据,如 Excel 中的二维表格、关系型数据库数据。非结构数据指的是完全没有二维表结构的数据,如文本、图像、语音和视频。半结构化数据指的是数据结构和内容混在一起的数据,如 XML 文件、JSON 文件、日志文件。

举一个从商品销售数据库中分析销售数据的典型例子。这些数据都是结构化数据,可以从不同维度进行分析。从商品的角度,可以按商品的类别、品牌、型号来查看产品的销售情况;从客户的角度,可以按客户的类别、地区等来查看商品的购买情况;从销售代表的角度,可以按销售代表的部门、级别等来查看商品销售业绩;从时间的角度,可以按年度、季度、月份等来观察商品销售的变动情况。其中商品、客户、销售代表、时间分别是四个不同的维度,每个维度都从不同方面体现了销售数据的特征,而每个维度又可按粒度的不同划分成多个层次。所以说,大数据时代不仅可以获得大体量的数据,还可以获得各种维度的数据。这对数据分析理论的发展产生了巨大的推动作用。

(三) 高速度(Velocity):处理速度快

速度是指数据产生、更新和使用的速度,它提出了关于数据生命周期的问题。大数据时代,互联网、物联网和移动互联网时刻快速地产生着数据,有的甚至达到了每秒产生 PB 级的数据。我们需要对快速产生的数据给出实时分析结果,用于生产和生活实践。通常数据处理和分析的速度需要达到秒级甚至毫秒级的响应。大数据的高速度需求促进了流处理、增量计算、并行计算等大数据处理技术的发展。

数据量越来越大,给数据储存带来了更大的压力;数据维度越来越多,给数据理论带来了更大的压力;数据时效越来越快,给数据计算带来了更大的压力。三方面的压力促使数据科学在工程和理论上都有了革命性的突破与发展,直接提升了人们的生产生活效率,降低了生产生活成本。

同时,随着数据科学和工程的发展,大数据的定义也在不断完善。2011年IBM归纳大数据特点时补充了真实性(Veracity),真实性主要指大数据的质量和准确性。不同来源或类型的大数据质量和准确性可能会有很大差异,必然会影响大数据分析的准确性。之后,2012年Yuri Demchenko借鉴互联网数据公司(IDC)的报告,又增加价值性(Value)的特点。现实世界产生的数据中,有价值的数据所占比例很小。相比于传统的小数据,大数据最大的价值在于通过从大量不相关的各种类型的数据中,挖掘出对未来趋势与模式预测分析有价值的数据,并通过机器学习方法、人工智能方法或数据挖掘方法深度分析,发现新规律和新知识。所以具有价值或发掘价值是大数据的特点之一。2012年Microsoft增加了大数据可视化(Visibility)的特点。大数据特点的发展如图1-4所示。

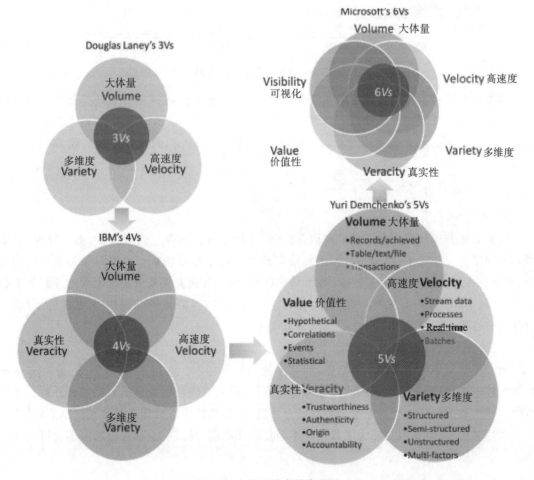

图1-4 大数据特点的发展图

虽然公认的大数据的基本特点还是规模性（Volume）、多样性（Variety）、高速性（Velocity）。但从不断更新或调整的大数据特点来看，人们也在不断地认识和理解大数据给人类社会带来的变化和影响。

四、大数据的影响

（一）大数据对科学研究的影响

Jim Gray（1944—2012，美国计算机科学家，1988年图灵奖获得者）观察并总结人类在科学研究上先后经历了实验科学、理论科学、计算科学和数据密集科学四个阶段（见图1-5）。

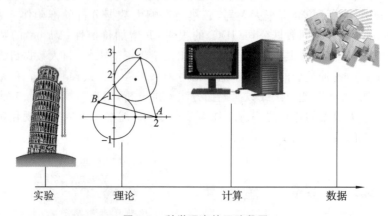

图1-5　科学研究的四阶段图

数据科学将成为科研体系中的重要部分，并逐渐取得与包括物理、化学、生命科学等学科在内的自然科学分庭抗礼的地位。科学研究和市场、产业的联系将更加紧密，从发现基本原理到产业化的周期会被大大缩短。数据科学研究与社会以及人们的日常生活的联系也将更加紧密。

（二）大数据对思维方式的影响

1. 要相关，不要因果

没有必要非得知道现象背后的原因，而是要让数据自己发声。因果关系，即某种现象（原因），引起了另一种现象（结果），其原因和结果必须具有必然的联系。寻找因果关系是我们认识、了解世界最重要的手段和方法。在大数据时代，建立在相关关系分析法上面的预测是大数据的核心。如果A和B经常一起发生，那么当B发生时，我们就可以预测A也发生了，至于为什么会这样，在某些应用上，已经没那么重要了。

2. 要全体，不要抽样

要分析与某事物相关的所有数据，而非少量的数据样本。在过去，由于收集、储存和分析数据的技术落后，对大量数据的收集成本非常高昂，我们只能收集少量的数据进行分析。通过对少量样本数据的分析来推断全部数据的总体特征，如果抽样不合理会导致预测结果的偏差。在大数据时代，可以获取足够大的数据样本乃至全体数据，并且可以在短时间内迅速得到分析结果。

3. 要效率，允许不精确

注重效率，而不再注重精确。过去使用抽样，需要模型和运算非常精确。在全样本时代，有多少偏差就是多少偏差,不会被放大。Google 人工智能专家诺维格说过:"大数据基础上的简单算法比小数据基础上的复杂算法更加有效。"大数据时代具有"秒级响应"的特征,要求在几秒内就迅速给出针对海量数据的实时分析结果,否则会丧失数据的价值。

(三) 大数据对其他方面的影响

在社会发展方面,大数据决策逐渐成为一种新的决策方式。大数据应用有力促进了信息技术与各行业的深度融合,大数据开发大大推动了新技术和新应用的不断涌现。在人才培养方面,大数据的兴起,将助力中国高校信息技术相关专业教学和科研的创新与变革。在就业市场方面,大数据的兴起使得数据科学家成为热门职业。

2012 年,Thomas H. Davenport(美国人工智能学者和作家)在《哈佛商业评论》上发表了一篇题名为《数据科学家:21 世纪"最性感的职业"》的文章,文章中预言数据科学家将成为未来 10 年"最性感的职业"。数据科学家的工作主要包括:

(1) 利用一切可能的方法收集数据(数据收集);
(2) 对收集的数据进行清洗、集成、变换、规约等处理(数据预处理);
(3) 对收集、处理的数据进行存储(数据存储);
(4) 利用统计、机器学习等方法建立模型分析数据(数据分析)。

第二节　大数据分析

一、大数据分析的定义

数据分析是一个对数据进行检查、清理、转换、建模和评估的过程,其目标是发现有用的信息,得出结论,并支持决策。数据分析有多个方面和方法,包括不同名称下的不同技术,用于不同领域。在当今的商业世界中,数据分析在帮助企业做出更科学的决策和更有效地运作方面发挥着巨大作用。

在统计学应用中,数据分析可分为探索性数据分析(Explore Data Analysis,简称 EDA)和验证性数据分析(Confirmatory Data Analysis,简称 CDA)。EDA 专注于对数据进行概括性的描述,不受数据模型和科研假设的限制。CDA 专注于对数据模型和科研假设的验证,包括机器学习和统计模型。

大数据分析是对海量且不同的数据集使用先进的分析技术。这些数据包括结构化、半结构化和非结构化的数据,来源不同,大小从 TB 到 ZB 不等。通过对大数据的分析,分析师、研究人员和业务用户可以使用以前无法访问或无法处理的数据,做出更好、更快的决策。使用的先进数据分析技术主要就是机器学习和统计模型的技术。

二、大数据分析的流程

大数据分析的流程可以分为需求分析、数据采集、数据管理、数据预处理、数据分析与建模、模型评价与优化、模型部署与应用,如图 1-6 所示。

需求分析:需求分析是数据分析环节的第一步和最重要的步骤,它决定了后续数据分析的方向、方法。

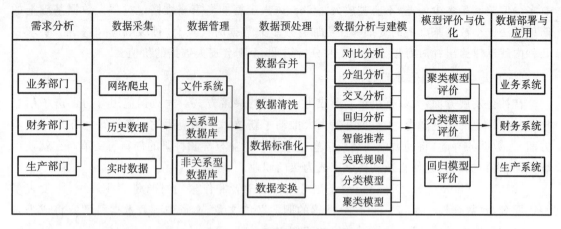

图1-6 大数据分析的流程图

数据采集：借助相关技术手段进行数据的收集。

数据管理：将收集的数据存储在介质中进行管理和维护。

数据预处理：数据预处理是指对数据进行数据合并、数据清洗、数据标准化和数据变换。数据变换后使得整体数据变得干净整齐，可以直接用于分析建模。数据预处理可以有效地提升数据的质量。

数据分析与建模：数据分析与建模是指通过对比分析、分组分析、交叉分析、回归分析等分析方法和聚类、分类、关联规则、智能推荐等模型与算法发现数据中的有价值信息，并得出结论的过程。

模型评价与优化：模型评价是指对已经建立的一个或多个模型，根据其模型的类别，使用不同的指标评价其性能优劣的过程。

模型部署与应用：部署是指将数据分析结果与结论应用于实际生产系统的过程。

三、大数据分析相关概念

（一）事务型数据处理

所谓事务（Transaction）是一系列数据操作处理的集合，这组操作要么都执行，要么都不执行，是一个不可分割的执行单位。在我们实际生活中，事务型数据处理需求非常常见，例如：淘宝的网上交易系统、12306网站的火车票交易系统、超市POS系统等都属于事务型数据处理系统。

这类系统的数据处理特点包括以下几点：

（1）事务型数据处理操作都是细粒度操作，每次事务处理涉及数据量都很小；

（2）事务型数据处理操作的计算相对简单，主要是数据的增、删、改、查；

（3）事务型数据处理操作对事务完整性和数据一致性要求非常高；

（4）事务型数据处理操作都是实时交互式操作，至少能在几秒内执行完成；

（5）基于以上特点，索引是支撑事务型处理的一个非常重要的技术。

在数据量和并发量不大的情况下，一般依托单机版关系型数据库，例如Oracle、MySQL、SQL Server，再加上一些高可用性（High Availability）方案或措施，如数据热备份、共享磁盘、主备方式，以保证即使在异常或者故障情况下，数据也能被访问。

在数据量和并发量增加情况下,一般采用计算机集群或者升级计算机硬件来支撑业务需求。

在大数据背景下,淘宝、抖音、百度、京东、12306等互联网企业或网站的事务型数据处理为了解决海量数据、高并发量、数据一致性、数据高可用性的问题,必然采用分布式技术,主要包括以下内容:

(1) 数据库分片技术,结合自身业务和数据特点将数据分布在多台计算机上;
(2) 利用缓存等机制,尽量利用内存,解决高并发时遇到的随机IO效率问题;
(3) 结合数据复制等技术实现读写分离,提高系统可用性;
(4) 大量采用异步处理机制,应对高并发冲击;
(5) 根据实际业务需求,尽量避免分布式事务。

(二) 数据统计分析

数据统计分析主要是企业通过分析自己的销售记录等企业日常的运营数据,来辅助企业管理层进行决策。常见的数据统计有周报表、月报表等固定时间提供给领导的各类统计报表;市场营销部门通过各种维度组合进行统计分析,以制定相应的营销策略等。

数据统计分析特点包括以下几点:

(1) 数据统计一般涉及大量数据的聚合运算,每次统计涉及数据量会比较大;
(2) 数据统计分析计算相对复杂,例如会涉及大量Group by、子查询、嵌套查询、窗口函数、聚合函数、排序等,有些复杂统计可能需要编写SQL脚本才能实现;
(3) 数据统计分析实时性没有事务型操作要求高。但除固定报表外,目前越来越多的用户希望能做到交互式实时统计。

传统的数据统计分析主要采用基于MPP并行数据库的数据仓库技术。主要采用维度模型,通过预计算等方法,把数据整理成适合统计分析的结构来实现高性能的数据统计分析,以支持下钻和上卷操作,实现各种维度组合以及各种粒度的统计分析。

目前在数据统计分析领域,为了满足交互式统计分析需求,基于内存计算的数据库仓库系统也正在成为一个发展趋势,例如SAP的HANA平台。

(三) 数据挖掘

数据挖掘(Data Mining)是指从大量数据中提取或"挖掘"知识的过程,也常被称为数据库中的知识发现(Knowledge Discovery in Database,简称KDD),主要是根据商业目标,采用数据挖掘算法,自动从海量数据中发现隐含在海量数据中的规律和知识。

数据挖掘的计算复杂度和灵活度远远超过事务型数据处理和数据统计分析的需求。一是由于数据挖掘问题开放性,导致数据挖掘会涉及大量衍生变量计算,衍生变量多变导致数据预处理计算的复杂性;二是很多数据挖掘算法本身就比较复杂,计算量就很大,特别是大量机器学习算法,都是迭代计算,需要通过多次迭代来求最优解,例如K-means聚类算法、PageRank算法等。

数据挖掘的特点是:

(1) 数据挖掘的整个计算过程更复杂,一般由多个步骤组成计算流,多个计算步骤之间存在数据交换,也就是会产生大量中间结果,难以用一条SQL语句来表达;
(2) 计算非常灵活,很多需要利用高级编程语言实现。

在大数据时代,数据挖掘的特点又增加了:

(1) 从结构化数据到非结构化数据。传统数据挖掘对象都是关系型数据库中的结构化数据,其最基本的形式是二维表格数据。在大数据时代,数据来源多种多样,像图像、视频、文件这样的非结构化数据成为数据挖掘的重要对象。

(2)从抽样数据到全量数据。传统数据挖掘受制于数据处理能力,只能使用少量的抽样数据进行分析。在大数据技术环境下,完全可以实现全量数据的分析,效率甚至可能高于抽样数据的分析。

(3)从因果关系到相关性分析。传统数据挖掘需要找出自变量和因变量之间的因果关系进行分析、应用。在大数据时代,通过数据挖掘和机器学习的算法找到事件和多种因素的相关性,就可以实现数据模型的应用。

四、大数据分析的工具

大数据分析工具包括 KNIME、Apache Hadoop、CDH(Hadoop 的 Cloudera 发行版)、Datawrapper、MongoDB、Lumify、HPCC、Apache Storm 和 Apache Storm 等。这些软件可以帮助存储、分析、报告和处理更多的数据。

Gartner 发布了 2019 年版《数据科学和机器学习工具的魔力象限》,引起了整个数据科学与大数据行业的广泛关注(见图 1-7)。其中,列出了目前主要的大数据分析工具,例如 MATLAB(Math Works)、SPSS 工具(IBM)、SAS 工具、Python 工具(Anaconda),以及像 Google、Microsoft、IBM、SAP 这样的大厂商,充分体现出大数据分析工具的重要性。

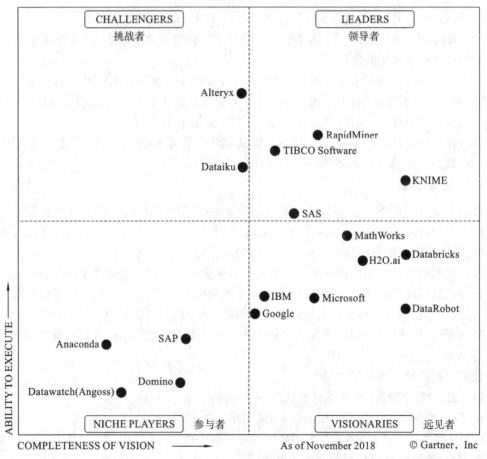

图 1-7 数据科学和机器学习平台的魔力象限图

Gartner这样定义数据科学和机器学习工具:它是一个具有凝聚力的软件应用程序,提供基本的融合各构件模块的能力,既可以创建各种数据科学的解决方案,又可以将这个解决方案集成到业务流程及所涉及的周边基础设施和产品中去。

Gartner魔力象限(Magic Quadrant)以二维模型来展示各个厂商、供应商的实力与差异,基于两个分析指标:横轴表示前瞻性(Completeness of Vision),包括厂商或供应商提供的产品底层技术基础的能力、市场领导能力、创新能力和外部投资等;纵轴表示执行能力(Ability to Execute),包括产品的使用难度、市场服务的完善程度和技术支持能力、管理团队的经验和能力等。

最后将这些分析指标综合起来,可以分为四个不同的区域。

(一)参与者(Niche Players)

执行能力和前瞻性都一般,但是可能在某个特定的市场做得不错,同时也不会超过那些特别大型的成熟厂商或者供应商。通常是集中在某些特定领域、专业领域,或者是一些比较新的企业。

(二)挑战者(Challengers)

执行能力很强,但是前瞻性一般。通常情况下是指比较大型的成熟厂商,其本身特定市场比较成熟、市场执行能力很强,但是在新领域新市场的拓展上目前还没有做出太多的发展计划改变。

(三)远见者(Visionaries)

前瞻性很不错,了解未来的市场发展动态和前景,有潜力进行创新。在执行能力上分为有远见但是短期内无法实现的早期创业者和一些有远见但是执行反应能力调整不及时的比较成熟的大型厂商、供应商。

(四)领导者(Leaders)

领导者与行业领袖。执行能力和前瞻性得分均比较高的大型成熟公司、行业领袖。他们拥有大量的客户群体,在全球市场上都有极高的知名度。这些行业领袖在市场中有很大的影响力,有能力、有实力影响和引领整个行业的发展。

从图1-7中可以看到,在领导者(Leader)区域还有几个工具我们可能听的不多,却是非常重要的产品,比如KNIME和RapidMiner。不仅因为它们都处于领导者象限,还因为这两个工具都是开源的。如果再把2018年的版本拿出来比较一下,就能更清楚地看到这一点(见图1-8)。

经过认真比较、专业鉴定,我们决定将KNIME作为本书大数据分析的实践工具。KNIME代表Konstanz Information Miner,这是一个开放源代码工具,用于企业报告、集成、研究、数据挖掘、数据分析、文本挖掘和商业智能。它支持Linux、mac OS和Windows操作系统。

KNIME被认为是SAS的一个很好的替代品。一些使用KNIME的顶级公司包括康卡斯特(Comcast)、强生(Johnson & Johnson)、加拿大轮胎(Canadian Tire)等。

KNIME的主要优点有:数据操作与分析简单;与其他技术和语言集成良好;丰富的算法集;高可用性和有组织的工作流;使大量的手工工作自动化;稳定性强;易于设置。

KNIME平台是完全免费的,同时也提供了其他扩展KNIME分析平台功能的商业产品。使用KNIME作为本书的大数据分析工具不仅仅是因为它功能强大、简单易用,还因为它"为创新而开放(Open for Innovation)"的发展理念。

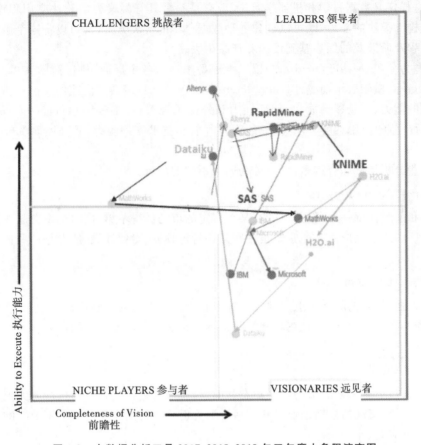

图1-8　大数据分析工具2017、2018、2019年三年魔力象限演变图

第三节　大数据分析应用

目前数据科学已经广泛地应用到了各行各业中。从新兴的互联网产业到传统的工业、农业、能源、房地产、建筑、电子商务、文化、娱乐等多个行业领域,都在运用数据科学技术,改善行业的发展状况。

一、银行大数据分析

以金融行业为例,数据科学技术的运用,为金融机构提供了一个良好的机会。比如,金融机构可以使用数据分析来预测客户的生命周期价值,以及预测股票或有价证券等市场的走势。再比如,银行通过收集客户的相关数据,对客户进行信用分析,从而进行贷款的风险评估,这样就可以根据客户的需求量身定制个性化的营销手段。

对金融机构来说,金融风险的管理是非常重要的。对金融风险的管理与控制也叫作风控。风险管理的能力会直接影响金融机构资金投向的安全性、运行可信度和相关战略决策。金融机构的风险是非常多的,这些风险可能来自竞争对手,也可能来自投资者、监管机构或者公司的客户。在风险管理中,数据科学技术的主要作用是识别潜在客户的信用情况,运用机器学习算法对客户过去的支出行为和模式进行分析,进而为客户确立适当的信用额度。

在欺诈识别方面，机器学习能够帮助金融机构识别和防范涉及信用卡、会计、保险等欺诈行为。金融机构越早识别到欺诈，就能够越快地限制账户活动，进而能够减少用户的损失。欺诈监测算法还可以调查热门项目的购买量，或在短时间内使用类似的数据打开多个账户。

在客户服务方面，客户以前经常会因为人工服务响应太慢而抱怨服务不好。近年来，自动应答机器人开始变得越来越普及，可是人们对于自动应答系统过于简单生硬的回答时常感到不满。机器学习算法可以通过模式识别、语音识别及语义感知等技术，通过对客户的行为习惯进行大量的建模和分析，改进机器人的自动应答能力，使客户感觉像是在与一个人进行交谈。数据科学为金融机构企业提供了更加个性化的服务和帮助，改善了服务质量。

二、财务大数据分析

会计报表按编制时间可分为月报表、季报表、半年报表和年报表，都是在生产经营业务发生后编制的，是会计核算的最终产品，因而影响企业的财务信息分析的时效性，进而对企业生产经营产生不利的影响。随着目前我国信息化进程的不断加速以及互联网技术的不断发展，实时财务报告的重要性被越来越多的企业和数据使用者重视，而大数据技术发展使实时财务报告成为可能。实时财务报告是信息化条件下会计技术和方法发展的必然产物，是信息技术与大数据技术交叉融合的最好表现，某些行业，如证券、保险、银行等，这些对业务数据和风险控制"实时性"要求很高的行业，对实时财务报告的需求日益增加。

财务人员可以借助大数据时代的背景优势，充分利用大数据的特点，全面整体地分析财务数据，帮助企业预测和防范经营过程中可能遇到的风险。这就要求财务人员在工作中充分发挥前瞻性的作用，不断学习新技术，收集和整理数据信息，在数据的分析过程中预测重要的趋势，并对企业的管理者提出自己专业的意见。

传统的财务分析是对数据的精确分析，这种数据分析方式相对来说更适合数据量较小的分析。和大数据相比，数据的完整性和时效性不强。无法帮助企业了解财务状况的全貌。"精确"将不再是财务工作追求的唯一目标，全面系统的分析将在未来的财务分析工作中处于越来越重要的地位。

大数据时代的超级数据量和数据的多样存在形式，已经超越了传统数据的管理范围和能力，需要更新数据的查找、存储、分析、处理等方面的方法。一批新的数据管理技术和数据管理工具将不断涌现，在提高人们工作效率的同时，减少工作量。

三、电商大数据分析

电商领域也是数据科学技术被广泛应用的一个领域。通过收集用户的行为数据可以预测客户偏好，确定潜在的客户群。数据分析还可以帮助识别一些产品的风格与流行度，预测流行趋势，帮助商家制定个性化的营销方案。数据科学还可以帮助电商平台根据用户的购买记录来预测用户的偏好，构建商品推荐系统。精准营销和推荐系统的建立都离不开数据科学技术。

客户分群也称为客户细分，是根据客户的行为和特征对客户进行分组。分组的目的就是给客户提供更多的个性化服务，保证客户的忠诚度，减少客户的流失。运用聚类、决策树、逻辑回归等机器学习算法能够帮助电商平台了解客户群的生命周期价值并发现高价值的客户与低价值的客户，进而根据不同的客户实施不同的营销策略。

精准营销就是向客户推荐符合客户需求和偏好的产品。数据分析在精准营销中的最终目的就是能够实现个性化营销,在适当的时间和正确的设备上为合适的人员提供合适的产品。通过数据分析,企业可以高效地宣传相应的产品和服务,改善与客户的关系,与客户形成良好的互动。

推荐系统是数据科学的另一个典型应用。用户在浏览电商平台的时候,系统就会推荐一些用户可能感兴趣的东西。推荐系统可以通过收集用户的基本信息、浏览历史和购买记录选择合适的算法建立模型。用户再次登录到电商平台后,推荐系统就会通过前期的计算和预测来给用户推送可能感兴趣的商品。

四、物流大数据分析

物流的大数据,即运输、仓储、搬运装卸、包装及流通加工等物流环节中涉及的数据、信息等。通过大数据分析可以提高运输与配送效率、减少物流成本,更有效地满足客户要求。物流大数据将所有货物流通的数据、物流快递公司、供求双方有效结合,形成一个巨大的即时信息平台,从而实现物流的快速、高效、经济。信息平台不是简单地为企业客户的物流活动提供管理服务,而是通过对企业客户所处供应链的整个系统进行详细分析后,提出具有指导意义的解决方案。许多专业从事物流数据信息平台的企业组成了物流大数据行业。物流大数据交易模式采用利益交换的模式——用服务去换取管理,即各个利益主体通过交换的方式,一方将信息的管理权交给另一方,另一方将信息整合后形成服务交给对方。以消费者、商家、物流企业的数据为依托,为商家、快递企业提供预警预测分析,帮助快递企业提前获取这些信息,从而提前把物流资源进行配置和整合。

物流大数据分析可以根据市场进行数据分析,提高企业运营管理效率,合理规划分配资源,调整业务结构,确保每个业务均可赢利;物流大数据的预测技术可根据消费者的消费偏好及习惯,预测消费者的需求,让商品物流环节和客户的需求同步,并预测运输路线和配送路线,缓解运输高峰期的物流压力,提高客户的满意度。

五、旅游大数据分析

旅游大数据发展带动了旅游产业的全面升级。旅游业通过大数据深挖游客的心理,一切以游客的需求为关注点,通过数据分析反映旅游客源地、消费者的关注的产品和话题,为旅游目的地品牌的提升、营销推广和舆情监测等提供可视化的数据服务。大数据分析对旅游业的影响主要体现在以下几个方面。

(一)提高服务质量

利用旅游行业大数据进行建模分析,依托行业数据分析推演,可以清楚地了解旅游部门和景区的公共服务体系建设情况,真正提高旅游公共服务满意度。

(二)改善经营管理

通过对大数据的挖掘和分析,有效指导旅游相关部门和景区的管理工作。根据游客的特征和偏好,提供相应的旅游产品和服务。利用大数据进行产业状况分析,对产业实行有效的监测和管理,是推动旅游产业发展的必要手段。

(三)改变营销策略

通过大数据可以了解游客的偏好,真正实现"投其所好",以实现推广资源效率和效果最大化。

六、国际贸易大数据分析

(一)大数据为贸易提供了新的媒介

大量的数据可以体现企业的运行情况。企业可以根据信息数据调整发展战略,提高企业的竞争力。此外,大数据也为各大企业带来了发展的契机,是目前各行业发展的重要元素,能够提升企业的市值,促进国际贸易的发展。

(二)大数据改变了世界贸易格局

大数据改变了传统的贸易方式,打破了西方发达国家在国际贸易中的绝对主导地位,为发展中国家参与世界贸易提供了新的机遇。大数据的推广与应用基于一种传导机制,这种传导机制是对外贸易增长的理论基础,帮助发展中国家利用大数据合理定位和评估国际市场的供需关系,最大限度地降低供需不均衡,利用大数据分析进行国际定位,资源的优化配置,提高发展中国家在国际贸易中的地位,促进了世界贸易格局的改革和世界经济的多元化发展,使发展中国家的贸易条件得以改善,贸易额有了显著增长。

(三)大数据完善了国际贸易的内容

数字信息贸易已成为国际贸易不可或缺的内容。在以往,商品货物贸易、服务贸易和相关的要素流动是国际贸易的全部内容,由贸易产生的贸易主体间的信息流交换并未受到应有的重视。但是,大数据革新了这一现象。数据所包含的市场定位分析、消费者行为分析、生产者供应行为分析等重要信息是比具体商品更为重要的贸易内容。如果某一国家或企业能够掌握这些信息,那么其市场决策及预测的有效性便可大大提高。"数字贸易""信息贸易"越来越强调对信息流的价值分析。企业纷纷花费大量成本进行数据采集及购买,大数据分析也成为商品成本的构成部分。

(四)大数据加快国际贸易多元化发展

在大数据时代到来之前,贸易发展的投入时间较长,回报率低,并且需要选择相应的地点进行交易,在一定程度上提高了成本和风险。根据大数据的特点,可以运用电子交易平台,满足消费市场的需求,打破传统贸易的束缚,促使国际贸易逐步发展,并融合实体贸易,构建一体化的贸易体系。

七、健康医疗

在健康医疗领域,数据科学家开发出了强大的图像识别工具,帮助医生深入了解复杂的医学图像,还运用自然语言处理技术开发出了医疗机器人,回答病人的简单问题,为他们提供一定的就医指南。通过运用大数据技术比如 MapReduce,可以帮助医疗企业大幅缩短基因组测序的处理时间,加快新药品的研制。

在医学影像分析方面,如果用人工的方式搜索 X 射线、CT 扫描等医学影像来进行疾病诊断是十分烦琐的。当医院累积了一定量的医学影像之后,保存、处理、检索这些信息也是非常麻烦的。运用机器学习技术,在大量医学影像及专家标注下进行模型训练,就可以完成特定病变组织的检测、组织分割以及影像识别等工作,进而能够帮助医生快速地进行影像分析,得出一些结论。

在药物研发方面,新药的研制周期很长,过程也非常烦琐复杂。机器学习算法和大数据技术可以帮助药物研发人员分析多种药物组合对不同基因结构的影响,从而预测实验结果,快速发现新的药物和有效的药物。

在疾病辅助诊断方面,数据分析人员可以根据患者的历史数据来建立模型,预测疾病的结果,通过分析数据变量之间的相关性,运用模型的预测结果,为医生提供辅助的诊断意见。

第四节 大数据岗位需求

根据 2019 年以来招聘网上的招聘内容,大数据岗位的需求大致分为如下三种。

一、数据分析师

数据分析师的职位要求如下。

(1) 工作职责往往围绕相应的业务。如金融公司的数据分析师面向金融相关业务,物流公司的数据分析师面向物流相关业务,快消商品公司的数据分析师面向消费市场相关业务……数据分析师对业务认识的深度和广度都要明显高于其他数据类职位。因此,数据分析师在实际工作中要主动地了解业务与业务背后的逻辑。

(2) 数据分析师工作的最终产出是可靠的数据结论、模型或数据报告。数据分析师的这些产出要么是公司实质业务的重要参考与指导,要么是决策者了解公司业务形态的指标或结构化表达,是公司非常重要且不可或缺的决策依据。

(3) 职位要求的内容包含技术方面,但要求不会太高。数据分析师需要有主动探索并总结数据规律的能力,需要数据分析师掌握一些数据分析的技术工具,其工作的重心在业务方面。

(4) 职位要求具备数据、统计学等理论知识。

二、大数据开发工程师或大数据平台开发工程师

大数据开发工程师或大数据平台开发工程师的职位要求如下。

(1) 工作职责往往围绕研发与大数据分析业务相关的工具或平台。根据各个公司独有的业务特点与需求,定制研发与大数据相关的工具或平台。同时参与一些数据组织、数据维护、数据处理和特征工程相关的开发工作。

(2) 职位要求具备较好的大数据工程开发能力,了解常用的大数据开发工具与技术,对大数据平台架构原理也有一定的了解。

三、数据算法工程师或数据挖掘工程师

数据算法工程师或数据挖掘工程师的职位要求如下。

(1) 工作职责就是用机器学习、数理统计等数据科学理论,解决实际的业务问题,实现业务目标。需要对业务有比较深入的认识。

(2) 职位要求有数据基础,熟悉机器学习、数据挖掘等领域常用的、重要的模型,并有一定的开发能力。

(3) 进一步可以细分为图像算法工程师、自然语言算法工程师、语音算法工程师等。

(4) 数据算法工程师或数据挖掘工程师工作的最终产出是可靠的模型。当模型需要用在一个线上系统时,就需要应用引擎工程师把模型用于线上了。因为数据算法工程师或数据挖掘工程师产出的模型一般只限于工程师在自己开发的环境下使用,必须对安全机制、负载均衡机制、分布存储分发机制等进行改造或重构,由应用引擎工程师把模型根据应用系统的约束和实际业务需求,以工程化的方法在应用系统中重新实现。

本章小结

大数据被广泛应用于银行、财务、电商、物流、旅游、国际贸易、健康医疗等领域。本章简要介绍了大数据和大数据分析的概念、大数据分析在各个领域的应用、大数据分析的主要工具 KNIME,还介绍了大数据行业相关职位的要求。

思考与练习

1. 结合本人的兴趣爱好,选择一个行业,具体说明如何把大数据分析应用到这个行业。
2. 结合实际说明大数据分析的一般流程。
3. 请通过一则招聘信息,说明一名数据分析师需要掌握的知识和技能。

创建 KNIME 工作流

本例将使用 sales_data.csv 文件,创建一个 KNIME 工作流,分析随时间变化的销售情况以及在不同国家销售的占比情况。

一、分析

sales_data.csv 文件中包含 product(产品)、country(销售国家)、date(销售时间)、quantity(销售量)、amount(销售总量)、card(卡号)、Cust_ID(海关 ID)。

期望:以 sales_data.csv 文件中的数据生成一个销售总量随时间变化(Sales over time)的堆叠面积图和一个在不同国家销售情况(Sales per country)的饼图。工作流命名为 sales。

扫码看视频

KNIME 软件介绍

二、创建一个工作流

创建一个新的空白工作流,有以下 3 种方法。

1. 使用菜单创建新的工作流(见图 1-9)

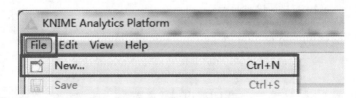

图 1-9 创建新工作流

(1) 主菜单:File→New。
(2) 在向导中选择"New KNIME Workflow",再选择"Next"(见图 1-10)。

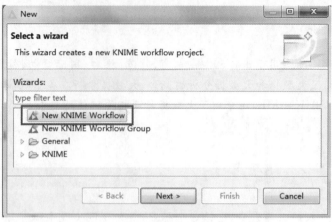

图 1-10　创建新工作流向导

(3) 输入工作流的名称：sales，选择"Finish"（见图 1-11）。

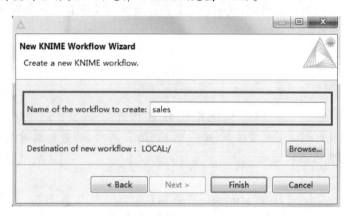

图 1-11　命名工作流

sales 为工作流的名称，KNIME 将在工作区中创建一个与工作流同名的目录，用来存放该工作流的相关文件。

(4) 在 Explorer 中，新建的工作流"sales"已经可见（见图 1-12）。

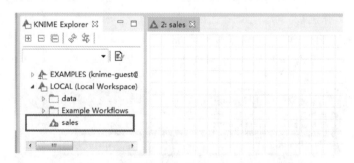

图 1-12　工作流浏览器

2．添加节点构建工作流

(1) 在"KNIME Explorer"中，选择一个工作流 sales，此时工作流编辑器窗口为空（见图 1-13）。

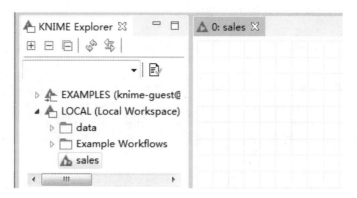

图 1-13　打开 sales 工作流

(2) 第一个节点,应当是文件读取节点(File Reader)。

①在"Node Repository"中选择"IO",再选择"Read",再选择"File Reader",然后将其拖入工作流编辑器窗口。或双击"File Reader"。

②对"File Reader"节点进行设置。

在工作流编辑器窗口中双击该节点图标,或右键单击该节点图标,打开"Configure",在 Browse 中找到存放 sales_data.csv 的路径。然后点击"Apply"及"OK",实现数据与节点的关联(见图 1-14)。

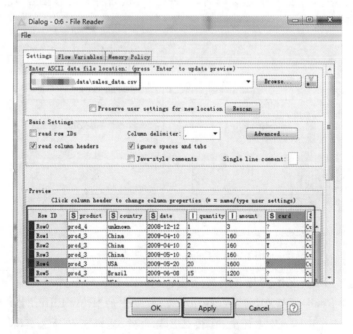

图 1-14　File Reader 节点设置

3. 将列筛选器(Column Filter)连接到文件读取器(File reader)节点

(1) 将列筛选器节点(Column Filter)添加到工作流编辑器。

选中"File Reader"节点,将"Workflow Coach"中的"Column Filter"拖入工作流编辑器。或者直接双击"Column Filter",该方法将直接建立与"File Reader"的关联。

(2) 选中文件读取器(File Reader)节点的输出,按住鼠标左键,拖动至列筛选器(Column

Filter)节点的输入。完成输入到输出的连接(见图1-15)。

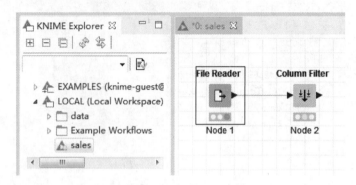

图1-15　连接Column Filter节点

4. 配置列筛选器(Column Filter)

(1) 选中列筛选器(Column Filter),单击右键,在弹出菜单中选"Configure";或双击列筛选器(Column Filter),直接打开"Configure"(见图1-16)。

(2) 在列筛选器(Column Filter)设置窗口中,如图1-16所示,左侧为输入数据所包含的列,右侧为输出不包含的列,设置不包含的列的方法有2种。

方法1:在右侧窗口中双击不包含的列,该列将自动移至右侧窗口中。

方法2:在右侧窗口中选中不包含的列,单击">",该列将自动移至右侧窗口中。

完成后按"OK"。

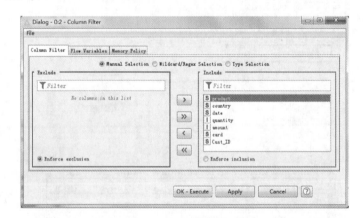

图1-16　Column Filter节点配置

5. 将行筛选器(Row Filter)连接到列筛选(Column Filter)节点

(1) 选中"File Reader"节点,将"Workflow Coach"中的"Row Filter"拖入工作流编辑器。

(2) 选中Column Filter节点的输出,按住鼠标左键,拖动至行筛选器(Row Filter)节点的输入。完成输入到输出的连接(见图1-17)。

6. 配置行筛选器(Row Filter)

选中行筛选器(Row Filter),单击右键,在弹出菜单中选"Configure";或双击列筛选器(Row Filter),直接打开"Configure"。在行筛选器(Row Filter)设置窗口中,设置输出中不包含未知国家的行。然后单击"OK"(见图1-18)。至此,数据过滤已经设置完毕,继续进行数据可视化设置。

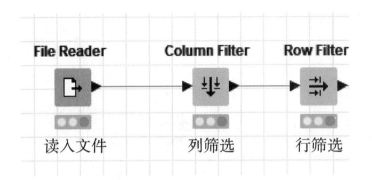

图 1-17　连接 Row Filter 节点

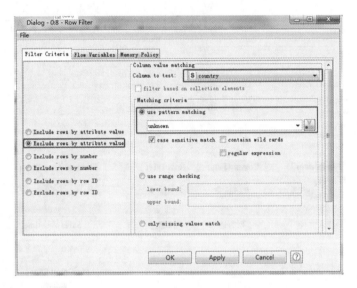

图 1-18　Row Filter 节点设置

7. 堆叠面积图(Stacked Area Chart)

在"Node Repository"中,选择"Views",再选择"Java Script",将"Stacked Area Chart (Java Script)"拖至工作流编辑器,完成连接(见图 1-19)。

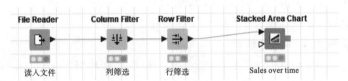

图 1-19　堆叠面积图完整的流程

8. 设置堆叠面积图(Stacked Area Chart(Java Script))

双击堆叠面积图(Stacked Area Chart(Java Script)),或单击堆叠面积图(Stacked Area Chart(Java Script)),选择"Configure",将时间设置为 X 轴。然后,选择"OK"(见图 1-20)。

9. 饼图(Pie/Donut Chart(Java Script))

在"Node Repository"中,选择"Views",再选择"Java Script",将"Pie/Donut Chart(Java Script)"拖至工作流编辑器,完成连接(见图 1-21)。

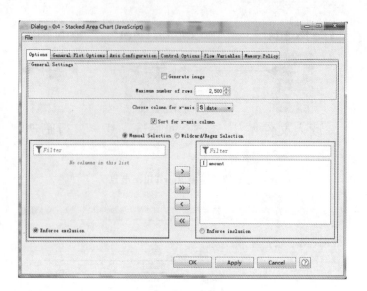

图 1-20 堆叠面积图设置

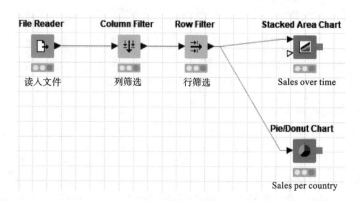

图 1-21 饼图完整的流程

10. 设置饼图（Pie/Donut Chart（Java Script））

饼图设置如图 1-22 所示。

11. 查看堆叠面积图可视化结果

选中"Stacked Area Chart"，单击右键，在弹出菜单中选择"Execute and Open Views"（如果该菜单为灰，先运行"Reset"）（见图 1-23）。

12. 查看饼图可视化结果

选中"Pie/Donut Chart"，单击右键，在弹出菜单中选择"Execute and Open Views"（如果该菜单为灰，先运行"Reset"）（见图 1-24）。

13. 导出工作流

如图 1-25 所示，选中"File"→"Export KNIME Workflow…"，选择一个导出路径，将工作流命名为"sales.knwf"。

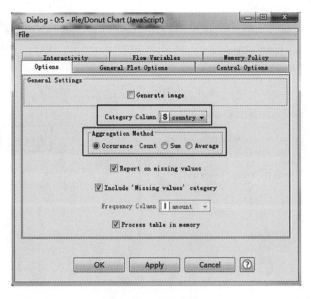

图 1-22　饼图设置

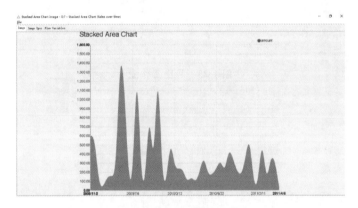

图 1-23　堆叠面积图

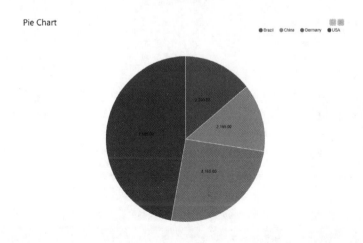

图 1-24　饼图

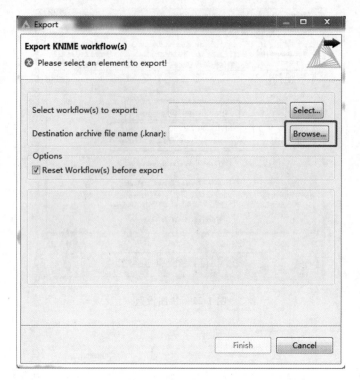

图 1-25 导出工作流

第二章

大数据基础设施

学习导引

虽然现在人工智能、大数据、移动互联网的发展如火如荼,但是在 IT 领域有一句名言"There is no AI without IA",其中的 IA 指的就是基础设施,即信息架构(Information Architecture)。所有的大数据分析、人工智能、网络通信都是建立在相关的基础设施设备基础上的,或者说建立在硬件基础之上。这些基础设施对于大数据分析与应用是至关重要的,没有这些基础设施设备,所谓的大数据分析都将是"无本之木"。

学习重点

通过本章学习,重点掌握以下知识要点:
1. 熟悉大数据计算部件的基本概念;
2. 掌握云计算的基本概念、服务模式和部署模型;
3. 了解主要的云技术;
4. 掌握 Hadoop 生态系统中主要技术框架的作用;
5. 熟悉大数据的主要计算模式。

基础设施是指在 IT 环境中,为具体应用提供计算、存储、互联、管理等基础功能的软硬件系统。大数据基础设施的内容广泛,包括收集数据的工具和节点、存储数据的软件系统和物理存储介质、网络、数据分析的软硬件,以及备份数据的软硬件。由于大数据大体量、多维度、高速度的特点对大数据分析的处理时间、响应速度等提出了更高的要求,大数据基础设施、计算模型的框架等不断推陈出新,为大数据分析奠定了扎实的软硬件基础。

第一节 大数据计算部件

大数据的计算主要由 CPU、GPU 这样的集成电路元器件完成。虽然经过 60 多年的发展,集成电路元器件的性能得到了极大的提升,甚至达到了老鼠脑细胞的计算量,但它们的发展似乎依然遵循着摩尔定律(Moore's Law)。无论如何,随着大数据的爆发,这些计算部件正在努力地跟上大数据时代的脚步。我们不断研发或更新着这些基础设施,让这些集成电路元器件在大数据时代仍然扛起了计算的重任。图 2-1 所示为摩尔定律显示的需要计算的数据增长量与 CPU 性能增长的差距。

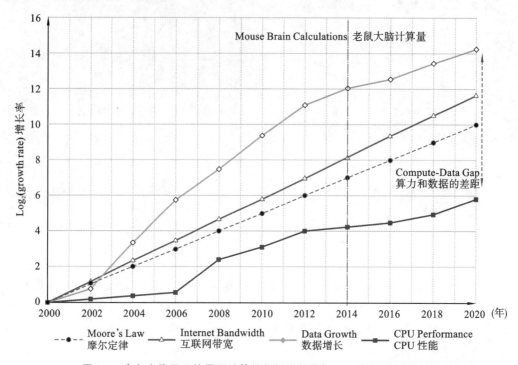

图 2-1　摩尔定律显示的需要计算的数据增长量与 CPU 性能增长的差距

一、CPU

CPU 的全称是 Central Processing Unit,中文名为"中央处理单元",是计算机的计算核心元件,它与计算机的关系就像大脑和人的关系。它是一台计算机的运算和控制核心,主要功能是解释计算机指令以及处理计算机软件中的数据,也就是说 CPU 用于执行存储在计算机内存中的程序所需的计算。它是一块超大规模的集成电路,在一颗 100 多平方毫米的芯片上集成了数十亿个微型晶体管。目前,计算机 CPU 的主要制造商有 Intel 和 AMD,国产 CPU 也有龙芯中科技术有限公司研发的"龙芯"(见图 2-2)等。

从功能来看,CPU 由运算器、高速缓冲存储器(Cache)、控制器、时钟和连接的总线组成。其中,运算器又称算术逻辑运算单元(Arithmetic Logic Unit,缩写为 ALU),负责对寄存器中的数据进行算术计算或者逻辑计算。高速缓冲存储器(Cache)作为寄存器使用,用来暂时存储计算时的指令、数据和地址。一个 CPU 一般有 20—100 个寄存器。控制器负责把内存中的指令、数据读入寄存器,并根据指令结果控制计算机各组成部件。时钟负责发出供 CPU 计算的时钟信号。

CPU 计算的过程可以分为取指、解码和执行三个关键步骤。首先,CPU 从内存提取指令。内存,也称为主存,其主要组成部分是随机存储器(Random Access Memory,简称 RAM),作为操作系统或其他正在运行中的程序的临时数据存储介质。然后解码该指令的实

图 2-2　国产龙芯 3 号 CPU 图

际内容,再由 CPU 的相关部分执行该指令。图 2-3 展示了一段 C 语言程序在 CPU 中的计算过程。在这个流程中,CPU 负责的是解释和运行最终转换成机器语言的内容。

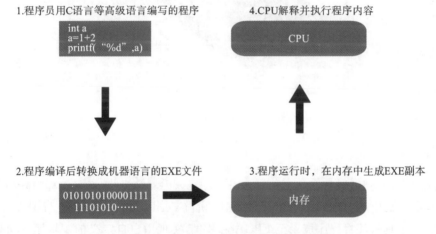

图 2-3　程序在 CPU 中的编译执行过程

二、GPU

GPU 的全称是 Graphics Processing Unit,中文名为"图形处理单元",是显卡的计算核心,是一个高度并行化的多线程、多内核浮点运算处理器。GPU 的主要任务是负责图形计算,用于多边形建模和 3D 图形渲染(可以理解为一种图形计算)。

既然 CPU 的性能已经大幅提升,为什么还需要独立的 GPU? 主要原因是 CPU 负担不起高质量的图形计算。例如 1993 年的一个 640×480 像素的标准显示屏,一帧单色的图像需要约 30.72 万(640×480)个像素。考虑到人体视觉的基础是 60 帧/秒,则每秒需要渲染1843.2万(30.72×60)次的像素。按照当时 CPU 的水平,每个像素有 3 条流水线,假设最低标准——每个步骤需要 1 条指令,则进行这样基础级别的计算每秒需要 5529.6 万(1843.2×3)条指令。以当时的 100MHz CPU 为例,其每条流水线每秒运行 1 亿条指令。可见如果只是用

CPU计算，光这样的屏幕刷新就占了CPU超过50%的计算任务。

那为什么GPU又参与到了大数据的计算呢？这主要是因为大数据分析中经常有超大的向量和矩阵运算，有海量的浮点型训练数据需要计算。例如典型的目标识别模型Inception V3的计算量约为50亿个浮点型参数，如果每个参数占4个字节，就会产生共约20GB的计算数据。而且大数据计算往往并没有复杂的逻辑和分支，所以人们发现这项工作特别适合由多线程、多内核浮点运算处理器GPU去承担。很多研究和实践已经表明，GPU对浮点型数据的处理速度是CPU的3—10倍。GPU进行大数据计算具有密集型、并行性的特点。当然，在GPU进行大数据计算时，还是要依赖CPU对计算机系统的控制和配合。

GPU被广泛应用于科学计算、密码破解、大数据分析等需要大规模并行计算的领域。GPU的主要制造商有Nvidia（见图2-4）和ATI（已经被AMD收购），国产GPU制造商有景嘉微电子股份有限公司。

图2-4　Nvidia V-100 GPU

三、FPGA

FPGA的全称是Field Programmable Gate Array，中文名为"现场可编程门阵列"，是一种可编程重构的集成电路。FPGA通过硬件描述语言（Verilog或VHDL）进行编程（即描述逻辑电路），利用工具软件将程序烧录至FPGA芯片里，实现用户自定义的逻辑运算功能。在大数据分析领域，主流方法是CPU+GPU的架构来实现大数据处理应用开发，但CPU+FPGA的架构的单位功耗更低，同时易于将计算部件进行修改和编程，所以FPGA成为一种计算的替代方案。

FPGA的主要制造商有Altera和Xilinx，国产制造商有上海安路科技、深圳紫光同创（见图2-5）、广东高云半导体，它们被称为"国内FPGA的三驾马车"。

四、TPU

TPU的全称是Tensor Processing Unit，中文名为"张量处理单元"，是Google公司专门为大数据和人工智能计算设计的集成电路，是一种专用集成电路芯片（Application Specific Integrated Circuit，简称ASIC），如图2-6所示。它针对明确的机器学习（特别是深度学习）的计算目标和处理逻辑，进行硬件优化，以彻底牺牲通用性为代价，获得在机器学习场合的计算效率。Google测试表明，相比Intel Haswell Xeon E5-2699 2.3GHz CPU和Nvidia Tesla K80

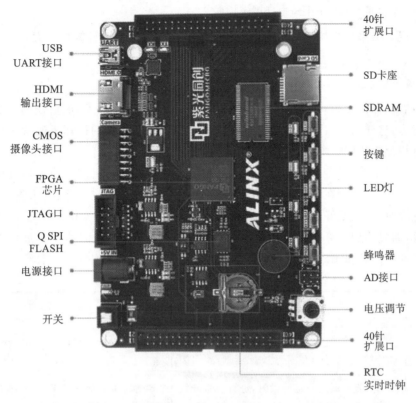

图 2-5　紫光同创 FPGA

图 2-6　Google TPU

GPU，机器学习的计算速度快 15—30 倍。

第二节　云　计　算

一、提升计算能力的方式

针对日益增加的数据存储与分析的需要，有两种方式来提升计算机的处理能力：一种称作垂直扩展，另一种称作水平扩展（见表 2-1）。

(一)垂直扩展(Vertical Scalability)

垂直扩展是指采用更快的 CPU 或者更大的内存、外存来提升计算机的大数据存储和计算性能。

(二)水平扩展(Horizontal Scalability)

水平扩展也称作分布式计算,它是指通过添加更多的计算机一起协同工作,进而提升计算机的总体能力,这样的一组计算机通常被看作一个整体。新添加的计算机通常应该与当前的计算机具有相似或相同的配置,这样它们才能够更好地协同工作。

从扩展方式来看,垂直扩展通过购买和使用更高配置的计算机配件或者通过更换计算机来实现,而水平扩展是指在已有的计算机群体中再添加计算机;从扩展成本来看,当垂直扩展到一定的阶段时,购置更好的配件或是更换更好计算机的成本就会变得十分高昂,而水平扩展到一定阶段,通过添加计算机来提升整体性能的成本相对较低。而且水平扩展可以根据实际需求实现弹性扩展(Elastic Expansion),具有很好的伸缩性(Scalable)。

表 2-1 垂直扩展和水平扩展对照表

	垂直扩展	水平扩展
扩展方式	通过购买使用更高配置的计算机配件或计算机	通过在计算机集群中添加计算机
扩展成本	当垂直扩展到一定阶段时,进行设备升级的成本就会变得十分高昂	当水平扩展到一定阶段时,通过添加计算机来提升计算机集群性能的成本相对较低

HP 公司在 2013 年开展了一项调查,结果发现,在专用计算机上租用处理器的每小时成本大约是水平扩展系统的 2—3 倍。从图 2-7 中可以看出,在交点之后,垂直扩展与水平扩展相比,成本呈指数级增长。

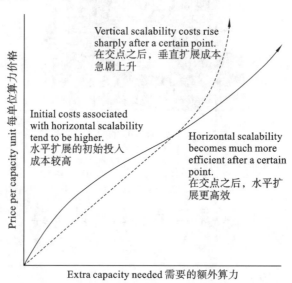

图 2-7 垂直扩展和水平扩展的使用成本

(图片来源:https://www.freecodecamp.org/news/a-thorough-introduction-to-distributed-systems-3b91562c9b3c/)。

二、分布式计算

分布式计算,即水平扩展,是指一组相互独立的连网计算机,通过消息传递的方式来使各自的硬件和软件协同工作,进而实现一个共同的计算或处理目标(见图2-8)。一组计算机被称作一个计算机集群(Cluster),其中每一台计算机都有各自的处理器、各自的内存,都是独立可运行的计算机。

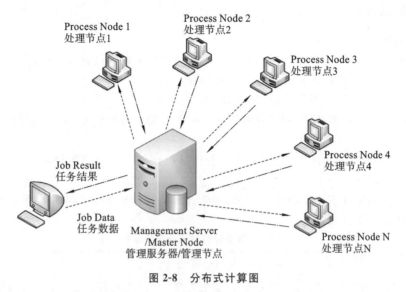

图 2-8　分布式计算图

关于分布式计算的研究,最早可以追溯到网络刚刚发明的时候。在20世纪70年代末和80年代初,分布式计算就成为计算机科学的一个新的分支。

DEC系统研究中心在1988年启动了第一个基于因特网的分布式计算项目,这个项目通过给志愿者发送电子邮件,邀请志愿者在空闲的时间运行一些程序,然后将结果返回给DEC系统研究中心并获得新任务。简单来说就是很多志愿者利用空闲时间,来帮助DEC系统研究中心做一些计算任务。截至1990年,一共有100位志愿者参与了这个项目。

到了1999年,一个真正可以正常运行的分布式计算项目——SETI@Home出现了。这个项目通过分析坐落在波多黎各的Arecibo射电望远镜收集的无线电信号,来寻找外星智能生物生存的证据。这个项目于1999年5月开始启动,面向全球招募志愿者,将SETI@Home的程序运行在这些志愿者的计算机上。这个项目得到了全球许多志愿者的支持,截至2005年,已经有超过543万志愿者参与到了这个项目中。

三、分布式计算类型

分布式计算有网格计算和云计算两种类型。

(一) 网格计算(Grid Computing)

网格计算是早期分布式计算的类型之一。网格计算主要解决如何将一个需要强大计算能力才能解决的问题分成若干个小问题,然后把这些小问题再分配给许多计算机进行处理,最后再把这些计算结果汇总起来,得到最终的处理结果。这样网上各种各样的计算资源、存储资源和输出设备,在统一的网格资源管理系统的管理下,就可以提供给位于多个地点的不同用户来共享和使用。

（二）云计算（Cloud Computing）

云计算是另一种分布式计算的类型。云计算实际上是通过网络构成一个"网云"，进而将巨大的数据计算处理程序分解成无数个小程序，然后通过多台服务器组成的系统来处理和分析这些小程序，得到结果再返回给用户。云计算发展到今天，实际上就是我们熟知的各类云服务。例如弹性计算、云存储、虚拟服务器等。MapReduce 是典型的分布式云计算。

四、分布式计算特点

无论是网格计算还是云计算，它们都具有以下几个相同特点：
（1）资源共享，用户或程序可以使用系统中任何位置的任何硬件、软件或数据；
（2）开放性，分布式系统具有良好的扩展与提升能力；
（3）并发性，在系统中多个活动可以同时进行；
（4）良好的可扩展性，用户可以方便地在系统中添加更多的资源，系统也可以方便地支持更多的用户；
（5）容错性，对于分布式系统来说，某一台计算机或某一个局部网络发生故障，不会影响整个系统的正常运行。

云计算是从网格计算发展演化而来的，网格计算为云计算提供了基本的框架支持。表 2-2 梳理了网格计算与云计算的区别。

表 2-2　网格计算与云计算的区别

区别	网格计算	云计算
目标	共享高性能计算力和数据资源，实现资源共享和协同工作	提供通用的计算平台和存储空间，提供各种软件服务
资源来源	不同机构	同一机构
资源类型	异构资源	同构资源
资源节点	高性能计算机	服务器/PC 机
虚拟化视图	虚拟组织	虚拟机
计算类型	紧耦合问题为主	松耦合问题
应用类型	科学计算为主，计算密集	数据处理为主，数据密集
用户类型	科学界	商业服务
付费方式	免费（政府出资）	按量计费
标准化	有统一的国际标准 OGSA/WSRF	尚无标准，但已经有了开放云计算联盟 OCC

五、云计算概述

云计算是指通过网络交付的一系列软硬件产品的服务。在传统的计算体系中，用户需要购买软硬件设备进行数据处理分析。但是，在云计算体系中，用户只需要访问一个基于 Web 服务的应用程序就可以实现对大数据的处理分析。该 Web 服务应用程序，即云计算服务，其包含了用户所需的软硬件资源。现阶段云计算提供的服务已经不单单是一种分布式计算，还有效用计算、负载均衡、并行计算、网络存储、热备份冗杂和虚拟化等计算机技术。云计算的最显著特点是高灵活性、可扩展性和高性价比。

许多世界著名 IT 公司都提供云计算这项服务。例如阿里巴巴集团的阿里云、亚马逊的 AWS(Amazon Web Services)、腾讯的腾讯云、百度智能云、微软的 Azure 云、华为云。

在数据处理中采用云计算有很多优点,这里主要介绍三个优点。

(一) 弹性服务(Elastic Services)

弹性服务是指可快速扩展或缩减计算机 CPU、内存、存储资源、GPU 以满足不断变化的需求,而无须担忧用量高峰的容量计划和工程设计。以阿里云的入门级云服务器为例,它支持分钟级别创建 1000 台实例(虚拟服务器),具有弹性的扩容能力,实例与带宽均可随时升降,而且付费方式也是弹性的。

(二) 较低成本(Low Cost)

对于每个企业来说基础设施的开支都比较大,而且还需要投入专门的人力和物力,在这个过程中又要保持快速的软硬件更新速度来适应市场的不断变化,成本很高。云计算对于消费者而言,前期投入和日常使用成本较其他方式低,而且也能降低因各种 IT 事故导致的损失,节约大数据处理的硬件成本。

(三) 大规模(Large Scale)

大规模是指云计算所需要的计算机硬件的规模是较大的。私有云一般拥有数百上千台服务器,而公有云一般拥有几十万到数百万台服务器,例如百度云就拥有 100 多万台服务器。这些数量庞大的服务器为云计算提供了前所未有的数据计算能力。有趣的是云计算的服务器往往坐落在一些拥有廉价能源、易于散热、人烟较少的地方,例如 Google 的一些云服务器坐落在海底。

六、云计算服务模式

云计算服务模式由底层到高层分为三种。

(一) IaaS(基础设施即服务,Infrastructure as a Service)

提供给消费者的服务是所有计算基础设施,包括 CPU、内存、GPU、存储、网络和其他基本的计算资源。用户能够部署和运行任意软件,包括操作系统和应用程序。消费者不用管理或控制任何云计算基础设施,但能控制操作系统的选择、存储空间等,也有可能获得有限制的对网络组件(例如路由器、防火墙、负载均衡器等)的控制权。IaaS 是云计算最基础的服务,让用户可以直接使用云服务商提供的服务器、存储和网络,大大节省了场地费用和维护费用。典型的 IaaS 产品有 OpenStack、Cloudstack 等。

(二) PaaS(平台即服务,Platform as a Service)

提供给消费者的服务是开发环境、服务器平台、硬件资源等基础设施,用户可以在这些基础设施基础上开发和使用应用程序。用户不需要管理或控制底层的云计算基础设施,就能控制部署的应用程序。PaaS 提供的常用服务有:集成开发环境、集成 Web 服务和数据库、团队协作。典型的 PaaS 产品有 Docker、CoreOS 等。

(三) SaaS(软件即服务,Software as a Service)

提供给消费者的服务是完整的软件应用服务,这些软件可以通过租用或购买等方式获得,用户通过 Internet 基于 Web 方式就可以使用软件。典型的面向个人的 SaaS 产品有在线文档、账务管理、文件管理、日程计划、照片管理、联系人管理等。典型的 SaaS 产品有 CRM(客户关系管理)、ERP(企业资源计划管理)、线上视频或者与群组通话会议、HRM(人力资源管理)、

OA（办公系统）、外勤管理、财务管理、审批管理等。

七、云计算部署模式

（一）私有云

私有云是为一个用户单独使用而构建的云计算，建立在用户防火墙内，可以对数据、安全性和服务质量进行最有效的控制。私有云需要用户自己构建云基础设施与软硬件资源，如若需要增加资源，则需要购买额外的云基础设施和软硬件资源，用户容易面临资源受限的情况。但是私有云的专属性、安全性、灵活性很强，并且完全支持自定义。

（二）公有云

公有云是供应商为用户提供的云计算，用户一般通过 Internet 免费或低价使用。公有云的核心属性是共享资源服务。公有云为用户提供了其本身无法承担的云基础设施与软硬件资源。若访问量突然增加，公有云用户也不用担心计算资源不够用，因为公有云会合理分配资源。收费的公有云一般按照使用量付费，有无限量存储空间。

（三）混合云

混合云是通过网络连接起一个或多个公有云和私有云的云计算，实现在不同的云环境之间共享数据和应用程序。混合云用户可以根据业务需求在不同的云环境中分配工作负载。例如，用户可以在私有云环境中运行核心服务，以便更好地控制和定制环境以满足其需求。当工作负载超出可用资源的限制时，可以将其他工作自动传输到公有云环境。这种方法为按需服务提供了额外的容量，集合了私有云和公有云的特点，安全性、灵活性、成本都介于私有云与公有云之间。

第三节　其他云技术

云除了云计算技术之外，还有云存储、虚拟化等技术。

一、云存储技术

云存储技术，就是分布式存储技术，是指通过云计算基础设施，将网络中大量不同类型的存储设备通过应用软件集合起来协同工作，共同对外提供数据存储和业务访问功能的一项技术。云存储技术是云计算平台和服务的核心基础，其层次如图 2-9 所示。最典型的云存储技术就是分布式文件系统（Hadoop Distributed File System，简称 HDFS）。

二、虚拟化技术

虚拟化技术是一种将计算机物理资源进行抽象、转换为虚拟的计算机资源提供给程序使用的技术。这里的计算机物理资源主要包括 CPU 提供的运算控制资源、硬盘提供的数据存储资源、网卡提供的网络传输资源、GPU 提供的浮点运算资源等。虚拟化技术提高了对计算机资源控制的灵活性，也提高了计算机资源的使用率。如图 2-10 所示，一台运行 Nginx 的计算机，由于 Nginx 运行对系统资源的消耗并不高，系统几乎 95% 以上的资源处于闲置状态。这时候通过虚拟化技术，把其他的一些程序放到这台计算机上来运行，它们就能够充分利用闲置的资源。这带来的好处是不需要再为这些程序单独部署计算机，从而节约了不少成本。

图 2-9　云存储技术层次图

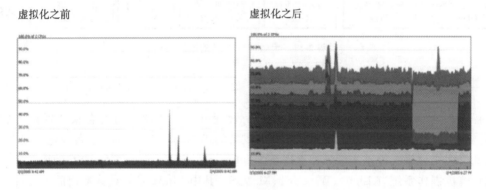

图 2-10　CPU 虚拟化

　　虚拟化分为硬件虚拟化和软件虚拟化。硬件虚拟化是指物理设备本身具有的虚拟化功能，如 CPU 虚拟化就让操作系统认为存在多个 CPU，进而能够同时运行多个程序或者操作系统。软件虚拟化是指通过软件的方式来实现的虚拟化，如应用程序虚拟化。而像桌面虚拟化、平台虚拟化等都是硬件虚拟化和软件虚拟化的组合应用。

　　此外，近年来火热的容器技术也是一种新的虚拟化技术，属于操作系统虚拟化的一种。所谓容器技术（Container）是指利用操作系统自身，让应用程序之间互不干扰地独立运行，并且在其运行时平衡有冲突的资源使用请求的一种虚拟化技术。典型的容器技术有 Docker 和 CoreOS。

　　作为大数据分析的硬件基础设施，云计算、云存储、虚拟化，以及网络等技术支持了海量、多源、异构数据的采集、存储、集成、处理、分析、可视化展现、交互式应用，涉及大数据产品的各个层面，为各层大数据产品提供了关键技术。

第四节　大数据软件

　　大数据软件基础设施架构已经形成，如图 2-11 所示。其中分布式存储层、资源管理层、通用计算层的技术趋于稳定,而应用层和分析管理工具由于现实世界中大数据分析的复杂性,难以用单一的技术满足不同的大数据分析需求,出现了多种技术框架,处于蓬勃发展的状态。

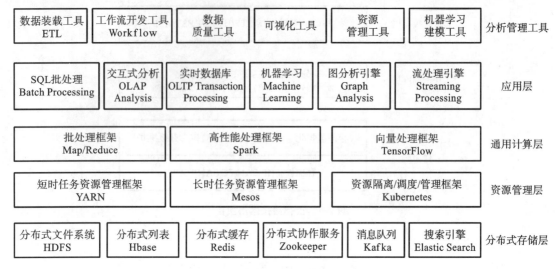

图 2-11　大数据软件基础设施架构

一、操作系统

操作系统(Operating System,简称 OS)是管理电子设备硬件与所有软件资源的软件系统,它需要管理内存空间分配、决定系统资源供需的优先次序、控制输入设备与输出设备、操作网络和管理文件系统等基本事务。操作系统也提供一个让人与电子设备交互的操作界面。典型的计算机操作系统有 Linux、Windows、MacOS。其中 Linux 是云计算使用的主要计算机操作系统,其品牌较多,有 RedHat、Ubuntu、中标麒麟等。典型的移动设备操作系统有 iOS、Android、HarmonyOS(鸿蒙)。

二、数据库系统

数据库系统(Data Base System,简称 DBS)是为存储、维护和处理数据,由数据库及其管理软件组成的软件系统。对学生而言,比较熟悉的数据库有图书借阅数据库、成绩管理数据库、学籍档案数据库等。典型的关系型数据库管理软件有 MySQL、Oracle、SQL Server、达梦等,典型的非关系型数据库管理软件有 Redis、mongoDB、Neo4j 等。在日常生活中,人们常说的数据库其实是指数据库管理软件。

受本书篇幅限制,传统的操作系统与数据库系统的相关知识不展开论述,有兴趣的读者可以阅读相关参考书。本书第五章"数据存储与管理"会对商业大数据分析使用的数据库管理软件做详细介绍。

三、Hadoop 概述

大数据技术圈已经形成了名为 Hadoop 的生态圈,开源软件构建起了这一生态圈的基石(见图 2-12)。根据服务对象和层次分为:数据来源层、数据传输层、数据存储层、资源管理层、数据计算层、任务调度层、业务模型层。

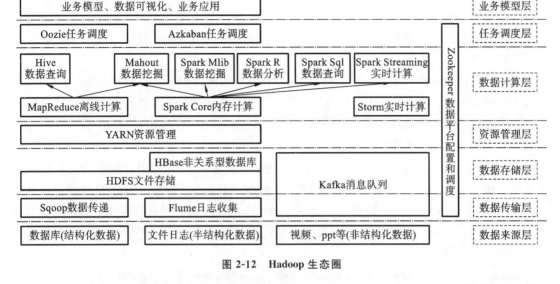

图 2-12 Hadoop 生态圈

Hadoop 不是一个软件，是 Apache 软件基金会（Apache Software Foundation，简称 ASF）旗下的一个开源分布式大数据处理生态系统，最近的大版本为 Hadoop 3（http://hadoop.apache.org/）。Hadoop 生态系统主要由以下子系统组成。

（一）HDFS 文件系统

HDFS 的全称是 Hadoop Distributed File System，即 Hadoop 分布式文件系统，是整个 Hadoop 生态的基础，用 Java 编写，用于存储和管理 Hadoop 生态中的各种数据。HDFS 具有高容错（High Fault-tolerant）和高吞吐量（High Throughput）的特点，可以部署在低廉的计算机集群上用来访问数据。HDFS 将不同格式或不同类型的数据分布式地保存到计算机集群中的数据节点（DataNode）上，其结构如图 2-13 所示。

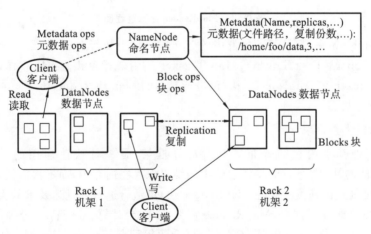

图 2-13 HDFS 结构图

1. NameNode

NameNode 即命名节点，也被称为主节点，每个 HDFS 集群中有一个，是管理 HDFS 名称和数据映射，处理客户请求的节点。其辅助节点称为 Secondary NameNode，Secondary NameNode 在紧急情况下可以辅助和恢复 NameNode。

2. DataNode

DataNode 即数据节点,也被称为从节点,每个 HDFS 集群中至少有 3 个 DataNode,用于存储数据。默认情况下,一个文件会被备份 3 份存在不同的 DataNode 中,具有高可靠性和容错性。

3. Client

Client 即 HDFS 客户端,是使用数据的应用程序。在使用 HDFS 集群中数据时,Client 首先与 NameNode 交互,获取目标数据的位置信息(包括元数据和块地址),然后根据数据的位置信息访问 DataNode,进行具体的数据读写。

(二) MapReduce 计算框架

MapReduce 是一种基于硬盘的分布式并行批处理计算框架,一般可以用于对大于 1TB 的数据进行并行计算,它由 Map 和 Reduce 两部分组成,如图 2-14 所示。Map 负责将整体数据集以"键-值对"(Key-Value)形式分发(Splitting 和 Mapping)到不同计算节点上,Reduce 负责收集各个计算结果,并把具有相同"键"的所有"值"进行规约(Shuffling),将这些规约的结果解析(Reducing)为统一的数据。

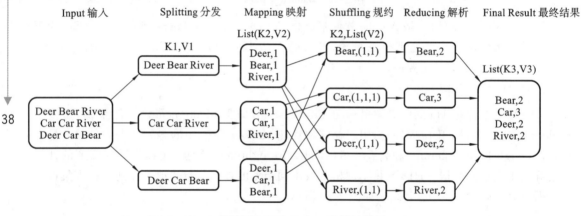

图 2-14 MapReduce 计算过程图

在进行 MapReduce 时,HDFS 集群中的 NameNode 上执行 Job Tracker,将一项任务分解成一系列作业(Job)给 Task Tracker。Job Tracker 还用来管理和监控所有作业,并进行错误处理。Task Tracker 在 DataNode 上执行,进行具体的 Map 和 Reduce 运算,并与 Job Tracker 交互,报告子作业状态。

(三) Spark 计算框架

Spark 是一种基于内存的分布式并行计算框架,是一种快速通用的计算引擎,是对 MapReduce 功能的补充。Spark 将作业的中间结果保存在内存中,而不再需要读写 HDFS,因此 Spark 在数据处理的速度上要比 MapReduce 快,更适合进行低延迟要求的大数据分析。例如,对 100TB 的数据进行排序,MapReduce 需要 2100 台计算机运行 72 分钟,而 Spark 使用 207 台计算机,只需运行 23 分钟就做完了。再看逻辑回归算法的表现,MapReduc 运行需要 110 秒,而在 Spark 上只需要 0.9 秒。表 2-3 列出了 Spark 和 MapReduce 的区别。

表 2-3 Spark 和 MapReduce 区别

区别	Spark	MapReduce
速度	是 MapReduce 的 100 倍以上	比传统文件系统快

续表

区别	Spark	MapReduce
编程语言	Scala	Java
数据处理方式	批处理/实时/图/迭代/交互	批处理
易用性	精简、较容易	复杂、冗长
缓存	内存	不支持

Spark 基本架构如图 2-15 所示。在 Spark 中，一个应用（Application）由一个任务控制节点（Driver）和若干个作业（Job）构成，一个作业由多个阶段（Stage）构成，一个阶段由多个任务（Task）组成。当执行一个应用时，Driver 会向集群管理器（Cluster Manager）申请资源，启动 Executer，并向 Executer 发送应用程序代码和文件，然后在 Executer 上执行任务。运行结束后，执行结果会返回给 Driver，或者写到 HDFS 或其他数据库中。

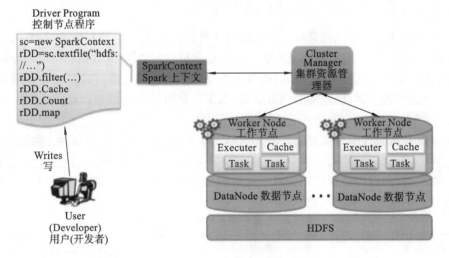

图 2-15　Spark 结构图

1. Cluster Manager

Cluster Manager 是 Spark 默认的集群资源管理器，也可以用 Mesos 或者 YARN 等资源管理器替代。

2. Worker Node

Worker Node 是运行任务的工作节点。

3. Executer

Executer 在 Worker Node 上负责执行具体任务的进程，并为应用程序存储数据。

4. Driver

Driver 是一个 Application 的任务控制节点。

Spark 系统中主要包含 Spark Core（Spark 基本功能）、Spark SQL（SQL 命令）、Spark Streaming（实时流数据处理）、MLLib（机器学习）和 GraphX（图计算）等组件。

（四）YARN 资源管理平台

YARN 是分布式资源管理器，为上层应用提供统一的资源管理和调度，为 Hadoop 集群在利用率、资源管理和数据共享方面提供便捷。

第五节 大数据计算模式

大数据计算模式是指根据不同数据特征和计算特征,从多样性的大数据问题和需求中提炼并建立的各种高层抽象和模型。主要的大数据计算模式有如下几种。

一、批量计算(Batch Computing)模式

批量计算模式是对存储的大数据进行批处理的计算方式。批处理是指对一段时间内存储的数据块进行统一的集中处理。例如,某个金融公司一周内所有的交易记录可以被看作一个数据块,某个城市一天内汇总的所有的交通数据也可以被看作一个数据块。数据攒了一周、一天或是一段固定时间后再来处理。批量计算模式的主要技术框架有 MapReduce、Spark 等。

二、流式计算(Stream Computing)模式

流式计算模式是对数据流进行实时处理的计算方式。数据流,也称流数据,是大数据的一种类型,是指在时间分布和数量上无限的一系列动态数据集合体,其数据的价值随着时间的流逝而降低,因此必须采用实时计算的方式给出秒级响应。流式计算可以实时处理来自不同数据源、连续到达的流数据,经过实时分析处理,给出有价值的分析结果。流式计算模式的主要技术框架有 Storm、Spark Streaming 和 Flink 等。

流式计算和批量计算是两种主要的大数据计算模式,分别适用于不同的大数据应用场景。与批量计算不同,流式计算的过程中到达的每一条新数据都不会存储,而是直接进行计算并输出结果,因此这样的技术特别适用于对实时数据处理要求很高的大数据应用场景。表 2-4 列出了批量计算和流式计算的区别。

表 2-4 批量计算和流式计算的区别

区　别	批量计算	流式计算
数据特征	静态数据	动态、没有边界的数据
延迟	高延迟,以分钟、小时为单位	低延迟,以毫秒、秒为单位
应用场景	离线报表、数据分析	实时推荐、业务监控
运行方式	单次完成	持续进行

三、查询分析计算(Query Computing)模式

查询分析计算模式是对大数据的存储管理和查询分析进行实时或准实时响应的计算方式,尤其要解决在数据量极大时如何提供实时或准实时的数据查询分析功能的问题。查询分析计算模式的主要技术框架有 HBase、Hive、Shark、Redis 等。

四、图计算(Graph Computing)模式

图计算模式是对大规模图结构数据进行处理的计算方式,是一种可以表达为有向图的大数据计算,关键技术是数据融合和图分割。图计算模式的主要技术框架有 Neo4j、OrientDB、Pregel、Giraph 等。Neo4j 和 OrientDB 是基于遍历算法的、实时图数据库。Pregel 和 Giraph

是基于 BSP(Bulk Synchronous Parallel,块同步并行计算模型)模型的并行图计算软件,主要用于图遍历、最短路径和 PageRank 计算等。

本章小结

本章主要介绍了大数据分析需要使用到的基础设施,包括 CPU、GPU、FPGA 和 TPU 运算部件,云计算的基本概念,Hadoop 大数据平台及其主要计算框架,也简单介绍了操作系统、数据库中的常用软件。

思考与练习

1. 根据 CPU 和 GPU 发展的天梯图,了解 CPU 和 GPU 的发展情况,并比较一下 GPU 的主要性能指标。(https://www.mydrivers.com/zhuanti/tianti/cpu/ 和 https://www.mydrivers.com/zhuanti/tianti/gpu/)

2. 调查了解一家国内企业(如阿里巴巴、腾讯、百度)的云计算平台及其生态系统。

3. 调查了解一项具体的大数据分析项目所使用的基础设施,并做出其结构图。

KNIME 的 HDFS 简单操作

本次实验实现 KNIME 对 HDFS 文件系统的上传、下载和删除。

一、分析

编号	主机	主机名	IP 地址	Hadoop 版本	NameNode 端口	用户名	密码
1	HDFS Master	Master	192.168.1.10/24	3.x	9820	hadoop	hadoop

二、创建 HDFS 访问工作流

(1) 安装"Big Data Connectors"和"Testing Framework"包(见图 2-16)。

(2) 使用"HDFS Connection"节点连接到 Hadoop 文件系统(见图 2-17)。

其中,"Host"为集群 Master 节点的 IP 地址或者主机名;"Port"为 HDFS 的端口号,一般是 9820 或者 8020,可以看 hadoop 的配置文件 core-site.xml 获得,本实验使用的端口号是 9000;"User"为 HDFS 的用户名,该用户应该具有读写权限。

(3) 填写完毕后,测试连接,成功的话会出现如图 2-18 所示的提示。

(4) 使用"Data Generator"节点生成数据,然后用"CSV Writer"写到指定目录下。其中,"Data Generator"采用默认设置,"CSV Writer"只修改存储路径,并将该路径存成一个变量"path",以供之后的节点使用,具体设置如图 2-19 所示。

(5) 设置对文件存储的路径,并传递给"Upload"节点。因为"CSV Writer"提供的地址是 String 类型的,而"Upload"接收的参数是 URL 类型,所以我们要使用"Variable to Table Row"和"String to URL"两个节点将文件地址转成 URL 类型(见图 2-20)。

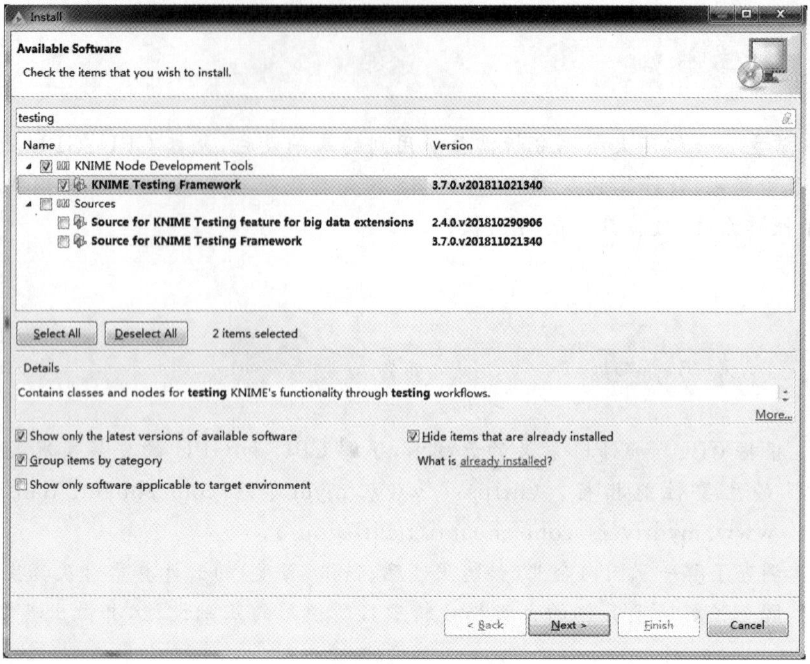

图 2-16 安装工具包

图 2-17 HDFS Connection 节点配置

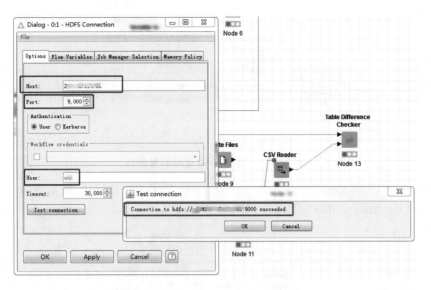

图 2-18　HDFS Connection 节点连接测试

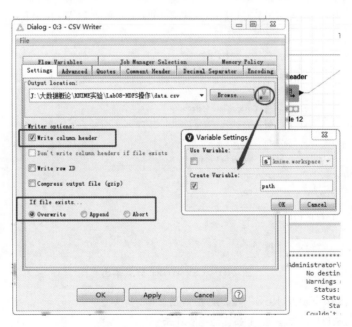

图 2-19　CSV Writer 节点配置

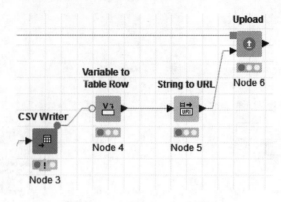

图 2-20　上传 Upload 连接完整流程

（6）右击"CSV Writer"节点，选择"Show Flow Variable Ports"，然后将节点右上角的"Outport"和"Variable to Table Row"相连（见图 2-21）。

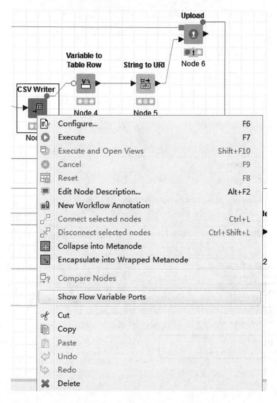

图 2-21　CSV Writer 节点输出

（7）"Variable to Table Row"节点设置如图 2-22 所示。

（8）"String to URI"节点设置如图 2-23 所示。

（9）选择"Upload"节点，连接"HDFS Connection"和"String to URL"。其中，"Target folder"为 HDFS 的文件路径（根据实际情况修改，注意 user 对文件夹的操作权限），"Source"为文件源地址，由输入变量控制（见图 2-24）。

（10）执行成功后，在远端的 HDFS 中可以看到已经上传的文件。其中，红框框住部分为 Hadoop 上的存储路径（见图 2-25）。

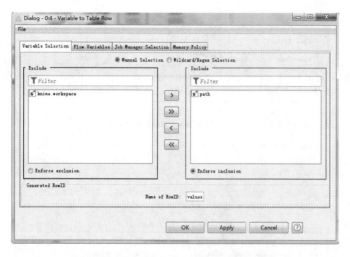

图 2-22 Variable to Table Row 节点设置

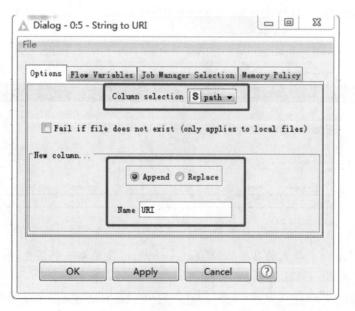

图 2-23 String to URI 节点设置

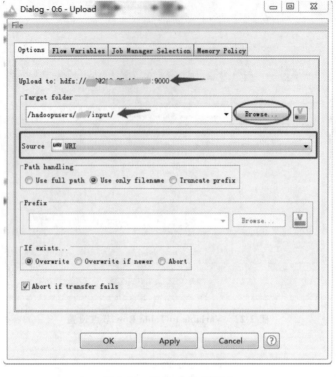

图 2-24 Upload 节点设置

user@Master:~ $ hdfs dfs-ls/hadoopusers/input
Found 1 items
-rw-r--r-- 3 user supergroup 486905 2019-04-29 23:31/hadoopusers/input/data.csv

图 2-25 上传测试

(11) 再将"Upload"节点的目标路径(Target folder)设置为一个变量,命名为"target",然后执行"Upload"节点。如图 2-26 所示。

(12) 在"Upload"执行成功后,选择"List Remote Files"节点,列出远端的 HDFS 的文件目录。这里,将上一步中"Upload"的 Source 源地址作为变量传入到"List Remote Files"节点中(见图 2-27)。

(13) 右击"List Remote Files"节点→"Filelist table",结果显示如图 2-28 所示。

(14) 使用"Table Row to Variable"将文件路径转换为变量,传给"Download"节点。执行"Download",从 HDFS 将之前上传的文件下载下来(见图 2-29)。

(15) 通过"CSV Reader"读取下载的文件。使用"Table Different Check"节点对比该文件

和原文件。执行成功,代表上传的文件和原文件没有差别,不存在数据丢失,原文件成功上传到 HDFS(见图 2-30)。

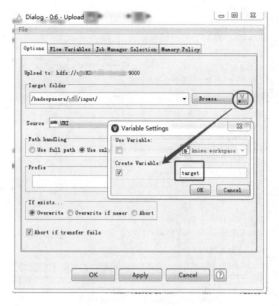

图 2-26　Upload 节点命名变量

图 2-27　Upload 节点设置 Source 源地址

图 2-28　Filelist table 显示

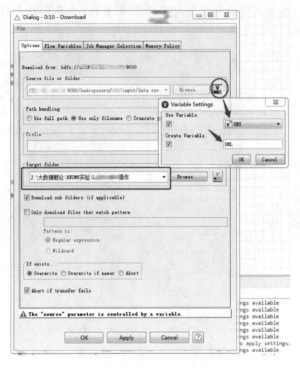

图 2-29　Download 节点设置

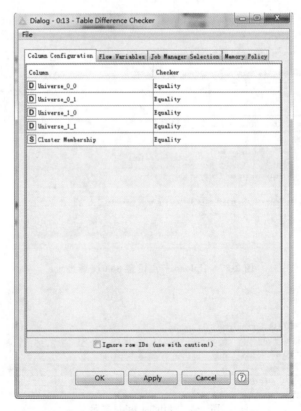

图 2-30　CSV Reader 节点读取下载的文件

（16）使用"Delete Files"节点删除文件。因为有 Input 变量控制，所以只有在"Download"节点从 HDFS 将该文件成功下载后，删除操作才会执行（见图 2-31）。

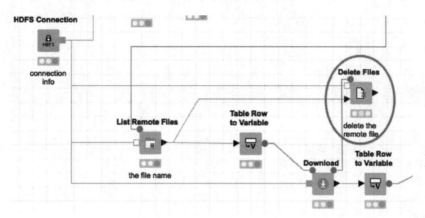

图 2-31　Delete Files 节点删除文件

（17）导出工作流。选中"File"→"Export KNIME Workflow…"，选择一个导出路径，将工作流命名为"hadoop.knwf"。

第三章

大数据采集

学习导引

海量数据是商业大数据分析的原材料。大数据的主要数据来源，也是大数据采集的主要渠道有三个，分别是物联网、网页系统和传统信息系统。那如何收集大数据呢？通过本章的学习，我们将了解大数据采集的基本概念，掌握正则表达式、网络爬虫的大数据采集方法。

学习重点

通过本章学习，重点掌握以下知识要点：
1. 数据采集的基本概念；
2. 采集的大数据类型；
3. 大数据的主要数据来源；
4. 网络爬虫采集网页数据。

如何从大数据中采集出有用的信息已经是大数据分析关注的问题，是大数据产业的基石。互联网中充满了海量、以共享和开放形式存在的能反映用户偏好倾向、事件趋势、浏览历史、购买历史等各种类型的数据。通过对这些商业数据的分析判断可以获得额外的商业价值，如表3-1所示。

■扫码看视频

大数据采集

表3-1 主要商业大数据的来源及其应用

行 业	信 息 源	应 用
旅游	各类信息	优化出行策略
电商	商品信息	比价系统
游戏	游戏论坛	调整游戏运营
银行	个人交易信息	征信系统/贷款评级
金融	金融新闻/数据	指定投资策略、量化交易
招聘	职位信息	岗位信息
舆情	各大论坛	社会群体感知

第一节　大数据采集

一、什么是大数据采集

传统的数据采集(Data Acquisition,简称 DAQ),又称数据获取,是指从传感器和其他设备自动采集信息的过程。这种方法数据来源单一、数据结构简单,而且存储、管理和分析的数据量也相对较小,大多采用集中式关系型数据库或者并行数据仓库处理。

大数据采集是大数据分析的"能源开采"环节,它是指在确定用户需求的基础上,通过各类传感器、互联网、移动互联网等途径,智能识别和持续获取各种类型的结构化(如关系型数据库中的数据)、半结构化(如系统日志、通话记录、HTML 文件)和非结构化(如图像、音频、视频等文件)海量数据的过程。

在大数据时代,面对数据来源广泛、数据类型复杂、数据量巨大、并发式增加和用户需求的不断变化,需要采用专门针对大数据分析的基于分布式数据库的数据采集方法。这些大数据采集方法面临的主要挑战有:

(1) 如何应对多种多样的数据源;
(2) 如何应对数据量巨大,数据更新速度快的问题;
(3) 如何保证大数据采集的可靠性;
(4) 如何避免重复的数据;
(5) 如何保证数据的质量。

二、数据类型

(一) 按照数据实质内容分类

按照数据的实质内容进行分类,数据类型可以分为名义型(Nominal)、布尔型(Binary)、等级型(Ordinal)、数值型(Numeric)这四种类型。

1. 名义型(Nominal)

名义型数据是对数据对象进行分类或分组的一种"标签",也被称为分类型(Categorical)。比如,性别可以分为男/女,月份可以分为一月、二月、三月等。名义型数据的特点是取值只是不同类别的代码,不能区分大小,也不能进行任何的数学计算,比如将一月和二月相加是没有任何意义的。

2. 布尔型(Binary)

布尔型的数据对应两个布尔值:True 和 False,分别对应 1 和 0。布尔型的数据对象通常只有非此即彼的两个状态,没有第三种取值。比如"是否违约"的取值要么是"违约",要么是"未违约";再比如,"是否已婚"只能取"已婚"或"未婚"这两个值。布尔型数据在计算机中的实现一般也是将对应的一个取值设成 1,另一个取值设成 0,方便程序进行逻辑判断。

3. 等级型(Ordinal)

等级型将数据对象分成不同的类别,它与名义型和布尔型的区别在于它所确定的类别的等级是有差别的,或者是有一定序列差别的,因此可以排序和比较大小。比如受教育程度可以分为高中及以下、本科、研究生这样的等级;再比如,学习成绩可以分为优、良、差这样的等级。

等级型数据对象的特点是虽然可比较大小,但也不能进行数学计算。

4. 数值型(Numeric)

数值型是最常见的数据类型,它直接使用自然数或可进行测量的具体数值来表达取值,比如收入情况和考试分数等可以直接用实数进行表达。因此,数值型数据既可以进行数学计算,也可以比较大小。

(二)按照数据结构分类

按照数据结构可以分为结构化数据、半结构化数据和非结构化数据。

1. 结构化数据

结构化数据是指有明确定义的结构,严格按照结构定义来存储、计算和管理的数据。可以将结构化数据理解为一张或多张二维表格,如图 3-1 所示。表格中的每一行称为元组(Tuple)或者记录(Record)。每一列的列名称被称为属性(Attribute)或者特征(Feature),每一列的取值被称为属性域或者取值空间。如果某一个或多个属性在二维表中能够唯一标识一行记录,则该属性被称为主键(Primary Key),例如图 3-1 所示表中的"学号"属性。

图 3-1　结构化的二维表数据

2. 非结构化数据

非结构化数据是指数据结构不规则或不完整,没有预定义结构的数据,包括文本文件、图像、视频和语音等。这类数据通常在不打开的情况下无法直接知道其中的内容。非结构化数据需要保存在非关系型数据库(NoSQL)中,而且数量占全部数据的大多数。"80%的业务相关信息来源于非结构化数据,特别是文本数据。"是大数据分析的主要对象。典型的非结构化数据如表 3-2 所示。

表 3-2　典型的非结构化数据

类　　型	来源	举　　例
文本文件	人为	文字处理、电子表格、演示文稿、电子邮件、日志
电子邮件		电子邮件由于其元数据具有一些内部结构,有时可以将其称为半结构化数据。但是,电子邮件的内容(消息字段)是非结构化的,传统的分析工具无法解析它
社交媒体		来自新浪微博、微信、QQ、Facebook、Twitter、LinkedIn 等平台的数据
网站		淘宝、抖音、快手、Bilibili、YouTube、Instagram,照片共享网站
移动数据		短信、位置
通信		聊天、即时消息、电话录音、协作软件
媒体		MP3、数码照片、音频文件、视频文件
业务应用程序		管理信息系统、仿真设计程序

续表

类型	来源	举例
卫星图像	机器生成	天气数据、地形、军事活动
科学数据		石油和天然气勘探、空间勘探、地震图像、大气数据
数字监控		监控照片和视频
传感器数据		温度、湿度、光照等传感器

3. 半结构化数据

半结构化数据是有一定结构,但是结构变化很大的数据。也可以理解为结构和内容混在一起的数据。典型的半结构化数据有 XML 文件、JSON 文件、日志文件。例如用 XML 描述一个 person 对象就有多种结构,如图 3-2 所示。

```
<person>
    <name>A</name>
    <age>13</age>
    <gender>female</gender>
</person>
```

```
<person>
    <name>B</name>
    <gender>male</gender>
</person>
```

图 3-2 XML 文件的半结构化

由图 3-2 可知同一类 person 实体可以有不同的属性,而且属性的顺序也可以不相同。一个 person 实体有 name、age 和 gender 属性,另一个 person 实体却只有 name 和 gender 属性。对半结构化数据的分析处理也是大数据分析的一个特征。

(三)按照数据形式分类

按照数据形式可以分为文本、数值、URL、图像、视频、音频等数据。

1. 文本

文本由字符(Character)组成,如英文字符、中文字符。由于计算机内部只能识别和处理二进制代码,所以在计算机中,字符必须按照一定的规则用一组二进制编码来表示。规则有英文的 ASCII 码、中文的 GB2312 码、多国文字的 UTF-8 码等。

2. 数值

数值是由数字组成,是可以测量或计数的数据。大数据分析中的常用数值类型有浮点数、整数、布尔数三种,它们的取值范围受到表示位数(bit)的限制。

float:单精度浮点数,用 32bit 表示,符合 IEEE 754 标准的浮点数,取值范围为 2^{-149} ~ $(2^{128}-1)$,保留小数点后面 6 位,如 1.123456d。

double:双精度浮点数,用 64bit 表示,符合 IEEE 754 标准的浮点数,取值范围为 2^{-1074} ~ $(2^{1024}-1)$,保留小数点后面 16 位,如 1.1234567890123456d。

int:整数,用 32bit 表示,有符号的以二进制补码表示的整数,最高 1 位是符号位,取值范围 -2^{31} ~ $(2^{31}-1)$。

short:短整数,用 16bit 表示,有符号的以二进制补码表示的整数,最高 1 位是符号位,取值范围为 -32768 ~ 32767,即 -2^{15} ~ $(2^{15}-1)$。

long:长整数,用 64bit 表示,有符号的以二进制补码表示的整数,最高 1 位是符号位,取值范围 -2^{63} ~ $(2^{63}-1)$。

boolean:布尔数,用 1bit 表示,只有 0 和 1 两种。

3. URL

URL 是 Uniform Resource Locator 的简称,是 Internet 上用于指定数据位置的表示方法。这些数据可以是图像、文件、视频、音频、超链接等。可以认为 URL 是数据在 Internet 上的存取路径,一个 URL 对应一个数据资源。例如,链家网的一个 URL 是 https://sh.lianjia.com/ershoufang/107103462926.html,用浏览器发送 HTTP 协议后,从 Internet 上获得的响应如图 3-3 所示,也就是打开了网页。

图 3-3 一个 URL 示例

可以看到这个 URL 指向的是一个 HTML 文件。HTML 全称是 Hyper Text Markup Language,中文叫超文本标记语言,是一种标记网页上各种数据位置的描述语言。上述链家 URL 的 HTML 文件如图 3-4 所示,可以看到网页上各种数据的位置都放在了标签对(即尖括号)中。

图 3-4 HTML 文件

有时发送的 URL 请求,也可能获得如图 3-5 所示的出错响应。

常见的 URL 请求响应状态如表 3-3 所示,响应除了有 HTML 文件外,还有 JSON 数据、二进制数据等。

图 3-5 URL 请求的响应出错

表 3-3 URL 请求的响应状态表

状 态 码	描 述	处 理 方 式
200	表示成功	获得响应的内容
301	表示跳转	重定向到分配的 URL
404	表示文件不存在	丢弃
403	表示无权访问	丢弃
502	表示服务器出错	丢弃

4. 图像

图像是以数字矩阵形式存储在计算机中的,如图 3-6 所示。矩阵大小取决于给定图像的像素数量,矩阵中每一个数字表示一个像素。数字可以用 0—255 的整数表示,也可以用浮点数表示。数值大小则表示颜色的深浅(即灰度)。彩色图像是通过三原色(红 R、绿 G、蓝 B)组合而成的。一幅(也称一帧)彩色图像要用到表示红、绿、蓝三原色的三个矩阵(也被称为通道 Channel)。

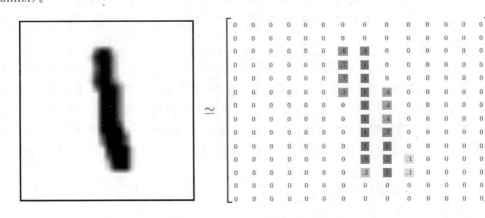

图 3-6 图像在计算机中的存储

5. 音频

音频是将模拟的连续声音波形在时间上和幅度上进行采样和量化,再以数字形式存储。采样是指每隔相等的一段时间在声音波形上采集一个信号样本(声音的幅度)。量化是指把采样得到的声音信号幅度转换成相应的数值。音频数据在播放时通过扬声器等电子元器件被还原成振动的连续声音波,被人或动物的听觉器官所感知。常见的音频文件格式有 WAV、MIDI、MP3、WMA 和 VOC 等。

6. 视频

视频是由图像序列以及音频组合而成,并且按照一定的频率进行刷新。视频的本质就是不断变化(或不变)的图像,因此可以看作单位时间内声音和若干帧图像的同步和存储。常见的视频文件格式有 MPEG、MPG、DAT、MP4 和 AVI 等。

三、数据采集与大数据采集的区别

数据采集与大数据采集在来源、数据结构、数据存储和采集方式上有一定的区别,如表3-4所示。

表3-4 数据采集与大数据采集的区别

区别	数据采集	大数据采集
数据来源	来源单一、数据量较小	来源广泛、数据量无限
数据结构	数据结构单一	数据类型丰富,包括结构化、半结构化、非结构化数据
数据存储	关系型数据库	分布式数据库,包括关系型数据库和非关系型数据库
采集方式	传感器等检测设备	在数据采集的基础上,新增 Apache Flume、ELK Logstash、Splunk Forwarder、Hadoop Chukwa 等

第二节 大数据来源

一、数据来源

在大数据时代,任何一项业务(business,简称 biz)都有可能变成一种数据,所以大数据的来源一定是非常广泛的。本书按照数据的产生方式将大数据的来源分为以下几种。

(一) 物联网

物联网(Internet of Things,简称 IoT)是指通过各种信息传感器、射频识别(RFID)、全球定位系统等装置与技术,实时采集任何需要监控、连接、互动的物体或过程,采集其声、光、热、电、力学、化学、生物、位置等各种需要的信息,通过各类可能的网络接入,实现物与物、物与人的广泛连接,实现对物品和过程的智能化感知、识别和管理。Gartner 报告显示2019年全球物联网设备超过了142亿台,预计2021年将超过250亿台。例如车联网就是一种典型的物联网应用场景。

物联网中获得的数据归根结底是对现实世界的各种测量,具有如下特点。

1. 数据量极大,更新极快

以智能电表为例,一台智能电表每隔15分钟采集一次数据,每天自动生成96条记录。2019年全国有接近5亿台智能电表,每天光智能电表就生成近500亿条记录。一辆联网的汽车每隔10到15秒就采集一次数据发到云端,一辆车一天就很容易产生1000条记录。如果中国有2亿辆汽车全部联网,则每天将产生2000亿条记录。据 Gartner 估计,五年之内,物联网设备产生的数据将占世界数据总量的90%以上。

2. 数据质量参差不齐

物联网数据的质量受传感器、网络、计算能力的影响显得参差不齐。物联网的数据质量问题体现在数据的一致性、精确性、完整性、时效性和实体同一性上。

1) 一致性(Consistency)

一致性是衡量数据是否存在语义错误或相互矛盾。例如，若银行信用卡数据显示某持卡人同时在北京和上海使用同一张信用卡消费，这时就出现了同一时刻两个地点信息不一致的情况。再比如某条记录显示(单位＝"华为"，国码＝"86"，区号＝"10"，城市＝"上海")，其中"10"是北京区号而非上海区号，也是不一致的。

2) 精确性(Accuracy)

精确性是衡量数据对现实世界测量的精度和正确度。例如，某市温度传感器显示当前气温为 85 ℃，这是一个正确度的问题。另有两个温度传感器显示同一地点的当前气温为 −7 ℃ 和 18.934 ℉，这是一个精确度的问题，而且两者使用的单位也不一致。

3) 完整性(Integrity)

完整性是衡量数据的完备程度。数据的缺失是影响数据完整性的一个原因。例如，判断交通违法行为，只有车辆的位置而缺失速度数据是不完整的。

4) 时效性(Timliness)

时效性是衡量数据的生命周期。例如，去年某天的道路监控视频对今天的道路情况而言就是过时的、低时效的。再如交通事故发生的前后几分钟内的监控视频对交通事故的认定是有高时效性的。

5) 实体同一性(Identity)

实体同一性是衡量数据表征的实体是否一致。例如，为防止信用卡欺诈，银行需监测信用卡的使用者和持有者是否为同一人。

3. 数据语义明确

通常，物联网中产生的数据语义是明确的，主要体现在都是某种类型的传感器对现实世界的观测，具有结构化数据的特点。

4. 数据价值密度较低

通常，在物联网产生的海量数据中真正有价值的数据所占比例并不高，因此其数据价值密度比较低。

(二) 人类的记录

人类记录的数据是大数据的又一个来源，这些数据一般存在于各类信息管理系统中或者人类的科学实验中。信息管理系统中的数据由用户输入或者系统二次加工生成。科学实验中的数据是真实实验或者模拟仿真产生的，用于科学技术研究。

人类记录的数据具有如下特点：

(1) 大多为结构化数据，存储在关系型数据库或者数据仓库中；

(2) 数据规模较大，增长速度并不快；

(3) 有专门的管理人员维护，数据质量很高；

(4) 数据语义明确；

(5) 数据价值密度较大。

(三) 在线信息系统

顾名思义，在线信息系统是信息管理系统在网络上的延伸，它是大数据的主要信息来源。

在线信息系统的数据有电子商务、社交网络/媒体、搜索引擎、网络日志等。图3-7展示了在线信息系统中数据的演化过程。

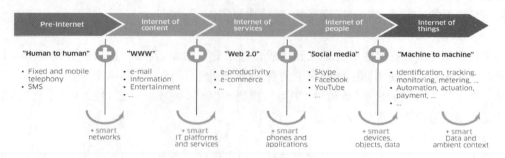

图 3-7 在线信息系统中数据的演化过程图

在线信息系统的数据具有如下特点：
(1) 数据多数为半结构化或者非结构化数据；
(2) 数据量极大，更新极快；
(3) 数据质量和语义根据具体应用而定；
(4) 数据价值密度低。

二、传感器

这里简单地介绍一下传感器。传感器是用于测量物理环境变量并将其转化为数据以待处理的电子器件，是采集物理世界信息的重要途径。它们能将诸如力、温度、光、声、化学成分等非电学量，按照一定的规律转化成电压、电流等电学量，这一过程被称为模拟-数字转换，简称模数转换或 A/D。常用的传感器能测量声音、震动、化学、电流、天气、压力、温度、距离等物理量，主要应用于视频、环境、动植物监控上。

手机中就有许多传感器，主要有如下几种。
(1) 重力感应传感器，用于手机横竖屏幕切换。
(2) 加速度传感器，用在像微信摇一摇这样的应用中。
(3) 光线感应器，用于自动调整屏幕亮度。
(4) 三轴陀螺仪，用在像射击游戏这样的应用中。
(5) GPS/北斗/电子罗盘，用于电子地图、导航。

三、系统日志

系统日志是记录系统中硬件、软件和系统重要问题的数据，用来监视系统中发生的事件。也就是说，用户可以通过系统日志来寻找错误或警告发生的原因，寻找系统中重要事件留下的痕迹。通常，系统一旦运行就会开启系统日志的记录，每时每刻都会产生大量的日志。系统日志一般为流式数据，例如搜索引擎的页面浏览量、查询量等。

针对不同的系统，分析其系统日志具有不同的商业价值，如表3-5所示。

表 3-5 系统日志的价值

系 统 类 型	价　　值
保险	描绘用户画像，提供决策依据
航空	辅助营运分析，提升航空安全

续表

系 统 类 型	价　　　值
电力	集中管理日志,智能预测电力
运营商	打造智能运营,走向统一管控
金融支付	满足安全需求,助力智能运维
商业银行	洞悉交易细节,优化运行效率
基金	提升用户体验,满足安全需求

　　几乎所有的互联网企业都建立了大数据平台的系统日志采集系统。通常采用分布式架构,以每秒数百兆字节的速度进行日志数据的采集和传输。例如 Facebook 的 Scribe、Hadoop 的 Chukwa、Cloudera 的 Flume。

　　从下面这个大数据日志分析的实例,可以感受一下当前系统日志作为大数据的一个来源的基本要求。某公司的大数据平台的系统日志产生量为每小时 45303452 条,一天日志量约为 422110779 条,需要对日志做如下分析。

　　(1) 进行网络请求数量分析、独立 IP 地址分析、页面浏览量分析、运营商分布分析(根据 IP 地址计算)、浏览器操作系统分布分析(根据日志的 agent 进行分析)、热点页面分析、文件类型分析。

　　(2) 日志分别按照域名、天、小时进行时间序列分析。

四、网络爬虫(Web Crawler 或 Web Spider)

　　网络爬虫是按照一定的规则,自动地获取 Internet 上的数据,然后对获得数据的部分或全部进行抽取,使数据进一步结构化,再将结构化的数据保存到文件的计算机程序。大数据时代,网络爬虫是主要的大数据采集方式,其具体内容详见本书第三章第三节。

五、数据库(Database)

　　数据库是长期存储在计算机内有组织、大量、共享的数据集合。它也是大数据的一个主要来源,具有较小的冗余度和较高的数据独立性。数据库的具体内容详见本书第五章。

第三节　网　络　爬　虫

一、网络爬虫(Web Crawler 或 Web Spider)

　　网络爬虫的英文名是 Web Crawler/Web Spider,是自动下载网页并提取所需数据的程序,是实现大数据采集的主要且重要的方式,像 Google、百度这样的搜索引擎也可以被称为基于 Web 数据采集的搜索引擎系统。

　　网络爬虫爬取的对象就是网页数据,根据爬取数据方式的不同,网页数据可以分为三种:

　　(一) 网站(Website)

　　这是网络爬虫最主要的获取数据的来源。国内可以爬取的网站有新闻类(如环球网、凤凰网、腾讯网)、社交类(如新浪微博、人人网、水木社区)、购物类(如淘宝、天猫、京东、拼多多)等。

（二）网站的 API

API 是 Application Programming Interface 的缩写，即应用程序的接口，是不同程序模块进行交互的地方。现在，API 也是许多互联网公司提供的信息服务接口，是一种接口服务产品，例如提供天气类 API 的"和风天气"、提供微博类 API 的微博开放平台。

（三）流量数据

流量数据是指用户访问网络产品或网页时产生的数据。流量数据有页面浏览量（Page View，简称 PV）、访客数（Unique Visitor，简称 UV）、登录时间、在线时长、人均流量、人均浏览时长等。

1. 浏览量（PV）

浏览量是指用户访问页面的总数，用户每访问一个页面就算一个访问量，同一页面刷新多次也只算一个访问量。

2. 访客数（UV）

访客数是指独立访客数量，一台计算机为一个独立访客。一般以天为单位来统计 24 小时内的 UV 总数。一天内重复访问的也只算一次。访客数又分为新访客数和回访客数。新访客数是指客户首次访问页面的用户数，而不是最新访问页面的用户数。回访客数就是再次访问的用户数。

二、网络爬虫分类

网络爬虫按照系统结构和实现技术可以分为四种类型：通用网络爬虫、聚焦网络爬虫、增量式网络爬虫、深层网络爬虫。在实际使用时，通常会综合使用这几种类型的爬虫。

（一）通用网络爬虫

通用网络爬虫（General Purpose Web Crawler）也被称为全网爬虫，是爬取互联网中全部目标资源的爬虫。通用网络爬虫爬取的数据是海量数据，对爬取性能要求非常高。这种网络爬虫主要应用于大型搜索引擎中，有非常高的应用价值。

通用网络爬虫主要由初始 URL 集合、URL 队列、页面爬取模块、页面分析模块、页面数据库、链接过滤模块等构成。通用网络爬虫在爬取数据的时候会采取一定的爬取策略，主要有深度优先爬取策略和广度优先爬取策略。

（二）聚焦网络爬虫

聚焦网络爬虫（Focused Web Crawler）也被称为主题网络爬虫，是按照预先定义好的主题有选择地进行网页爬取的爬虫。聚焦网络爬虫只爬取与主题相关的页面，应用在对特定信息的爬取中。聚焦网络爬虫的爬行策略有基于内容评价、基于链接评价、基于增强学习和基于语境图的四种策略。

（三）增量式网络爬虫

增量式网络爬虫（Incremental Web Crawler）是指爬取内容发生变化的网页或者新产生的网页，从而在一定程度上能够保证所爬取的页面是新页面。

（四）深层网络爬虫

深层网络爬虫（Deep Web Crawler）是爬取深层网页的爬虫。所谓深层网页是指不能通过静态链接直接获取，需要提交表单才能获得的网页。

本书重点讲解实用性强的聚焦网络爬虫，也是我们通常意义上的网络爬虫。

三、网络爬虫的流程

网络爬虫的一般流程如下。

(一) 获取数据

网络爬虫根据提供的 URL 队列,向服务器发起请求(Request),服务器接收请求后响应(Response),并返回网页数据。

(二) 解析数据

网络爬虫把返回的网页数据解析成对应的 HTML。

(三) 提取数据

网络爬虫利用正则表达式或第三方库(如 Scrapy、grab、PySpider)从 HTML 中提取出需要的数据。

(四) 存储数据

网络爬虫把提取出的数据保存起来,便于日后使用和分析。

网络爬虫搜索资源的策略主要有 IP 地址搜索策略、深度优先搜索策略和宽度优先搜索策略。

四、正则表达式解析网页

无论是 URL 还是网页 HTML 文件,无非是由一些字符串组成的。

(一) 正则表达式

正则表达式(Regular Expression,简称 regex、regexp 或 PE)是用于描述一组字符串特征的表示式,用来匹配特定的字符串。它也是通过特殊字符和普通字符一起来进行表达式描述,达到文本匹配目的的工具。它可以应用于文本编辑与处理、网页爬虫等场合,可以快速、准确地完成复杂的查找、替换等处理要求。

先解释一下字符、字符串和文本。字符是计算机软件处理文字时最基本的单位,可能是字母、数字、标点符号、空格、换行符、汉字等等,如"a""9"">""商"。字符串是 0 个或多个字符的序列,如"a9>商"。文本就是文字、字符串。

正则表达式就是用来进行文本匹配的工具。例如像"0086-12345678901"或"0127-10987654321"这样的文本,都是以 0 开头,后面跟着 3 个数字,然后是连字符"-",最后是 11 个数字的字符串,可以用正则表达式"0\d{3}-\d{11}"进行匹配。其中的"\d""{}"是正则表达式规定的一些特殊字符,也被称为元字符(Metacharacter),代表着特殊含义。常用元字符如表3-6 所示。

表 3-6 正则表达式元字符表

元字符	含 义	例 子
^	匹配字符串的开头	^ab 匹配 abc,不匹配 cab
$	匹配字符串的末尾	xy$ 匹配 axy,不匹配 xya
.	匹配任意字符,除了换行符	
*	匹配 0 个或多个的表达式	abc* 匹配 ab、abc、abcc、abccc 等
+	匹配 1 个或多个的表达式	abc+ 匹配 abc、abcc、abccc 等

续表

元字符	含义	例子
?	匹配 0 个或 1 个由前面的正则表达式定义的片段	a[cd]? 匹配 a、ac、ad、acd 等
[ ]	用来表示一组字符	[abc]匹配 a、b、c [a-z]匹配 a 到 z 单个字符 [a-zA-Z0-9]匹配任何字母字符及数字
[^]	用来排除一组字符	[^a-c]匹配排除 a 或 b 或 c 的单个字符
( )	用来表示分组	(ab){1,3}匹配 ab 一起连续出现最少 1 次,最多 3 次
{m}	匹配前一个字符 m 次	ab{2}c 匹配 abbc
{m,n}	匹配前一个字符 m~n 次	ba{1,3}匹配 ba、baa、baaa
a|b	匹配 a 或 b	a|b 匹配 a、b
\w	匹配字母数字及下划线	
\W	匹配非字母数字及下划线	
\s	匹配任意空白字符,等价于[\t\n\r\f]	
\S	匹配任意非空字符	
\d	匹配任意数字,等价于[0-9]	
\D	匹配任意非数字	
\	将之后的元字符转换为普通字符	* 匹配字符*

再举几个例子。

例 1,中国居民身份证号由 18 位数字组成,也有尾号是 X 的,则表示中国居民身份证号的正则表达式为 d{17}([0-9]|X)。

例 2,中文日期的书写方式很多,常见的有:

(1) 2020 年 4 月 8 日;

(2) 2020/4/8;

(3) 2020-4-8;

(4) 2020-04-08;

(5) 2020-04;

(6) 2020 年 4 月。

可以用正则表达式统一书写为(\d{4}[年/-]\d{1,2}([月/-]|$)(\d{1,2}(日|$)|$))。

(二) 正则表达式的使用

假设现在有一批数据,例如"US5443036-X21",需要将这一串字符串分割成三部分:两个字母的国家代码("US")、专利号("5443036")和可能的一些申请代码("X21")。

(1) 使用"File Reader"节点读入数据,结果显示如图 3-8 所示。

(2) 使用"Regex Split"节点分割数据。在"Settings"选项卡的"Pattern"一栏中填入用于分割的正则表达式"([A-Za-z]{1,2})([0-9]*)[\-]*(.*$)",具体设置如图 3-9 所示。

该正则表达式的含义可用图 3-10 表示。

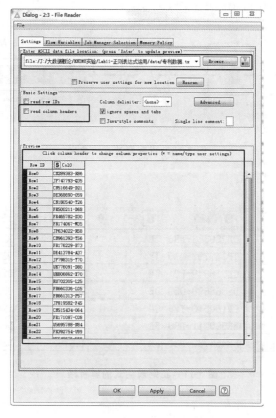

图 3-8　File Reader 节点数据读入

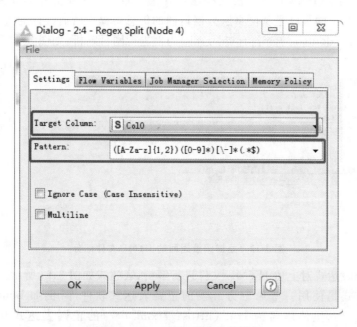

图 3-9　Regex Split 节点分割数据

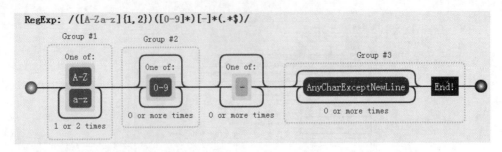

图 3-10 正则表达式的含义

结果显示如图 3-11 所示。

Row ID	Col0	split_0	split_1	split_2
Row0	CN289383-R86	CN	289383	R86
Row1	JP747793-Q35	JP	747793	Q35
Row2	CN516649-D21	CN	516649	D21
Row3	DE368690-059	DE	368690	059
Row4	CN180540-Y26	CN	180540	Y26
Row5	FR500211-D68	FR	500211	D68
Row6	FR465782-D30	FR	465782	D30

图 3-11 正则表达式的解析结果

（三）正则表达式解析网页

正则表达式能够提取文本中固定并重复出现的一些抽象字符串序列,还可以应用到 HTML、XML 文档中(HTML 的文档结构已经在第三章第一节中介绍),识别并提取感兴趣的内容。所谓的解析网页就是从网页服务器返回的信息中提取所需数据的过程。下面以豆瓣阅读(https://read.douban.com/provider/all)为例进行网页解析,如图 3-12 所示。

```
▼<li>
  ▼<a href="/provider/63694181/" class="provider-item">
    ▼<div class="col-media">
      ▼<div class="cm-left avatar">
        ▼<div class="avatar">
            <img src="https://img3.doubanio.com/view/ark_agent_avatar/small/public/66ba53f76b15fbe.jpg">
          </div>
        </div>
      ▼<div class="cm-body">
          <div class="name">百花洲文艺出版社</div>
          <div class="works-num">42 部作品在售</div>
        </div>
      </div>
    </a>
  </li>
```

图 3-12 豆瓣阅读返回的 HTML 文件部分

如果用正则表达式对上述 HTML 文件进行解析,表达式如图 3-13 所示。

更常见的方式是使用一些第三方开发的正则表达式软件库,例如 lxml、BeauifulSoup、requests-html 等。这里使用名为 lxml(https://lxml.de/)的正则表达式相关软件库中的 XPath 方式进行网页解析。XPath 中有些特殊用途的表达式说明如表 3-7 所示。

```
pat1='<div class="name">(.*?)</div>'
publish_name=re.compile(pat1).findall(res)

pat2='<div class="name">.*?class="works-
num">(.*? 部作品在售) '
book_number=re.compile(pat2).findall(res)

pat3='<div class="avatar"><img src="(.*?)"'
picture_link=re.compile(pat3).findall(res)
```

图 3-13　正则表达式对 HTML 文件部分解析

表 3-7　XPath 特殊用途表达式的说明表

表达式	说　　明
nodename	选择 nodename 的所有子节点
/	从根节点开始
//	从匹配选择的当前节点开始选择
//nodename	从当前节点 nodename 开始选择
.	选择当前节点
..	选择当前节点的父节点
@	选择 HTML 或 XML 文档的属性标签

从图 3-12 返回的 HTML 文件部分可以看到有出版社名称、出版图书数量、出版社 Logo 图片等对应的标签。根据"//相对路径、标签、属性、属性值"的顺序来定位元素如表 3-8 所示。

表 3-8　对出版社名称、出版图书数量、出版社 Logo 图片对应的标签的解析

内　　容	XPath 定位 HTML 元素
出版社名称	publish_name=html.xpath('//div[@class="name"]/text()')
出版图书数量	book_number=html.xpath('//div[@class="works-num"]/text()')
出版社 Logo 图片	picture_link=html.xpath('//img/@src')

五、网络爬虫引发的问题

由于网络爬虫的策略是尽可能多地"爬取"网站中的高价值信息,会根据特定策略尽可能多地访问页面,占用网络带宽并增加 Web 服务器的处理开销。当网站发现网络爬虫光顾的时候,访问流量将会有明显的增长。恶意用户可以利用爬虫程序对 Web 站点发动 DoS 攻击,使 Web 服务在大量爬虫程序的暴力访问下,资源耗尽而不能提供正常服务。恶意用户还可能通过网络爬虫抓取各种敏感数据用于不正当用途。总体上网络爬虫引发的问题有三类。

(一)骚扰问题

大量的网络爬虫将会给 Web 服务器带来巨大的资源开销,给网站运营者造成骚扰。因为 Web 服务器默认接受的正常访问,是按照人数来约定网页的访问能力,而网络爬虫跟人类所不同的是它能够利用计算机的快速运算模拟正常访问去获取别人网上的相关资源,在每秒爬

取十万次甚至几十万次的情况下,Web 服务器是很难提供应有的正常响应的。

(二) 法律风险

服务器上的数据有产权归属,网络爬虫获取数据后牟利将带来法律风险。2016 年我国颁布的《中华人民共和国网络安全法》明确规定了不当的网络爬虫行为可能触犯法律。

(三) 隐私泄露

网络爬虫可能具备突破简单访问控制的能力,获得被保护数据从而泄露个人隐私。用户的个人隐私数据包括姓名、身份证号、电话、e-mail 地址、QQ 号、通信地址等个人信息,恶意用户获取后容易利用社会工程学实施攻击或诈骗。因此,采取适当的措施限制网络爬虫的访问权限,向网络爬虫开放网站希望推广的页面,屏蔽比较敏感的页面,对于保证网站的安全运行、保护用户的隐私是极其重要的。

因此诞生了网络反爬虫技术。其实网络爬虫技术本身对于大数据分析是一种有益的技术工具,并没有恶意。互联网搜索引擎如 Google、百度都是合法利用网络爬虫技术开发的网络产品。

本章小结

数据是商业大数据分析的原材料。这些原材料来源不同,形式不同,采集的方式也就不同了。本章主要介绍了大数据采集的定义、数据的类型、大数据的来源、HTML 或 XML 网页文件的标签、正则表达式,以及网络爬虫这种数据采集方式。

思考与练习

1. 简述大数据的主要数据类型,每个类型给出 3 种实例。
2. 简述数据采集的步骤及每个步骤采用的方式或技术。
3. 调查分析流量数据的采集方式。

实验

利用百度 API 采集中国十大城市的经纬度

一、分析

要获取经纬度值,需要在百度地图中申请 API 密钥,创建密钥的方法可以参考百度地图的网站 http://lbsyun.baidu.com/index.php?title=webapi/guide/webservice-geocoding。网站详细介绍如何获得某个特定地址的经纬度的方法。

这里,可以直接使用密钥,并希望返回的数据类型为 XML 格式。所以,参照百度地图的服务文档,把访问百度地图服务器的 URL 设置成如下样例:http://api.map.baidu.com/geocoding/v3/?address=city&output=xml&ak=gTdkaLNfgGekP6sGorHygPTgfHcAbUr9。

二、创建采集工作流

1. 添加创建变量(Table Creator)节点

(1) 在"Node Repository"的搜索框中输入"Table Creator",选择"IO"→"Other"下的"Table Creator",然后将其拖入工作流编辑器窗口。

(2) 在工作流编辑器窗口中双击该节点图标,或右键单击该节点图标,打开"Configure",在弹出的表格中输入以下城市(见图3-14)。

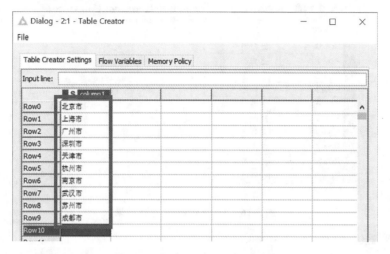

图 3-14　Table Creator 写入城市名

(3) 双击"column1",在弹出的对话框中修改列名。在"Name"中输入列名"city"。点击"OK",再点击"OK-Execute"(见图3-15)。

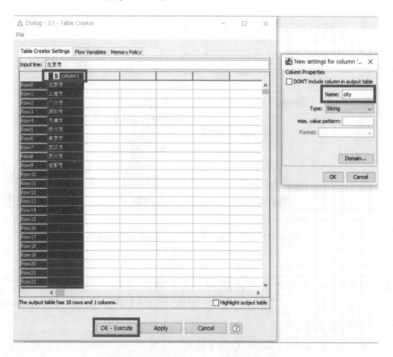

图 3-15　Table Creator 修改列名称

(4) 右键单击 Table Creator 节点,在打开的弹出对话框中,选择"Execute",执行读取,执行后节点显示为绿灯。

(5) 右键单击 Table Creator 节点，在打开的弹出对话框中，选择"Manually created Table"，输入的城市名称成功生成（见图 3-16）。

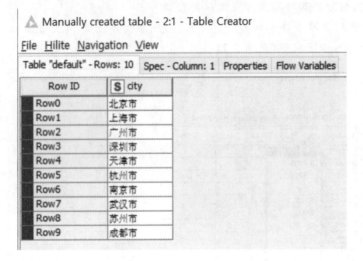

图 3-16　Table Creator 执行结果

2. 创建常量值（Constant Value Column）

(1) 创建 URL 常量，这个 URL 包含了百度 API 的 KEY 和城市变量。

在"Node Repository"的搜索框中输入"constant"，选择"Manipulation"→"Column"→"Convert & Replace"下的"Constant Value Column"，然后将其拖入工作流编辑器窗口。

(2) 连接节点。

选中创建变量（Table Creator）节点的输出，拖动至 Constant Value Column 节点的输入，完成连接（见图 3-17）。

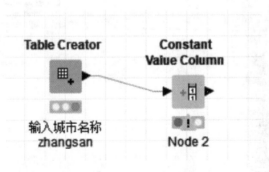

图 3-17　Constant Value Column 节点连接

(3) 配置节点。

在工作流编辑器窗口中双击该节点图标，或右键单击该节点图标，打开"Configure"，在"Column settings"中勾选"Append"（追加），输入列名"URL"。在"Value settings"中输入 URL 地址，点击"OK"。如图 3-18 所示。

(4) 执行 Constant Value Column 节点（绿灯）。

(5) 右键单击 Constant Value Column 节点，在打开的弹出对话框中，选择"Output table"，可以看到在原始数据旁增加了一列常量"URL"（见图 3-19）。

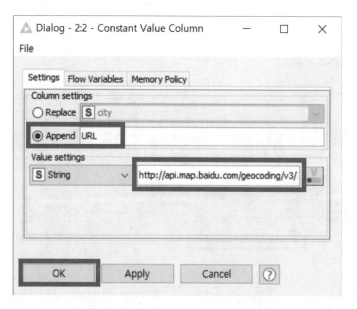

图 3-18　Constant Value Column 节点配置

Row ID	city	URL
Row0	北京市	http://api.map.baidu.com/geocoding/v3/?address=city&output=xml&ak=9v8wICuNVa8BfNAg90OHYzYWLTEd8miN
Row1	上海市	http://api.map.baidu.com/geocoding/v3/?address=city&output=xml&ak=9v8wICuNVa8BfNAg90OHYzYWLTEd8miN
Row2	广州市	http://api.map.baidu.com/geocoding/v3/?address=city&output=xml&ak=9v8wICuNVa8BfNAg90OHYzYWLTEd8miN
Row3	深圳市	http://api.map.baidu.com/geocoding/v3/?address=city&output=xml&ak=9v8wICuNVa8BfNAg90OHYzYWLTEd8miN
Row4	天津市	http://api.map.baidu.com/geocoding/v3/?address=city&output=xml&ak=9v8wICuNVa8BfNAg90OHYzYWLTEd8miN
Row5	杭州市	http://api.map.baidu.com/geocoding/v3/?address=city&output=xml&ak=9v8wICuNVa8BfNAg90OHYzYWLTEd8miN
Row6	南京市	http://api.map.baidu.com/geocoding/v3/?address=city&output=xml&ak=9v8wICuNVa8BfNAg90OHYzYWLTEd8miN
Row7	武汉市	http://api.map.baidu.com/geocoding/v3/?address=city&output=xml&ak=9v8wICuNVa8BfNAg90OHYzYWLTEd8miN
Row8	苏州市	http://api.map.baidu.com/geocoding/v3/?address=city&output=xml&ak=9v8wICuNVa8BfNAg90OHYzYWLTEd8miN
Row9	成都市	http://api.map.baidu.com/geocoding/v3/?address=city&output=xml&ak=9v8wICuNVa8BfNAg90OHYzYWLTEd8miN

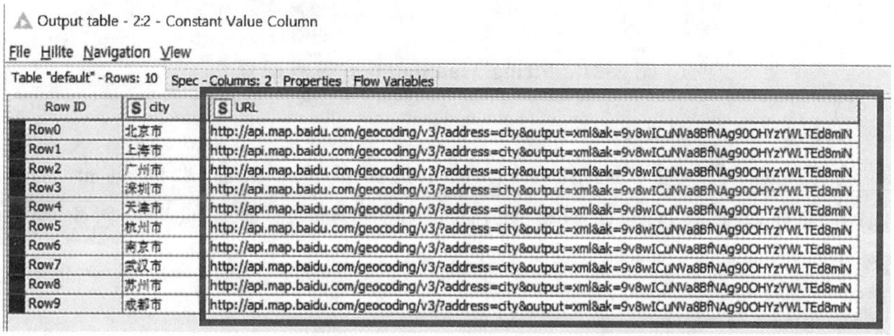

图 3-19　Constant Value Column 节点执行结果

3. 字符串拼接(String Manipulation)

(1) 把城市名称和访问百度地图地理编码服务的 URL 拼接起来。在"Node Repository"中的搜索框中输入"String Manipulation",选择"Manipulation"→"Column"→"Convert & Replace"下的"String Manipulation",然后将其拖入工作流编辑器窗口。

(2) 选中创建 URL(Constant Value Column)节点的输出,按住鼠标左键,拖动至 String Manipulation 节点的输入,完成连接(见图 3-20)。

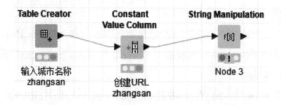

图 3-20　String Manipulation 节点连接

(3) 在工作流编辑器窗口中双击 String Manipulation 节点图标,或右键单击该节点图标,打开"Configure",在"Function"中找到"Replce(str,search,replace)"函数,在"Expression"中

把"URL"中的字符串"city"替换成变量 city 中的值。然后,勾选"Replace Column"→"URL"。最后,点击"OK"(见图 3-21)。

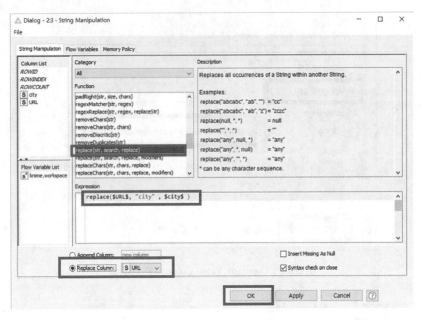

图 3-21 String Manipulation 节点配置

(4) 执行 String Manipulation 节点。

(5) 查看结果,右键单击 String Manipulation 节点,在打开的弹出对话框中,选择"Appended table",可以看到在原始数据中 URL 列中的字符串"city"被变量 city 中的值替换了(见图 3-22)。

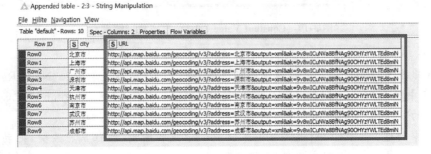

图 3-22 String Manipulation 节点结果显示

4. 添加 GET 请求(GET Request)节点

(1) URL 准备好了,开始使用 GET 方式爬取数据。在"Node Repository"中的搜索框中输入"Get Request",选择"Tool & Services"→"REST Web Services"下的"GET Request",然后将其拖入工作流编辑器窗口。

(2) 选中 String Manipulation 节点的输出,拖动至 GET Request 节点的输入,进行连接(见图 3-23)。

(3) 在工作流编辑器窗口中双击 GET Request 节点,打开"Configure",在"Connection Settings"勾选"URL column",勾选"Follow redirects"(表示遵循重定向),其他的默认设置。其中,"Body column"表示返回 HTML 数据的主体。然后,点击"OK-Execute"(见图 3-24)。

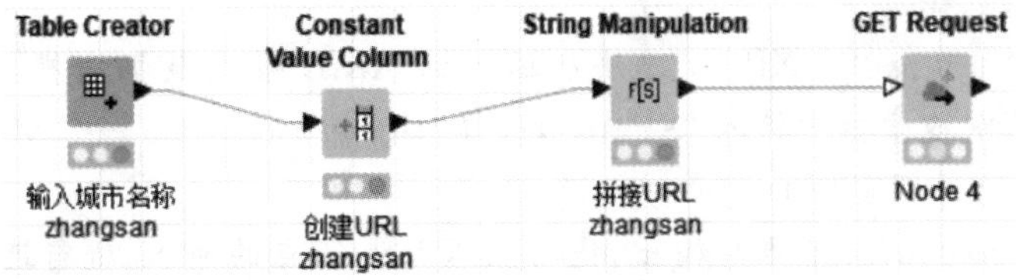

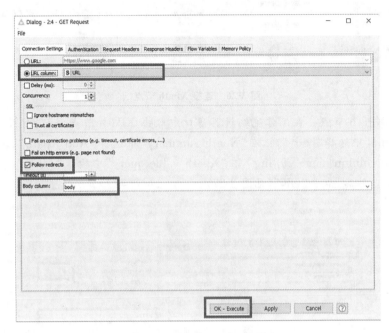

图 3-23 GET Request 节点连接

图 3-24 配置 GET Request 节点

(4) 执行 GET Request 节点。

(5) 查看结果。右键单击执行 GET Request 节点,在打开的弹出对话框中,选择"GET results",可以看到在原始数据中新增了"body"列,是从百度地图地理编码服务中返回的 xml 格式的数据(见图 3-25)。

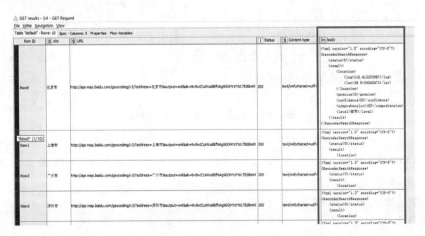

图 3-25 查看 GET Request 节点执行结果

5. XPath 提取数据

（1）添加 XPath 节点，用 XPath 方法从返回的 XML 格式数据中提取出经纬度值。在"Node Repository"中搜索框中输入"XPath"，选择"Structured Data"→"XML"下的"XPath"，然后将其拖入工作流编辑器窗口。

（2）选中 GET Request 节点的输出，拖动至 XPath 节点的输入，进行连接（见图 3-26）。

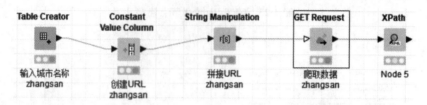

图 3-26 连接 XPath 节点

（3）配置 XPath 节点。在工作流编辑器窗口中双击 XPath 节点图标，打开"Configure"，在"XML column"中选择"body"列，在"Xpath summary"中选择"Add Xpath"，在弹出的对话框中设置"New column name"为"lng"，在"Xpath value query"中输入"//lng"，表示选取节点"lng"下的文本。然后，点击"OK"（见图 3-27）。

图 3-27 配置 XPath 节点的//lng

再在"Xpath summary"中选择"Add Xpath"，在弹出的对话框中设置"New column name"为"lat"，在"Xpath value query"中输入"//lat"，表示选取节点"lat"下的文本。然后，点击"OK"（见图 3-28）。

最后，再点击"OK"。配置完成。

（4）执行 XPath 节点。

（5）查看结果。右键单击 XPath 节点，在打开的弹出对话框中，选择"Output table"，可以看到从 XML 格式的数据中提取的经纬度值（见图 3-29）。

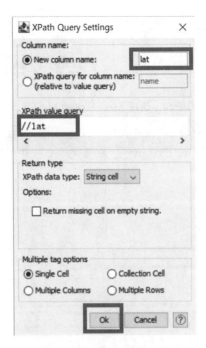

图 3-28 配置 XPath 节点的//lat

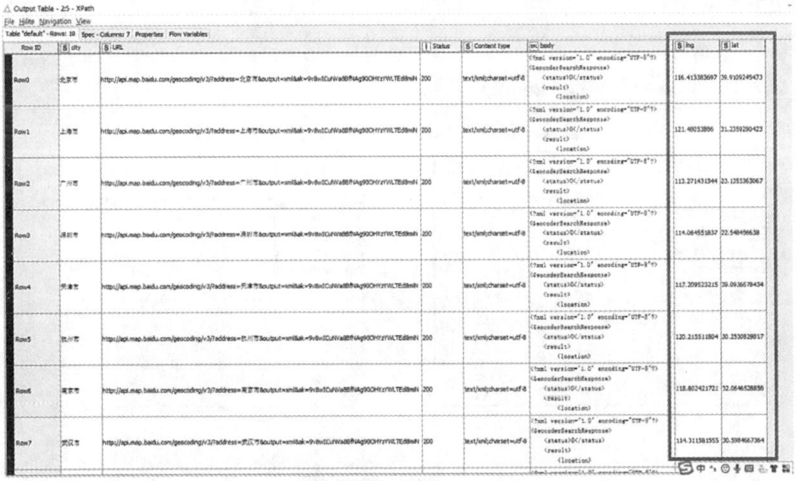

图 3-29 查看 XPath 节点的执行结果

6. 存储数据至 Excel

(1) 添加 Excel Writer(XLS)节点,把提取的信息保存到 Excel 中。在"Node Repository"中搜索框中输入"Excel Writer",选择"IO"→"Write"下的"Excel Writer(XLS)",然后将其拖入工作流编辑器窗口。

(2) 选中 Xpath 节点的输出,拖动至存储数据至 Excel Writer(XLS)节点的输入,进行连接(见图 3-30)。

(3) 配置 Excel Writer(XLS)节点。在工作流编辑器窗口中双击 Excel Writer(XLS)节点图标,打开"Configure",在"Output location"→"File"中点击"Browse",在弹出的窗口中选择 Excel 文档保存位置,并把文档命名为"data_acquisition",然后点击保存。

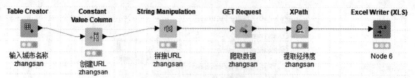

图 3-30 连接 Excel Writer(XLS)节点

在"Add names and IDs"中勾选"add column headers"。在"Include"中选择要保存的列"city""lng""lat"。然后,点击"OK-Execute"。配置完成(见图 3-31)。

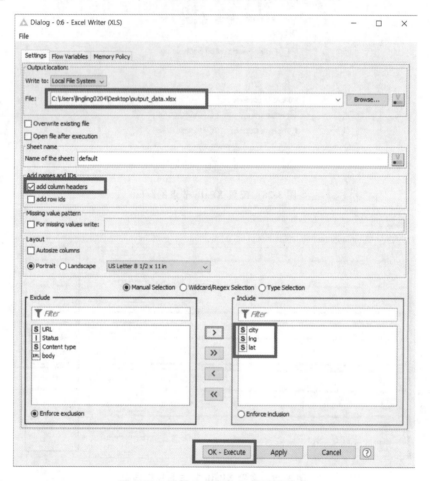

图 3-31 配置 Excel Writer(XLS)节点

(4) 执行 Excel Writer(XLS)节点。

(5) 打开"data_acquisition.xls"文件查看结果。

7. 导出工作流

选中"File"→"Export KNIME Workflow...",选择一个导出路径,将工作流命名为"cityData.knwf"。

第四章

数据预处理

学习导引

"The data is never clean, projections will never be perfect."数据质量问题及其导致的知识和决策失误已经在全球范围内造成了恶劣的后果,是困扰大数据时代的问题。有数据显示,数据质量问题给企业增加的平均成本约占其产值的10%—20%。

数据预处理是提高数据质量的有效手段。数据预处理的一般步骤是数据探索、数据清洗、数据集成、数据规约、数据变换。通过本章的学习,我们将掌握数据预处理的基本概念、作用、类别、处理技术。

学习重点

通过本章学习,重点掌握以下知识要点:
1. 数据预处理的基本概念;
2. 数据预处理的一般步骤;
3. 数据探索和数据清洗的主要处理技术;
4. 使用KNIME进行数据预处理。

数据预处理在大数据分析中是一个十分重要而基础的工作步骤。在现实世界中,由于不同的数据来源、电子信号受噪声影响、数据规格不一致、人为错误、缺乏统一标准等,造成我们获得的数据绝大多数是重复、不完整、不一致、存在异常的。这就需要我们在数据分析之前对采集的数据进行预处理,提高数据的质量,这样才有可能获得准确的数据分析结果。

■扫码看视频

数据预处理

第一节　数据预处理概述

大数据时代，日常生产生活中经常遇到如表4-1所示的数据问题，包括数据质量、数据标准、数据架构、数据定义、数据标准、数据安全等方方面面的数据问题。说明对于数据，特别是大数据，必须进行数据治理或管理。

表4-1　常见的数据问题

常见问题	问题原因	问题归类
"我们有很多重复数据"	数据预处理不完备	数据质量
"数字度量不一致，没办法汇总"	不同部门使用不同代码和统计口径	数据标准
"报告总是有延迟，总是得到过时的信息"	提供关键数据的接口经常出错	数据架构
"在哪里可以找到我们想要的信息"	缺乏对数据的理解	数据定义
"我们不能同意对我们的考核指标"	部门使用不同标准衡量绩效	数据标准
"怎样才能获得这个数据"	没有明确的保密和安全流程	数据安全

一、数据治理

所谓数据治理(Data Governance)是指将数据视为企业资产，对数据进行优化、保护和利用，并对组织内的人员、流程、技术和策略进行编排，是对数据的全声明周期管理。数据治理的目标是提高数据质量(准确性和完整性)，保证数据安全(保密性、完整性和可用性)，实现数据资源在各组织机构部门的共享，从企业数据中获取最优的价值。完整的数据治理内容广泛，包括数据认责、数据定义、数据架构、数据标准、数据质量、数据安全等方面，其基本结构如图4-1所示，它需要一套完整的数据策略、数据标准、指导原则和规则、工具和流程管理数据，以提高数据的可用性。

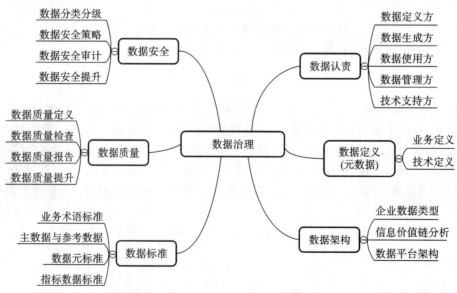

图4-1　数据治理的基本结构

数据治理是对数据管理的管理,它关注组织架构、制度、流程这些管理要素的整合和执行。数据质量管理是数据治理的核心,关系到使用数据的好坏和模型效果,影响数据资产的应用价值。本章重点关注数据预处理。

二、数据预处理

大数据时代,海量的原始数据中存在着大量不完整(有缺失值)、不一致、异常的数据,低质量的数据对很多大数据分析影响很大,甚至"分析"出错误的知识。正所谓没有高质量的数据,就没有高质量的数据分析。数据预处理是提高大数据质量的非常重要的手段,它在整个大数据分析的过程中占用了约 60% 的工作量,尤为重要。

数据预处理(Data Pre-Processing)是指将采集的原始数据(Raw Data)进行清洗、变换等方式的处理,获得尽量标准、完整、一致的"干净"数据后保存,提供给数据分析使用者的措施。通过数据预处理,可以使残缺的数据完整、错误的数据纠正、多余的数据去除,有效提高数据质量。

三、数据预处理的步骤

数据预处理的一般步骤如图 4-2 所示。

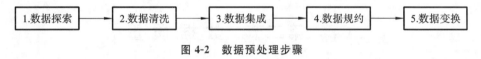

图 4-2 数据预处理步骤

数据探索(Data Exploration)是指对要分析的数据有大概的了解,包括数据的质量、大小、特征、样本数量、数据类型、数据概率分布等。

数据清洗(Data Cleaning),又称为数据清理,是指填补缺失值、光滑噪声数据、平滑或删除异常数据,并解决数据的不一致问题。

数据集成(Data Integration)是指将来自多个数据源的数据整合成一致的数据进行存储。数据源可能是数据库、文件、传感器等,存储的地方就被称为数据仓库(Data Warehouse)。

数据规约(Data Reduction)是指在保持原有数据完整性、正确性的基础上对数据的简化,包括数据的维度规约、数量规约、压缩等。

数据变换(Data Transformation)是指将数据转换成适当的形式,以便更好地理解和分析,例如数据的编码、标准化、离散化等。

虽然数据预处理的一般步骤如上所述,但是在实际应用中并没有很严格的先后顺序之分,而且经常需要反复地进行各个数据预处理步骤。图 4-3 形象地将数据清洗、数据标准化、数据变换、缺失值处理、数据集成、噪声识别 5 个最常见的数据预处理方式形象地表现了出来。

其实,经常提及的 ETL 是数据预处理的另一个名称,其字母分别代表了 Extract、Transform 和 Load,即数据抽取、转换、加载的三个过程。

(一)数据抽取

数据抽取是指将数据从已有的数据源中提取出来。

(二)数据转换

数据转换是指对原始数据进行处理,变成目标数据格式的过程。

(三)数据加载

数据加载是指将转换的结果写入目的地。

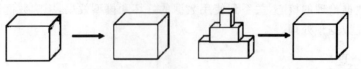
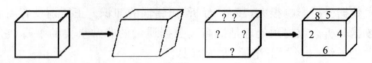
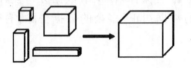
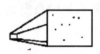

图 4-3 数据预处理步骤的形象示意图

第二节 数据质量

一、常见数据质量问题

不论是单来源数据还是多来源数据都会有很多数据质量问题。按照数据来源的单一和多元来分,常见的数据质量问题如下。

(一) 单数据源

(1) 违背属性约束条件,如:日期、电话号码、身份证号。

(2) 属性违反唯一性,如:主键同一取值出现多次。

(3) 数据更新不及时。

(4) 数据存在噪音,如:存在无法解释的数据波动。

(5) 数据存在拼写错误。

(6) 数据存在相似、重复记录。

(二) 多数据源

(1) 同一属性存在不同的名称,如:人的真实姓名和绰号。

(2) 同一属性存在不同的定义,如:字段的长度测量单位、类型不一致。

(3) 数据存在重复、拼写错误。

(4) 数据的汇总时间不一致,如:按照年度、季度、月度统计。

(5) 数据的存储单位不一致。图4-4就展示了体重使用计量单位的不一致。一个用的是公斤,另一个用的是斤。

二、影响数据质量的因素

数据质量其实反映的是数据的"适用性"问题。影响数据质量的因素有很多,有些因素是

	学号	性别	体重
0	12345	男	65
1	12365	女	50
2	43587	男	70

	学号	性别	体重
0	12345	男	130
1	12365	女	100
2	43587	男	140

图 4-4 数据的单位不一致

显性的，有些因素是隐性的。影响数据质量的因素大致有以下几种。

（一）业务因素

1. 业务需求不清晰

例如数据的业务描述、业务规则不清晰，导致技术无法构建出合理、正确的数据模型。

2. 业务需求的变更

这个问题对数据质量的影响非常大。需求一变，数据模型设计、数据录入、数据采集、数据传输、数据装载、数据存储等环节都会受到影响，稍有不慎就会导致数据质量问题的发生。

3. 业务端数据输入不规范

不同的业务系统、不同的业务部门、不同的时间在处理相同业务的时候，数据输入规范不同，造成数据冲突或矛盾。

4. 数据作假

操作人员为了提高或降低考核指标，对一些数据进行处理，使得数据真实性无法保证。

（二）技术因素

技术因素体现在数据处理的各个环节中。

1. 数据源

数据源存在数据质量问题。例如有些数据是从生产系统采集的，在生产系统中原始数据就存在重复、不完整、不准确等问题，而采集过程又没有对这些问题做清洗处理。这种由于数据源造成的数据质量问题比较常见。

2. 数据采集

数据采集过程存在质量问题。例如采集点、采集频率、采集内容、映射关系等采集参数和流程设置的不正确，数据采集接口效率低，导致数据采集失败、数据丢失及数据映射和转换失败。

3. 数据传输

数据传输过程的问题。例如数据接口本身存在问题、数据接口参数配置错误、网络不可靠等都会造成数据传输过程中发生数据质量问题。

4. 数据装载

数据装载过程的问题。例如数据清洗规则、数据转换规则、数据装载规则配置有问题。

5. 数据存储

数据存储的质量问题。例如数据存储设计不合理，数据的存储能力有限，人为后台调整数据，引起的数据丢失、数据无效、数据失真、记录重复。

（三）管理因素

人员素质及管理机制方面的缺失或缺陷。

1. 认知问题

企业管理缺乏数据思维,没有认识到数据质量的重要性,重系统而轻数据,认为系统是万能的,数据质量差些也没关系。

2. 缺乏数据认责机制

没有明确数据归口管理部门或岗位,出现数据质量问题找不到负责人。

3. 缺乏数据规划

没有明确的数据质量目标,没有制定与数据质量相关的政策和制度。

4. 人工输入数据规范不统一

人工录入的数据质量与录数据的业务人员密切相关。录数据的人工作严谨、认真,所录数据质量就相对较好,反之就较差。最常见的数据录入问题如大小写、全半角、特殊字符等一不小心就会录错。

5. 缺乏有效的数据质量问题处理机制

数据质量问题从发现、指派、处理、优化没有一个统一的流程和制度支撑,数据质量问题无法闭环。

6. 缺乏有效的数据管控机制

对历史数据质量检查、新增数据质量校验没有明确和有效的控制措施,出现数据质量问题无法考核。

三、数据质量评估标准

数据质量评估是指对数据的完整性、有效性、唯一性和准确性进行评价,是数据治理的重要环节。数据质量评估标准如下。

(一)完整性(Completeness)

完整性是指数据完整不缺失。其主要量化指标有字段缺失数、缺失记录覆盖率、计划完成率。

(二)一致性(Consistency)

一致性是指同源或跨源的数据一致不冲突。其主要量化指标有字段一致率、表间字段一致率、表间记录一致率。

(三)准确性(Accuracy)

准确性是指数据准确、合理、不超期。其主要量化指标有准确率、差错率、问题字段个数、问题记录覆盖率。

(四)及时性(Timeliness)

及时性是指数据在需要时能及时获取。其主要量化指标有采集项及时率、单位入库及时率。

还有其他标准,如:

规范性(Conformity)是指数据格式统一,例如时间都以"YYYY-MM-DD"格式存储。

唯一性(Uniqueness)是指数据唯一不重复,例如同一个 ID 没有重复记录。

关联性(Integration)是指数据间的关联不缺失,例如两张表建立的关联关系存在。

四、数据质量管理

数据质量管理是指对数据在计划、获取、存储、共享、维护、应用、消亡的每个阶段里可能引发的各类数据质量问题,进行识别、度量、监控、预警等一系列管理活动,并通过改善和提高组织的管理水平使得数据质量获得进一步提高。数据质量管理是一个循环管理过程,包含对数据质量的改善和对组织的改善。

数据质量管理的工作内容如图 4-5 所示。

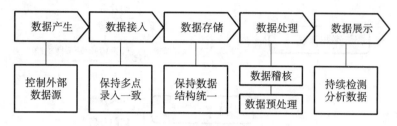

图 4-5　数据质量管理

在数据产生时,如果是非开放式输入,应该避免用户自己输入,尽量给用户提供选择项;如果是开放式输入,需要增加提示或者校验,如设定临界值。在数据接入时,需要建立统一的数据体系,例如指标(度量)、口径(维度)。在数据储存时,需要建立标准的数据结构,如系统提前定义好一种时间默认格式为"YYYY-MM-DD"。在数据处理时,需要进行数据稽核和预处理。数据稽核检查数据的完整性和一致性,提升数据质量,是一个从数据采集、预处理、对比到分析、预警、通知、问题修复的完整数据质量管控链条。数据预处理已经在本章第一节讲过。

第三节　数据探索

数据探索(Data Exploration)不需要应用过多的模型算法,它侧重定义数据的本质、描述数据的形态特征并解释数据的相关性。通过数据探索可以对数据集有一些初步、总体上的认知,包括样本数据的总体样子、样本数据的特点、数据与数据之间的关系、样本数据能否满足数据分析的需求。

数据探索采用的方法可以分为两类:数据描述方法和数理统计方法。有些学者认为数据探索中的数据应该是已经经过数据预处理的。但是,在实际的大数据分析中,初次拿到未经任何处理的原始数据(Raw Data)后一般会采用数据描述方法先进行数据探索,而数理统计方法一般用在数据预处理之后。数据探索方法如图 4-6 所示。

一、数据描述方法

数据描述方法是最直观、最简单、最容易理解的数据探索方法,可以告诉我们数据的最多(众数)、平均(均值)、中间(中位数)、最大(极值)、最小(极值)、浮动程度(方差)、曲线形状(分布)等情况。数据描述方法包括四个方面。

（一）集中趋势分析

集中趋势分析讨论数据的平均所处位置、集中的位置、数据中心点的位置。对应前面说的最多、平均、中间等问题。

（1）众数(Mode)是指数据集中出现最频繁的值。众数并不经常用来度量定量数据(连续型数据)的中心位置,更适用于定性数据(离散型数据、分类数据)。众数不具有唯一性。

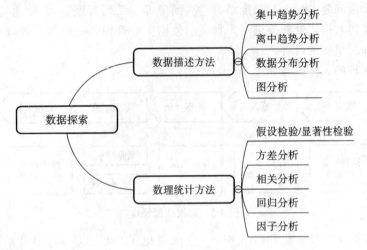

图 4-6　数据探索方法

(2) 均值(Mean)是指所有数据的平均值,其公式为

$$\bar{x} = \mathrm{mean}(x) = \frac{\sum_{i=1}^{N} x_i}{N} \tag{4-1}$$

有时为了在均值中体现不同成分的重要程度,为数据集中的每一个 x_i 赋予一个权重 ω_i,就得到了加权平均值,其公式为

$$\bar{x} = \mathrm{mean}(x) = \frac{\sum_{i=1}^{N} \omega_i x_i}{N} = \frac{\omega_1 x_1 + \omega_2 x_2 + \cdots + \omega_N x_N}{N} \tag{4-2}$$

均值的主要问题是对极端值过于敏感。如果数据中存在极端值或者数据是偏态分布的,那么均值就不能很好地度量数据的集中趋势。为了消除少数极端值的影响,可以使用截断均值或者中位数来度量数据的集中趋势。截断均值就是去掉极端值之后的平均数。

(3) 中位数(Median)是将一组数据按从小到大的顺序排列后位于中间的那个数。如果某组数据按从小到大排列为 $\{x_1, x_2, x_3, \cdots, x_n\}$,则

$$当 n 为奇数时, M = x_{\frac{n+1}{2}} \tag{4-3}$$

$$当 n 为偶数时, M = \frac{1}{2}(x_{\frac{n}{2}} + x_{\frac{n+1}{2}}) \tag{4-4}$$

(二) 离中趋势分析

离中趋势分析讨论数据的离散程度,即数据的分散程度。对应前面说的最大、最小、浮动程度等问题。

(1) 极差(Range)度量的是数据变动的最大范围。极差对数据的极端值非常敏感,而且忽略了位于最大值与最小值之间的数据的分布情况。

$$极差 = 最大值 - 最小值$$

(2) 标准差(Standard Deviation),数学符号为 σ,也称为标准偏差,它度量的是数据偏离均值的程度,其公式为

$$\sigma = \sqrt{\frac{\sum_{i=1}^{N}(x_i - \bar{x})^2}{N}} \tag{4-5}$$

与标准差相关的还有方差(Variance),方差是标准差的平方,即 $Var(x)=\sigma^2$。

(3) 变异系数(Coefficient of Variation)度量的是标准差偏离均值的程度,其公式为

$$CV = \frac{\sigma}{\bar{x}} \times 100\% \qquad (4\text{-}6)$$

变异系数主要用来比较两组或多组不同单位或不同波动幅度的数据离中趋势。

(4) 四分位数间距。

四分位数(Quartile)包括上四分位数和下四分位数,是将所有数值由小到大排列并分成四等分,处于第一个分割点位置(25%)的数值是下四分位数 Q_1,处于第二个分割点位置(中间位置,50%)的数值是中位数 Q_2,处于第三个分割点位置(75%)的数值是上四分位数 Q_3。

四分位数间距(Inter Quartile Range,IQR)是上四分位数 Q_3 与下四分位数 Q_1 之差(IQR $=Q_3-Q_1$),其间包含了全部数据值的一半(50%)。其值越大,说明数据的变异程度越大;反之,说明变异程度越小。

四分位数间距一般用箱线图来表示。箱线图(Box Plot)又称盒须图、盒式图、盒状图,是一种用来显示一组数据分散情况的统计图,如图 4-7 所示。其将一组数据从小到大排列,主要表示了六个数据节点:最大非异常值、上四分位数(Q_3)、中位数(Q_2)、下四分位数(Q_1)、最小非异常值,还有异常值,也可以表示四分位数间距 IQR。箱线图可以直观明了地识别数据集中的异常值、判断数据集的偏态和尾重、查看数据集的形状。

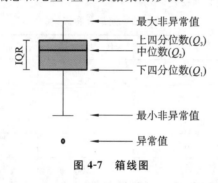

图 4-7 箱线图

根据统计的规律,异常值(Outlier)通常是指分布在小于 $Q_1-1.5$IQR 或大于 $Q_3+1.5$IQR 范围内的数据。异常值需要仔细分析,可以分为两种。

①伪异常:由于特定的业务运营操作而产生,是正常反映业务状态的数据,而不是数据本身的异常。

②真异常:不是由于特定的业务操作而产生,是数据本身分布异常,即离群点。

(三) 数据分布分析

数据分布分析讨论数据的形态形状。对应前面说的曲线形状,即分布问题,解释数据的分布特征和分布类型。对于定量数据(即连续型数据),可以通过绘制频率分布表、频率分布直方图直观地分析数据的分布形式,是对称还是非对称的,发现某些特大或特小的异常值;对于定性数据(离散型数据、分类数据),可以用饼图和柱形图直观地显示分布情况。

绘制频率分布直方图进行频率分布分析的最关键步骤是选择"组数"和"组宽",需要遵循以下主要原则:

(1) 各组之间必须是相互排斥的;
(2) 各组必须将所有的数据包含在内;
(3) 各组的组宽最好相等。

其一般步骤为:
(1) 求极差;
(2) 决定分组,即组距与组数;
(3) 决定分点;
(4) 列出频率分布表;
(5) 绘制频率分布直方图。

例如,已知某电商旗下商品——华为 Mate40 手机在 2020 年第三季度的销售数量数据。其中单日最大销售量为 3960 台,单日最小销售量为 45 台。请通过绘制销售量的频率分布表、频率分布图,对该销售数据做出数据探索分析。

(1) 求极差。

$$极差 = 最大值 - 最小值 = 3960 - 45 = 3915(台)$$

(2) 分组。根据数据的销售业务含义,可取组距为 500,则

$$组数 = \frac{极差}{组距} = \frac{3915}{500} = 7.83 \approx 8(组)$$

(3) 决定分点,分为 8 组段,即 [0,500), [500,1000), [1000,1500), [1500,2000), [2000,2500), [2500,3000), [3000,3500), [3500,4000)。通常各组段设为左闭右开的半开区间。

(4) 列出频率分布表(见表 4-2)。

表 4-2 频率分布表

编 号	分 组	代 表 值	频 数	频 率
1	[0,500)	250	6	0.07
2	[500,1000)	750	7	0.08
3	[1000,1500)	1250	12	0.13
4	[1500,2000)	1750	23	0.25
5	[2000,2500)	2250	18	0.20
6	[2500,3000)	2750	15	0.16
7	[3000,3500)	3250	7	0.08
8	[3500,4000)	3750	4	0.04
小计			92	1.00

其中,"分组"列将数据所在的范围分成了 8 组段,第 1 组段要包括最小值,最后一个组段要包括最大值。"代表值"列是各组段的代表值,由本组段的上、下限之和除以 2 得到。"频数"列是各组段区间内的数据个数。"频率"列是各组段频数除以数据总数(样本容量),公式为

$$频率 = \frac{频数}{样本容量}$$

(5) 绘制频率分布直方图(见图 4-8)。

(四) 图分析

用散点图(Scatter Chart)、柱形图(Column Chart)、直方图(Histogram)等图显示并比较数据的形态。注意直方图和柱形图(也称条形图)的区别。直方图的横轴是连续的,表示的是一个范围;柱形图的横轴是孤立的(有空隙的),是一个具体的数据。柱形图是用长方形的高度

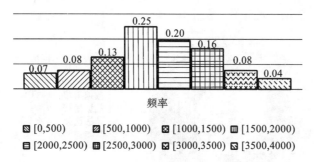

图 4-8　华为 Mate40 手机销售数量频率分布直方图

来表示频数;直方图是用长方形的面积来表示频数,只有当长方形的宽度(组距)相等时,才可以用长方形的高度来表示频数。如图 4-9 所示。

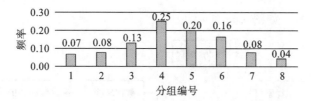

图 4-9　华为 Mate40 手机销售数量频率柱形图

二、数理统计方法

数理统计方法是使用统计学方法进行的一种数据探索,主要包括以下五种方法。
(1) 假设检验/显著性检验:分析样本指标与总体指标间是否存在显著性差异。
(2) 方差分析:用于两个及两个以上样本均数差别的显著性检验。
(3) 相关分析:探索数据之间的正相关、负相关关系。
(4) 回归分析:探索数据之间的因果关系或依赖关系。
(5) 因子分析:从变量群中提取共性因子的统计技术。

数理统计的方法可以阅读参考文献。

通过数据描述和数理统计两种方法:一方面能够对整个样本数据的形态有完整的描述,另一方面也能够深入地探讨数据之间的关系与内部联系,进而为下一步的数据分析创造良好的前提条件。

数据探索是连接前期数据准备工作与后期数据分析工作的桥梁,是为数据分析做准备的。数据探索与数据分析人员的经验和业务敏感度有关,通过数据探索可以初步地判断数据的价值、数据是否恰当充足、数据分析的意义,甚至数据分析的方法。

第四节　数据清洗

一、数据清洗

数据清洗(Data Cleaning)是指通过缺失处理、异常处理、数据转换等手段,将原始数据集映射为一个符合质量要求的"新"数据集的过程。有数据显示,在大数据分析的工作中有约

60%的时间都在进行数据清洗工作(见图4-10)。

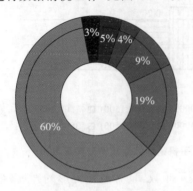

图 4-10　数据科学家的工作量分配

数据清洗的一般流程如图 4-11 所示。

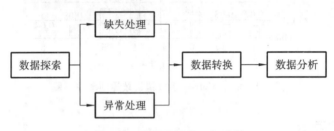

图 4-11　数据清洗的一般流程

二、缺失处理

缺失处理是指原始数据(Raw Data)中由于缺少数据而对数据进行聚类、分组、删失或截断的处理,是对数据集中某个或某些特征值的不完全做出的弥补。一般的缺失值(Missing Value)有如下几种表示方法。

(1)用 NaN 或 Null 等来表示。

(2)用 missing 或空格或 unknown 等字符串来表示。

(3)用 999 等一些不符合变量范围的数字表示。

(4)用其他自定义字符表示。

缺失处理的一般步骤如图 4-12 所示。

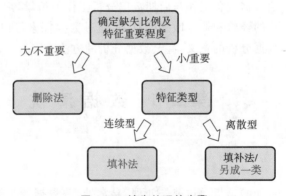

图 4-12　缺失处理的步骤

（一）数据缺失原因

1. 暂时无法获取数据

例如在医疗数据库中，并非所有病人的临床检验结果都能在给定的时间内得到，致使一部分特征值空缺出来。又如某些职业在办理入职申请时，需要依赖健康、案底、教育、财务信用、工作经历等数据核实，数据之间具有一定的业务逻辑关系，这会造成某个（些）特征数据的缺失。

2. 数据被遗漏

可能是因为输入时认为不重要、忘记填写或对数据理解错误而遗漏，也可能是由于数据采集设备的故障、存储介质的故障、传输媒体的故障、一些人为因素等导致数据丢失。

3. 特征不存在

对于某个对象来说，某个特征值是不存在的。例如一个未婚者的配偶姓名、一个儿童的固定收入状况等。又如将两张表格合并也会造成有些特征值的空缺，如图 4-13 所示。

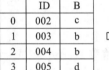

图 4-13 表格合并造成的数据缺失

4. 被认为不重要的数据

例如一个特征的取值与给定语境是无关的，或数据库的设计者并不在乎某个特征的取值，这些缺失的取值被称为 don't-care value。

5. 数据获取代价太大

数据获取的代价主要有时间、经济和人力。时间代价可以用时间复杂度来衡量，经济代价可以用金钱来衡量，人力代价可以用人力资源投入产出比来衡量。这些代价也会造成数据的缺失。

6. 实时性要求较高

某些业务需要实时地进行数据分析，系统对实时性要求极高，例如飞机飞行姿态系统、春晚红包发放系统。但是受制于传感器、网络速度、计算能力等现实因素，某些数据不能迅速给出，会造成缺失。

（二）数据缺失类型

（1）从缺失的分布来分，可以分为完全随机缺失、随机缺失和完全非随机缺失。完全随机缺失是指数据的缺失是随机的，数据的缺失不依赖于任何不完全变量或完全变量。随机缺失是指数据的缺失不是完全随机的，即该类数据的缺失依赖于其他完全变量。完全非随机缺失是指数据的缺失依赖于不完全变量自身。

（2）从缺失值的特征来分，可以分为单值缺失、任意缺失和单调缺失。单值缺失是指所有的缺失值都是同一特征。任意缺失是指缺失值属于不同的特征。单调缺失是指对于时间序列类的数据来说，可能存在随着时间的缺失。

(三)缺失值处理方法

对于缺失值的处理,从总体上来说分为删除法、填补法和另成一类。

1. 删除法

直接删除带有缺失值的样本或特征。这种方法简单易行,当缺失对象(样本或特征)的数量与数据集中的数据量相比非常小的时候是非常有效的。另外,在分类预测的应用中,类标号的缺失也通常使用删除法。

然而,这种方法却有很大的局限性。它是以减少历史数据来换取信息的完备,会造成数据的浪费,丢弃了大量隐藏在这些数据中的信息。在数据集包含的数据量不多的情况下,删除少量数据就足以影响到数据的客观性和结果的正确性。当缺失数据所占比例较大,特别是当缺失数据非随机分布时,这种方法可能导致数据发生偏离,从而引出错误的结论。

2. 填补法

若数据集中某一样本或特征缺失不多,可用特定值替代缺失值,这就是填补法。如果有缺失值的特征是连续值,可以采用平均数、中位数、回归模型等进行填充;如果有缺失值的特征是离散值,可以采用众数填充;如果有缺失值的特征前后取值有关联,可以采用向前填充、向后填充的方法。

3. 另成一类

删除法和填补法或多或少地改变了原始数据,不一定完全符合客观事实,甚至会将新的噪声引入数据中,使大数据分析产生错误的结果。因此,还可以将缺失值作为分类变量,单独纳入数据集,也就是另成一类。

三、异常处理

异常值(Outlier)也称为离群值,是指距离其他样本数据有明显偏离的值。例如,在信用卡欺诈检测中,需要考虑不同情境下的异常。如一位顾客使用了信用卡额度的90%,如果他属于具有低信用额度的顾客群,则不应视作异常。如果他是高收入人群顾客,则他的类似行为可能被视为一种情境异常,可以带来商机——提高其信用额度可能带来新的收益。

(一)异常值的产生原因

1. 数据输入错误

输入数据时不小心少输入一个0或多输入一个0。

2. 数据收集错误

数据在收集的过程中出现的错误(实验误差、虚假数据等)。

3. 数据处理错误

在处理数据过程中,也可能造成数据错误。

(二)判断异常值

1. 散点图

如图4-14所示,很明显可以看出圈内的点可能为异常值。

2. 箱线图

第四章第三节已经提到过箱线图(Box Plot),这里就不再复述了。

散点图和箱线图都是通过作图的方法来发现异常值,其特点是能直观明了地识别数据集中的异常值、判断数据集的偏态和尾重、查看数据集的形状。

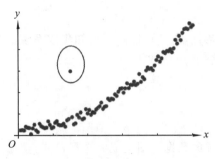

图 4-14　散点图发现异常值

3. 3σ 法则

3σ 法则利用统计学中最常用的正态分布来检测异常点。在正态分布中,距离数据均值超过 3 倍标准差的数据为异常值(见图 4-15)。

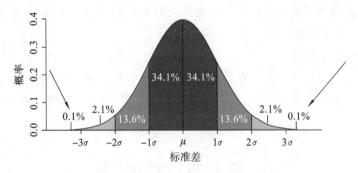

图 4-15　3σ 法则发现异常值

(三) 异常值处理

异常值处理一般按照缺失值的处理方法。当然,如果确定异常值对数据分析的影响是负面的,就需要删除。需要指出的是,部分数据分析工作就是围绕异常值进行的。例如在信用卡欺诈检测中,异常值是真实存在的,并且具有重要的意义,不应将其删除。

第五节　数据集成

数据集成(Data Integration)是指将来自多个数据源的数据整合成一致的数据进行存储。数据源可能是数据库、文件、传感器等,存储的地方就被称为数据仓库(Data Warehouse)。

一、数据集成的难点

(一) 异构性

被集成的数据源通常是独立开发的,其中的数据结构差异性较大。这种数据模型异构给数据集成带来了很大困难。这些异构性主要表现在数据语义、相同语义数据的表达形式、数据源的使用环境等。

(二) 分布性

数据源是异地分布的,依赖网络传输数据,这就存在网络传输的性能和安全性等问题。

（三）自治性

各个数据源有很强的自治性，它们可以在不通知集成系统的前提下改变自身的结构和数据，对数据集成系统的鲁棒性①提出挑战。

二、数据集成的方法

（一）模式集成方法

模式集成方法将各数据源的数据视图集成为全局模式，使用户能够按照全局模式透明地访问各数据源的数据。全局模式描述了数据源共享数据的结构、语义及操作等。用户直接在全局模式的基础上提交请求，由数据集成系统处理这些请求，转换成各个数据源在本地数据视图基础上能够执行的请求。模式集成方法的特点是直接为用户提供透明的数据访问方法。

（二）数据复制方法

数据复制方法将各个数据源的数据复制到与其相关的其他数据源上，并维护数据源整体上的数据一致性，提高信息共享利用的效率。

（三）综合性集成方法

综合性集成方法为用户提供了全局数据视图及统一的访问接口，透明度高。但该方法并没实现数据源间的数据交互，用户使用时经常需要访问多个数据源，因此该方法需要系统有很好的网络性能。

第六节　数据规约

在海量数据上进行复杂的数据分析往往需要很长时间，有时会使这种大数据分析不现实或不可行，这就需要进行数据规约（Data Reduction），也就是在尽量保持原始数据的完整性前提下，合理缩小数据集的规模，产生相同（或相近）的分析结果。常用的数据规约方法有维规约、数量规约和数据压缩。

一、维规约（Dimensionality Reduction）

维规约是指减少所考虑的随机变量（也称为特征或属性）的个数，即减少维度。维规约方法包括小波变化（DWT）和主成分分析（Principal Components Analysis，简称 PCA），它们把原始数据变换或投影到较小的空间。属性子集选择是一种维规约方法，将其中不相关、弱相关或冗余的属性删除。

二、数量规约（Numerosity Reduction）

数量规约是指用替代、较小的数据表示形式替换原数据。这些技术可以是参数或非参数的。对于参数方法而言，使用模型估计数据，一般只需要存放模型参数，而不是实际数据（离群点可能也要存放），例如回归和对数-线性模型。存放数据规约表示的非参数方法包括直方图、聚类、抽样和数据立方体（见图 4-16）等。

---

① 鲁棒性（robust），也称健壮性，是指一个系统抵御或克服不利条件（如噪声）的能力，在数据分析领域可以理解为算法对数据变化的容忍度。

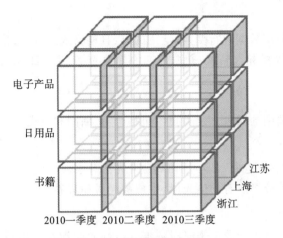

图 4-16 销售数据立方体

三、数据压缩(Data Compression)

数据压缩是指使用变换,以便得到数据的规约或"压缩"。如果原数据压缩后能够重构,而不损失信息,则该数据规约称为无损的。如果只能近似重构原数据,则该数据规约称为有损的。维规约和数量规约也可以视为某种形式的数据压缩。

第七节 数据变换

数据变换(Data Transformation),也叫数据转换,是数据预处理里面最常用的一项技术,广泛应用在大数据分析之中。数据变换可以分为如下几种。

一、直观变换

直观变换是指对数据进行比较直观简单的变换处理,例如字符串的截取、数值类型变换、数学运算等。根据数据类型可以将直观变换分为文本类、数值类、集合类、条件判断类、日期类等。

(一)文本类

主要用来对字符串类型数据进行变换处理,常用的有:字符串拆分;从字符串中提取子串;大小写转换;字符串拼接;提取地理位置、去空、翻转等。

(二)数值类

主要用来对数值型数据字段进行变换处理,常用的有:求绝对值、三角函数、四则运算、取整、指数、对数、精度转换等。

(三)集合类

主要用来对特殊类型的数据进行加工处理,常用的有:对于 array、map 等复合类型的数据进行元素的增、删、改、提取等操作。

(四)条件判断类

主要用于处理复杂的同一字段数据因条件不同而使用不同变换方法的业务需求,常用的有 if...else...等逻辑控制语句。

(五) 日期类

主要用于对日期类型数据进行变换,常用的有:日期格式的变换;日期的计算;日期转字符串;Linux 时间戳与日期的相互转换;获取日期中单独的年、月或日等。

二、光滑

光滑是指去掉数据中的噪声。这类技术包括分箱、回归和聚类。

(一) 分箱

分箱是指通过数据的"近邻"(即周围的值)来光滑有序数据值。这些有序的值被分布到一些"桶"或箱中。常用的分箱法有均值光滑、中位数光滑和边界光滑。

(二) 回归

回归是使用一个函数拟合数据来光滑数据。线性回归涉及找出拟合两个特征(也称为变量、属性)的"最佳"直线,使得一个特征可以用来预测另一个特征。多元线性回归是线性回归的扩充,其中涉及的属性多于两个,并将数据拟合到一个多维曲面。

(三) 聚类

可以通过聚类来检测离群点。聚类将类似的值组织成群或"簇",落在簇集合之外的值被视为离群点。

三、规范化

规范化是指把特征数据按比例缩放,使之落入一个特定的小区间,如[-1.0,1.0]或[0.0, 1.0]。在数据预处理中,"规范化"也可以被称为"标准化",尽管"标准化"在统计学中还有其他含义。

之所以对数据进行规范化是因为特征的度量单位可能影响数据分析的结果。例如,把 height 的度量单位从"米"变换成"英寸",把 weight 的度量单位从"公斤"变换成"磅",就可能导致完全不同的结果。一般而言,用较小的单位表示特征将导致该特征具有较大值域,会使这样的特征具有较大的影响或较高的"权重"。常见的数据规范化方法有以下几种。

(一) Z-Score 标准化

对特征取值中的每一个数据点做减去均值 μ 并除以标准差 σ 的操作,使得处理后的数据具有固定均值和标准差(见图 4-17)。Z-Score 标准化适用于特征的最大值或最小值未知、样本分析非常离散的情况。

$$f'_i = \frac{f_i - \mu}{\sigma} \tag{4-7}$$

(二) Min-Max 标准化

Min-Max 标准化又称离差标准化或最大最小值标准化,通过对特征做线性变换,使得转换后特征的取值分布在[0,1]区间内。

$$f'_i = \frac{f_i - f_{\min}}{f_{\max} - f_{\min}} \tag{4-8}$$

Min-Max 标准化适用于需要将数据简单地变换映射到某一区域中。Min-Max 标准化的缺点是当有新数据加入时,可能会导致特征的最大值或最小值发生变化;若数据存在离群值,标准化后的效果较差。

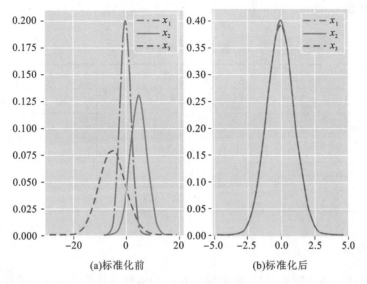

(a) 标准化前　　　　　　(b) 标准化后

图 4-17　Z-Score 标准化的结果

四、由标称数据产生概念分层

通俗来讲,就是将一些有限类别型特征泛化到较高的概念层。例如,将 street 泛化到较高的概念层,转换为 city 或 country。

五、离散化

将数值型特征(如年龄)的原始值替换成区间标签(如 0—10, 11—20 等)或概念标签(如 youth、adult、senior)。这些标签可以递归地组织成更高层概念,导致数值型特征的概念分层。常用的离散化方法有:二值化、等距法、等频法。

(一) 二值化

根据某阈值,大于阈值的值映射为 1,小于或等于阈值的值映射为 0。

$$x' = \begin{cases} 1 & x > \text{阈值} \\ 0 & x \leqslant \text{阈值} \end{cases}$$

(二) 等距离散化

根据连续型特征的取值,将其均匀地划分成 k 个区间,每个区间的宽度均相等。缺点是等距离散化对异常值敏感。例如,年龄取值分布在 [0, 90],确定离散化后的区间段个数为 5。若存在离群值 150,则切分点将严重偏离(见表 4-3)。

表 4-3　等距离散化

	切　分　点			
正常取值	18	36	54	72
存在离群值	30	60	90	120

(三) 等频离散化

不要求区间段的宽度始终保持一致,而是尽量使离散化后每个区间内的样本均衡,等频离散化受异常值影响小。例如表 4-4 是对样本数据进行等频离散化,使每个区间都包含 4 个样本。

表 4-4 等频离散化

样 本	区 间	宽 度
1,2,3,4	[1,4]	4
5,6,7,8	[5,8]	4
9,10,41,42	[9,42]	34
43,44,45,46	[43,46]	4
47,48,49,50	[47,50]	4

六、特征构造

特征构造也称为属性构造,可以由给定的特征构造新的特征并添加到数据集中,以帮助数据分析过程。例如数据特征编码就是一种特征构造。所谓数据特征编码就是将非数值特征转换为数值特征,下面以对性别(取值为"M""F"和"unknown")进行编码为例。

(一)数字编码

将 gender={"M","F","unknown"}转换为 gender={0,1,2}。数字编码的缺点是引入了次序关系。

(二)One-Hot 编码

One-Hot 编码,也称独热编码,将"M"编码为(1,0,0),"F"编码为(0,1,0),"unknown"编码为(0,0,1)。

(三)哑变量编码

将"M"编码为(0,0),"F"编码为(1,0),"unknown"编码为(0,1)。

七、聚集

对数据进行汇总或聚集。例如可以聚集日销售数据、计算月和年销售量。通常,这一步用来为多个抽象层的数据分析构造数据立方体。

本章小结

数据预处理是一个繁重、复杂但很有必要的工作,是确保数据分析结果准确性的关键"第一步"。本章首先介绍了数据治理和数据预处理的基本概念和关系。接着讲述数据质量的影响因素、评估标准和数据质量管理。然后按照数据预处理的步骤,分别对数据探索、数据清洗、数据集成、数据规约、数据变换的概念和处理方法进行了详细说明和讲解。在实际大数据分析工作中,需要根据具体的问题和情况,进行不同数据预处理。

思考与练习

1. 请用自己的语言说明什么是数据中台。
2. 综述数据集成的方法,以及目前主流的工具或者产品。
3. 综述数据规约的方法,以及目前主流的工具或者产品。

数据预处理

一、分析

使用泰坦尼克号 Titanic 中的 train.csv 数据文档进行数据清洗。数据清洗前,先要明确数据分析的目的,这个数据集包含以下特征:

- PassengerId => 乘客编号;
- Survived => 获救情况(1为获救,0为未获救);
- Pclass => 乘客等级(1等舱位,2等舱位,3等舱位);
- Name => 姓名,字符串型(String);
- Sex => 性别(male,female),字符串型(String);
- Age => 年龄,浮点数型(Double);
- SibSp => 兄弟姐妹及配偶在船数,整数型(Integer);
- Parch => 父母及子女在船数,整数型(Integer);
- Ticket => 船票编号,字符串型(String);
- Fare => 船票价格,浮点数型(Double);
- Cabin => 乘客船舱,字符串型(String);
- Embarked => 出发港口(C=Cherbourg;Q=Queenstown;S=Southampton),字符串型(String)。

可以把特征分为两类,目标变量和特征项。因为这个数据集的分析目标是预测乘客获救与否,所以目标变量(也称因变量)为"Survived",其余变量都为特征项(也称自变量)。目标变量的取值只有两个:"0"和"1"。其中,"0"表示死亡,"1"表示获救,所以这是一个二分类问题。对于分类问题,在 KNIME 中要求特征项都为字符型。所以,要对特征项进行数据预处理,整理为模型需要的数据类型。

二、数据预处理工作流

1. 创建工作流,添加文件读取节点

(1) 添加 CSV Reader 文件读取节点。因为数据原文件为 csv 文件,所以选择 CSV Reader 节点。在"Node Repository"的搜索框中输入"CSV Reader",选择"IO"→"Reader"下的"CSV Reader",然后将其拖入工作流编辑器窗口。

(2) 配置 CSV Reader 节点。在工作流编辑器窗口中双击 CSV Reader 节点,打开"Configure",点击"Browse",在工作区中选择要输入的泰坦尼克号"train.csv"数据文件,勾选"Has Row Header",其他的默认配置,然后,点击"OK"(见图 4-18)。

(3) 执行 CSV Reader 节点。

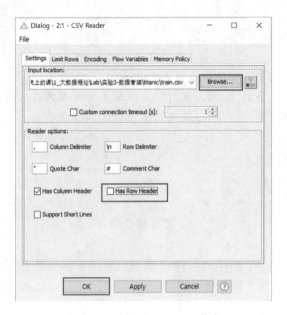

图 4-18 配置 CSV Reader 节点

（4）查看执行结果。

右键单击 CSV Reader 节点，选择"File Table"，"train.csv"中的数据就可读取了（见图 4-19）。

图 4-19 查看 CSV Reader 节点执行结果

可以清晰地看到"Age"和"Cabin"两个特征项有缺失值，其他的特征项没有缺失值。此外，"PassengerID""Survived""Pclass""SibSp""Parch"特征项都为整数型（Integer），需要把他们变成字符串型（String）。"Age"和"Fare"为浮点数型（Double），需要进行数据离散化。

2. 数据类型转换

（1）添加 Number to String 节点。开始数据清洗，首先把"PassengerID""Survived""Pclass""SibSp""Parch"的整数型（Integer）特征项都转换成字符串型（String）。在"Node Repository"的搜索框中输入"Number to String"，选择"Manipulation"→"Column"→"Convert & Replace"下的"Number to String"，然后将其拖入工作流编辑器窗口。

（2）连接 CSV Reader 和 Number to String 节点。

(3) 配置 Number to String 节点。

在工作流编辑器窗口中双击 Number to String 节点,打开"Configure",在"Exclude"中选择"Age"和"Fare",排除这两项特征。然后,点击"OK-Execute"(见图 4-20)。

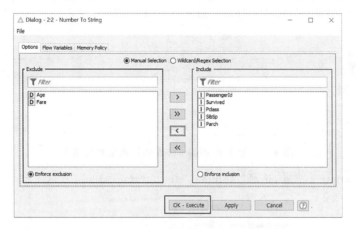

图 4-20　配置 Number to String 节点

(4) 执行 Number to String 节点。

(5) 查看 Number to String 节点的执行结果。右键单击 Number to String 节点,选择"Transformed input",可以看到"PassengerID""Survived""Pclass""SibSp""Parch"特征项都转换成字符串型(String),特征名之前都有代表 String 的"S"符号(见图 4-21)。

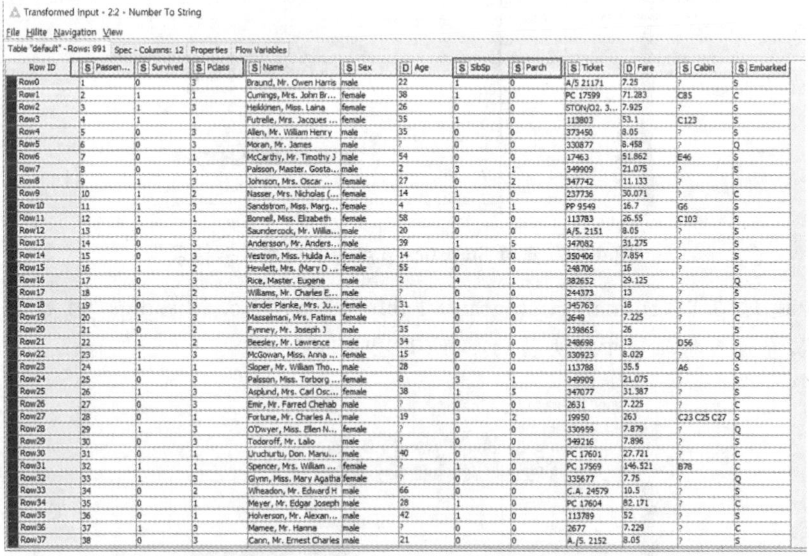

图 4-21　查看 Number to String 节点执行结果

3. 数据初步统计

(1) 添加 Statistics 节点,对数据进行初步了解。在"Node Repository"中的搜索框中输入"Statistics",选择"Analytics"→"Statistics"下的"Statistics",然后将其拖入工作流编辑器窗口。

(2) 连接 Number to String 节点和 Statistics 节点。

(3) 配置 Statistics 节点。在工作流编辑器窗口中双击 Statistics 节点,打开"Configure"。

在"Include"中选择所有的特征字段,其他的默认配置。然后,点击"OK-Execute"。

(4) 执行 Statistics 节点。

(5) 查看 Statistics 节点的执行结果。右键单击 Statistics 节点,选择"Statistics Table",可以看到在浮点数型数据"Age"和"Fare"的统计结果(见图 4-22)。

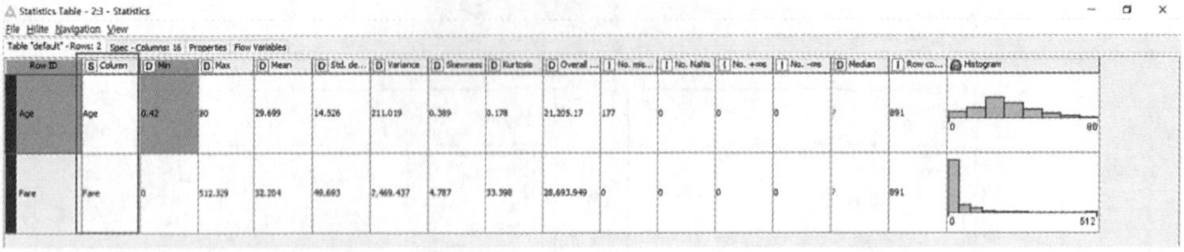

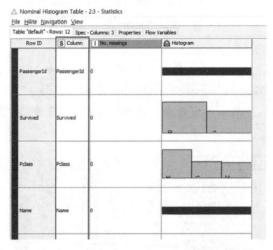

图 4-22　查看 Statistics 节点的数值型数据结果

右键单击 Statistics 节点,选择"Nominal Histogram Table",可以看到在字符串型变量的统计结果(见图 4-23)。

图 4-23　查看 Statistics 节点的字符型数据结果

还可以通过在"Nominal Histogram Table"中的"No. Missings"按降序排列"Sort Descending",查看各特征项中缺失值的个数(见图 4-24)。

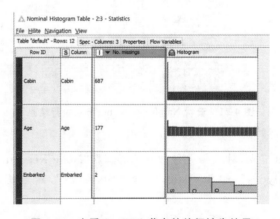

图 4-24　查看 Statistics 节点的特征缺失结果

可以看到,"Cabin""Age""Embarked"三列分别存在687、177、2个缺失值。
4. 字符串型变量与目标变量的关系

(1) 添加Crosstab节点。开始探索每个特征项与目标变量的关系,把特征项分为数值型特征项和字符串型特征项两类。其中,字符串型特征项需要用到Crosstab节点。数值型特征项需要用到数据可视化方法,使用Conditional Box Plot节点绘制分组箱型图。

首先,探索字符串型变量与目标变量的关系。在"Node Repository"中的搜索框中输入"Crosstab",选择"Analytics"→"Statistics"下的"Crosstab(local)",然后将其拖入工作流编辑器窗口。

(2) 连接Number To String和Crosstab(local)节点。

(3) 配置Crosstab(local)节点。

探索每个字符串型数据的特征项与目标变量"Survived"的关系。通过分析可以知道,乘客编码"PassengerID"、乘客姓名"Name"及乘客船票号码"Ticket"不会影响乘客的获救率。因此这三个字符串型变量与目标变量关系不用分析。

乘客等级"Pclass"包含1/2/3三个特征值,分别代表1等舱、2等舱、3等舱;乘客等级"Pclass"应该会影响目标变量"Survived",影响乘客的获救率。

在工作流编辑器窗口中双击Crosstab(local)节点,打开"Configure","Row variable"设置为乘客等级"Pclass","Column variable"设置为"Survived","Weight column"设置为"None"。然后,点击"OK-Execute"(见图4-25)。

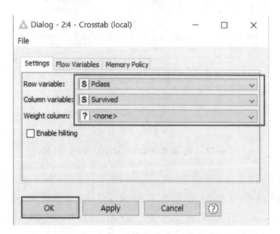

图4-25 配置Crosstab(local)节点

(4) 执行并查看Crosstab(local)节点的结果。右键单击Crosstab(local)节点,选择"Execute and OpenViews",会自动弹出结果(见图4-26)。

从图4-26可以看到,1等舱的乘客获救的概率为62.963%,高于2等舱和3等舱的乘客。所以,不同等级的乘客获救率是有差距的。

接下来,运用同样的方法,通过改变配置图4-25中的"Row variable",请自行探究性别"Sex"、兄弟姐妹与配偶数量"SibSp"、父母与子女数量"Parch"、舱位"Cabin"、出发港口"Embarked"与目标变量"Survived"的关系。

5. 数值型变量与目标变量的关系

(1) 添加Conditional Box Plot节点。数值型变量与目标变量的关系可以通过分组箱型图来分析。在"Node Repository"中的搜索框中输入"Conditional Box Plot",选择"Views"→

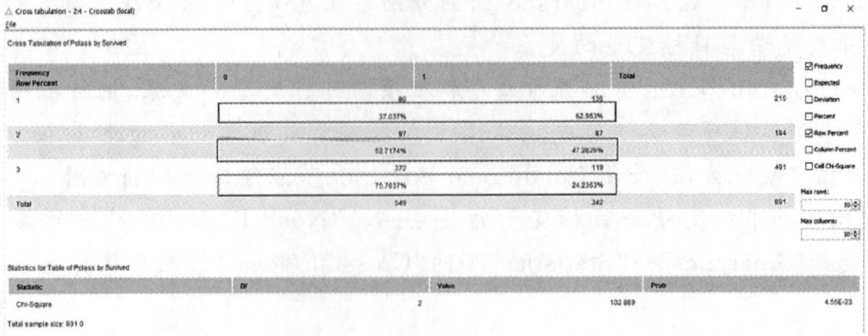

图 4-26 执行 Crosstab(local)节点并查看结果

"JavaScript"下的"Conditional Box Plot",然后将其拖入工作流编辑器窗口。

(2) 连接 Number To String 节点和 Conditional Box Plot 节点(见图 4-27)。

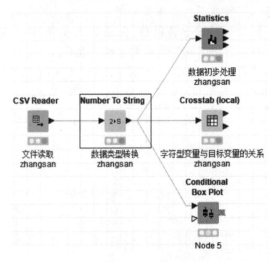

图 4-27 连接 Conditional Box Plot 节点

(3) 配置 Conditional Box Plot 节点。

探索"Age"和"Fare"两个数值型变量与目标变量"Survived"的关系。在工作流编辑器窗口中双击 Conditional Box Plot 节点,打开"Configure",把"Category Column"设置为"Survived",在右边绿色框中选择"Age"和"Fare"两列。在"Selected Column"中设置为"Age",其他的默认设置。然后,点击"OK",可以查看到"Age"特征项与目标变量"Survived"的关系(见图 4-28)。

"Fare"数值型数据的特征项与目标变量"Survived"的关系,则把"Selected Column"设置为"Fare"即可,其他参数不变。

(4) 执行并查看 Conditional Box Plot 节点(见图 4-29)。

从图 4-29 可以看到,获救乘客的最小值到 25%分位数之间的年龄小于死亡乘客的年龄。因为在选择救哪些乘客时,他们秉承"妇女和小孩先走"的原则,所以乘客的年龄影响着获救率。

同样的,从"Fare"与"Survived"的结果(见图 4-30)中可以发现,获救乘客的船票价格的中位数为 26,远大于死亡乘客船票价格的中位数 10.5。因此可以得出结论,船票的价格"Fare"也影响着获救率。

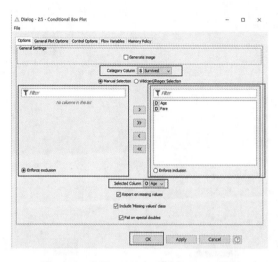

图 4-28　配置 Conditional Box Plot 节点

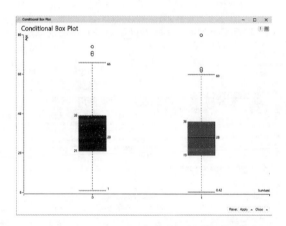

图 4-29　执行 Conditional Box Plot 节点并查看年龄的影响

6．乘客船舱信息提取

（1）添加 String Manipulation 节点。

Cabin 为乘客船舱信息，跟熟知的火车票类似，首个字母决定了船舱的位置，也很大程度上可以反映船票价格和乘客的身份、等级。因此，需要把乘客船舱的首个字母提取出来。在"Node Repository"的搜索框中输入"String Manipulation"，选择"Manipulation"→"Column"→"Convert & Replace"→"String Manipulation"，然后将其拖入工作流编辑器窗口。

（2）连接 Number To String 节点和 String Manipulation 节点。

（3）配置 String Manipulation 节点。

在工作流编辑器窗口中双击 String Manipulation 节点，打开"Configure"，在"Function"中找到 substr 函数，在"Expression"中生成"substr（＄Carbin＄,0,1）"的表达式。在"Append Column"中输入提取乘客船舱信息后保存的列名"New_Cabin"。然后，点击"OK"（见图 4-31）。

（4）执行 String Manipulation 节点。

（5）查看 String Manipulation 节点的执行结果。右键单击 String Manipulation 节点，选择"Appended table"，可以看到在原数据集上新增一列"New_Cabin"（见图 4-32）。

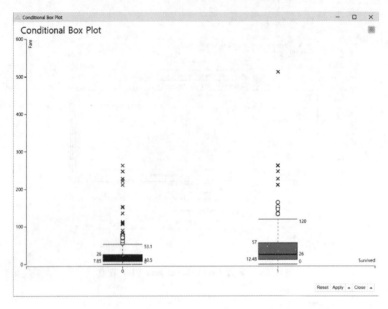

图 4-30　执行 Conditional Box Plot 节点并查看的船票价格影响

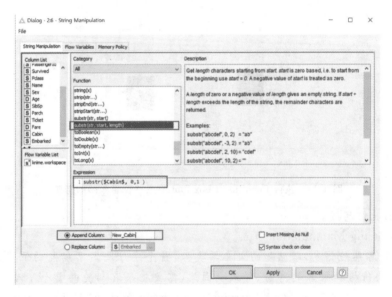

图 4-31　配置 String Manipulation 节点

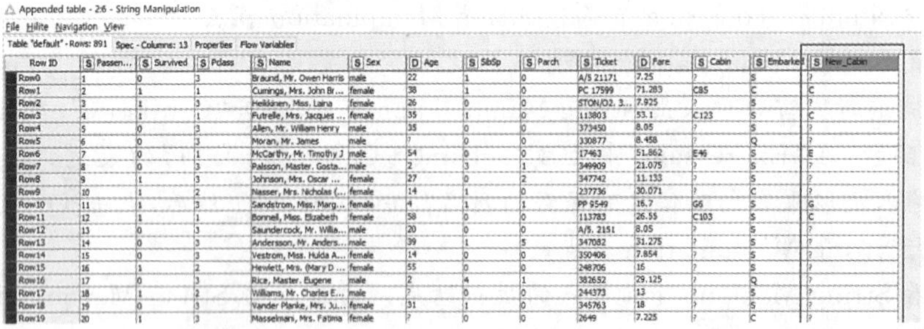

图 4-32　查看 String Manipulation 节点执行结果

7. 缺失值处理

(1) 添加 Missing Value 节点。

开始处理"Cabin""Age""Embarked"特征项中的缺失值。"Age"为连续型数据,可以用中位数或平均值填充;"Embarked"为离散型、字符串型数据,且缺失值只有 2 个,可用众数填充;"Cabin"也为离散型、字符串型数据,但缺失值 687 个,可以考虑把缺失值作为特征中的取值,另成一类。

在"Node Repository"中的搜索框中输入"Missing Value",选择"Manipulation"→"Column"→"Transform"→"Missing Value",然后将其拖入工作流编辑器窗口。

(2) 连接 String Manipulation 节点和 Missing Value 节点。

(3) 配置 Missing Value 节点。

在工作流编辑器窗口中双击 Missing Value 节点,打开"Configure",在"Column Settings"把"Age"中的缺失值用中位数(Median)来填充,把"Embarked"中的缺失值用众数(Most Frequent Value)来填充,把"New_Cabin"中的缺失值用"NAN"来填充,也就是把缺失值作为特征中的一个取值,另成一类。然后,点击"OK-Execute"(见图 4-33)。

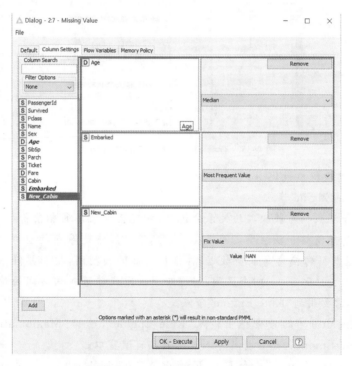

图 4-33　配置 Missing Value 节点

(4) 执行 Missing Value 节点。

注意:因为整个数据集中"Cabin"特征还有缺失值,所以节点中出现警告。但是,没有关系,因为已经生成了新的船舱特征"New_Cabin",可以忽略警告信息。

(5) 查看 Missing Value 节点的执行结果。右键单击 Missing Value 节点,选择"Output table",可以看到"New_Cabin"中的缺失值被"NAN"填充了(见图 4-34)。

8. 缺失值处理后对数据统计

如前所述,添加、连接、配置、执行数据初步统计 Statistics 节点。可以看到"Age""Cabin"

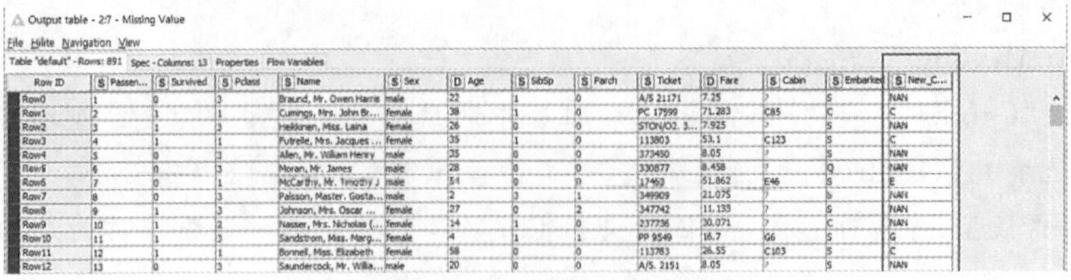

图 4-34　查看 Missing Value 节点的执行结果

"Embarked"三个特征项中无缺失值,数据完整(见图 4-35)。

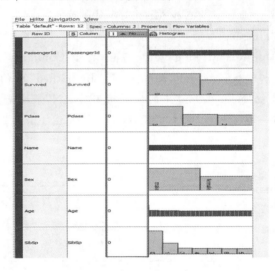

图 4-35　查看 Statistics 节点的执行结果

9. 对船票价格数据离散化

(1) 添加 Rule Engine 节点。

在前面的数值型数据与获救率的关系分析中,发现获救乘客的船票价格比死亡乘客的船票价格高,因此,船票价格和获救率之间存在关系。船票价格是浮点数型的,将船票价格数据离散化,把连续型数据转换为离散型数据;再根据前面的箱型图,把船票价格划分为[0,10)、[10,50)、[50,100)、[100,+∞)四个区间,用这四个区间代替落入该区间的特征值,增强模型的鲁棒性。这时,需要用到"Rule Engine"节点。

在"Node Repository"的搜索框中输入"Rule Engine",选择"Manipulation"→"Row"→"Other"下的"Rule Engine",然后将其拖入工作流编辑器窗口。

(2) 连接 Missing Value 节点和 Rule Engine 节点(见图 4-36)。

(3) 配置 Rule Engine 节点。

在工作流编辑器窗口中双击 Rule Engine 节点,打开"Configure",在"Expression"中生成如下的表达式。

$Fare$ ＜10 =＞"very_low"
$Fare$ ＜50 AND $Fare$ ＞=10 =＞"low"
$Fare$ ＜100 AND $Fare$ ＞=50=＞"middle"
TRUE =＞"high"

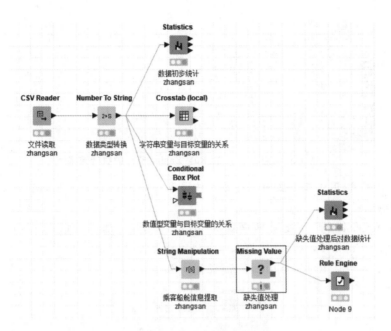

图 4-36　连接 Rule Engine 节点

在"Append Column"中输入数据离散后的特征名称"New_Fare"。然后,点击"OK-execute"(见图 4-37)。

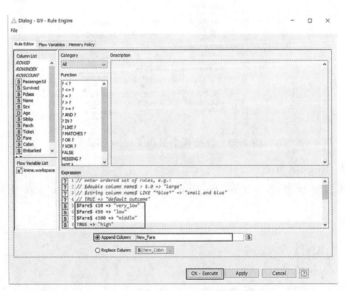

图 4-37　配置 Fare 的 Rule Engine 节点

(4) 执行 Rule Engine 节点。

(5) 查看 Rule Engine 节点的执行结果。右键单击 Rule Engine 节点,选择"Classified values",可以看到在原数据集上新增一列"New_Fare"(见图 4-38)。

10. 对年龄特征数据离散化

(1) 添加 Rule Engine 节点。

泰坦尼克号沉没时秉承"妇女和小孩先走"的原则,所以获救与否与年龄段有关系。因此,将年龄特征数据离散化,即连续型变量转换为离散型变量,把年龄划分为[0,18)、[18,65)、

图 4-38　查看 Fare 的 Rule Engine 节点的执行结果

$[65,+\infty)$ 三个区间,用这三个区间代替落入该区间的特征值,增强模型的鲁棒性。这时,需要用到"Rule Engine"节点。

在"Node Repository"的搜索框中输入"Rule Engine",选择"Manipulation"→"Row"→"Other"→"Rule Engine",然后将其拖入工作流编辑器窗口。

(2) 连接前后两个 Rule Engine 节点(见图 4-39)。

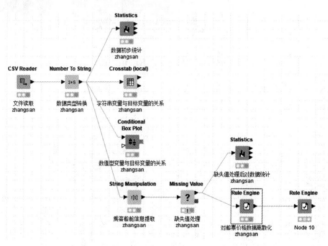

图 4-39　连接两个 Rule Engine 节点

(3) 配置 Rule Engine 节点。

在工作流编辑器窗口中双击 Rule Engine 节点,打开"Configure",在"Expression"中生成如下的表达式。

Age < 18 => "child"
Age < 65 AND Age >= 18 => "adult"
TRUE => "senior"

在"Append Column"中输入新增列的列名"New_Age"。然后,点击"OK-Execute"(见图 4-40)。

(4) 执行 Rule Engine 节点。

(5) 查看 Rule Engine 节点的执行结果。右键单击 Rule Engine 节点,选择"Classified values",可以看到新增的列"New_Age"(见图 4-41)。

11. 导出工作流

选中"File"→"Export KNIME Workflow...",选择一个导出路径,将工作流命名为"clearDate.knwf"。

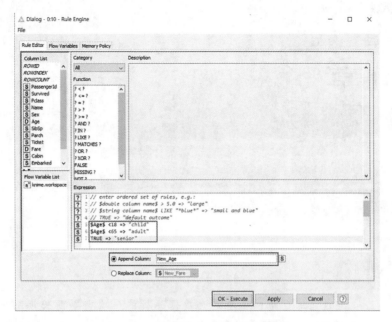

图 4-40 配置 Age 的 Rule Engine 节点

图 4-41 查看 Age 的 Rule Engine 节点的执行结果

第五章

数据存储与管理

学习导引

数据的存储和管理是大数据分析的一项重要而长期的任务。文件系统、数据库系统都是这个问题的解决方案。特别是关系型数据库系统,它从20世纪60年代至今一直是数据存储和管理的最重要的工具。随着大数据时代的到来,不仅数据库的数量和规模越来越大,响应速度要求越来越快,而且非结构数据存储和管理也催生了许多非关系型的数据库管理软件。未来,数据库依然是一个发展潜力很大的领域。

学习重点

通过本章学习,重点掌握以下知识要点:
1. 数据管理和数据库的基本概念;
2. 关系型数据库的使用;
3. 非关系型数据库的基本概念;
4. 非关系型数据库的应用。

第一节 数据管理

大数据时代产生的数据种类越来越多,数据量也越来越大。如何对数量巨大、类型丰富的数据进行有效的组织、存储、管理、检索、维护,显得越来越重要。而且,在数据管理中,还会涉及数据的跨部门存储与调用,以及数据访问权限的控制。

■扫码看视频

大数据存储与管理

一、数据管理的定义

数据管理是利用计算机软硬件技术对数据进行有效的收集、存储、处理和应用的过程。数据管理的主要意义如下。

(1) 可以从大量原始的数据中抽取、推导出有价值的信息,然后利用这些信息作为行动和决策的依据。

(2) 借助计算机科学地保存和管理复杂的、大量的数据,以便人们能够方便而充分地利用这些信息资源。

(3) 确保数据的高效使用、数据的安全性和数据的质量。

二、数据管理的演变

随着计算机技术的发展,数据管理经历了人工管理、文件系统、数据库系统三个发展阶段。

(一) 人工管理阶段

在计算机出现之前,人们运用常规的手段记录、存取数据和对数据进行加工。20 世纪 50 年代中期以前,计算机主要用于科学计算,由于没有磁盘等直接存取设备,数据通常存储在穿孔纸带或磁带上。当时的计算机主要用于计算,计算时需要的数据一般无须长期保存,在进行计算任务时,将原始数据输入内存,运算处理之后再将得到的数据输出。随着计算任务的完成,数据空间一起被释放。人工管理阶段有下列特点:

(1) 数据不保存在计算机内;

(2) 没有专门的应用软件来管理数据;

(3) 所有的数据组织方式必须由程序员全权进行设计和安排;

(4) 每一组数据都有一个相应的程序。

(二) 文件系统阶段

20 世纪 50 年代后期到 60 年代中期,计算机开始应用于数据管理。随着数据体量的增大,解决数据存储、检索、维护问题变得非常迫切,数据结构和数据管理技术发展迅猛。这时,硬件方面有了磁盘、磁鼓等可以直接存取的设备。软件方面,操作系统中已经有了专门的数据管理软件,一般称为文件系统(File System)。文件系统是一种存储和组织计算机数据的方法,它使访问和查询数据变得容易。

文件系统使用文件和树形目录的形式记录文件在硬盘或光盘等物理设备的存放地址。文件系统阶段的特点如下:

(1) 数据以"文件"的形式可以长期保存于外部存储设备中;

(2) 区分出了数据的逻辑结构和物理结构,程序访问数据时只需使用文件名,无须关心数据存储的物理位置;

(3) 文件组织多样化,已经有索引文件、链接文件和直接存取文件等;

(4) 数据不再属于特定的程序,而是可以重复使用;

(5) 对数据的操作均以记录(Record)为单位;

(6) 数据独立性差、冗余大、共享性差。

(三) 数据库系统阶段

20 世纪 60 年代后期以来,磁盘技术得到了快速发展,数百兆字节容量和快速存取的磁盘陆陆续续进入市场中。另一方面,计算机管理的对象规模越来越大,应用范围越来越广,数据量急剧增加,为了满足各种数据的存储需求,数据库系统便应运而生。图 5-1 展示了数据库的发展历程。

数据库的发展大致经历了五个阶段。

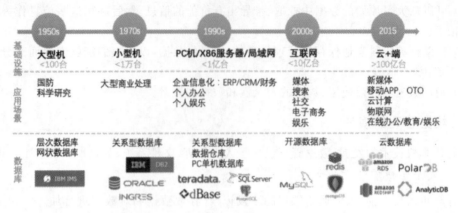

图 5-1　数据库的发展历程

（图片来源：https://developer.aliyun.com/article/780725。）

1. 大型机时代（1950s）

在这个时期，全球大型机数量可能不到 100 台，基本上用在科学研究和国防等领域。当时主要是层次和网状数据库，比较典型的产品是 IBM 的 IMS。IMS 现在已经很少见到，在一些金融领域还有应用。

2. 小型机时代（1980s）

在这个时期，小型机已经开始普及。不仅用在国防和科学研究领域，更多的是用在商业领域，例如银行系统开始应用小型机。与此同时，关系型数据库开始诞生，出现了 DB2、Oracle 和 Ingres 等关系型数据库。

3. PC 时代（1990s）

在这个时期，X86 结构的 PC 机以及局域网等基础设施已经非常健全，IT 应用使企业全面信息化。关系型数据库开始蓬勃发展，出现了数据仓库和单机数据库，比如 SQL Server、dBase 等数据库。

4. 互联网时代（2000s）

在这个时期，人们开始进入互联网时代。无论是搜索、社交还是电商等都有非常广泛的应用，此时像 MySQL、PG、Redis、MongoDB 等开源数据库也得到了非常广泛的应用。

5. 云端时代（2015 年至今）

在这个时期，无论是新媒体、移动应用、云计算以及物联网，还是在线教育、在线办公都飞速发展，代表云端时代的开始。云数据库起到了非常大的作用，比较典型的云数据库产品有 AWS 的 RDS 和 Redshift 以及阿里云的 PolarDB 和 ADB 等。

第二节　数据库概述

一、数据库及相关概念

数据库（Database）是指长期存储在计算机内有组织的、可共享的数据集合。数据库中的数据按一定的规则组织、描述和存储，具有较小的冗余度、较高的数据独立性和易扩展性，并可为各种用户共享。下面介绍几个与数据库密切相关的知识点。

（一）二维表（关系）

在一些常见的关系型数据库中，使用一系列的二维表来存储数据以及表示数据之间的关系。二维表中的每一行称为一个记录（Record），或者称为一个元组（Tuple）。二维表中的每一列称为一个字段（Field），或者称为一个属性（Attribute）或特征（Feature），如图5-2所示。

图 5-2　二维表

在一张二维表中，一个或几个字段的值可以唯一地标识一条记录，则称这一个或几个字段为关键字（Key）。

（二）数据库管理系统

数据库管理系统（Database Management System，简称DBMS）是一种操纵和管理数据库的大型软件，用于建立、使用和维护数据库，对数据库进行统一的管理和控制，以保证数据库的安全性和完整性。数据库管理系统的特点如下。

（1）数据结构化。

数据由二维表结构来逻辑表达和实现。在描述数据时不仅要描述数据本身，还要描述数据之间的联系。数据结构化是数据库的主要特征之一，也是数据库系统与文件系统的本质区别。

（2）数据由数据库管理系统统一管理和控制。

（3）数据的共享性高、冗余度低、易扩展。

数据可以被多个用户、多个应用程序共享使用，可以大大减少数据冗余，节约存储空间，避免数据之间的不相容性与不一致性。

（4）数据独立性高。

数据独立性包括数据的物理独立性和逻辑独立性。物理独立性是指数据在磁盘上的数据库中如何存储是由DBMS管理的，用户程序不需要了解，应用程序要处理的只是数据的逻辑结构，这样一来，当数据的物理存储结构改变时，用户的程序不用改变。逻辑独立性是指用户的应用程序与数据库的逻辑结构是相互独立的。也就是说，即使数据的逻辑结构改变了，用户程序也可以不改变。

图5-3显示了DBMS、数据库和应用程序之间的关系。DBMS负责管理数据，是应用程序与数据之间的接口。而应用程序使用数据，数据库负责存储数据。

（三）数据库系统与文件系统的区别

除了数据库系统，文件系统也是用来存储数据的。所谓文件系统是指计算机操作系统在存储设备上存储和组织数据的方法。操作系统采用文件系统为应用程序来存储和检索数据。常见的文件系统有：Windows默认的NTFS文件系统、Linux默认的ext3文件系统。同样以存储和检索数据为目的，数据库系统和文件系统还是有区别的。

（1）文件系统用文件将数据长期保存在硬盘上，数据库系统用数据库统一存储数据。

（2）文件系统用操作系统中的存取方法对数据进行管理，数据库系统用DBMS统一管理

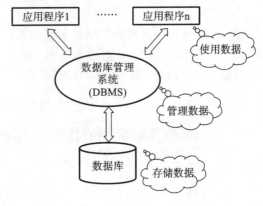

图 5-3　DBMS、数据库和应用程序的关系

和控制数据。

（3）文件系统实现以文件为单位的数据共享，数据库系统实现以记录和字段为单位的数据共享。

二、数据库的分类

按照不同的数据库模型，可以将数据库分为层次式数据库、网络数据库、关系型数据库和非关系型数据库。目前，经常使用的是关系型数据库（Relationship DBMS，简称 RDBMS）和非关系型数据库（NoSQL）。典型的关系型数据库如 MySQL、Oracle 和 SQL Server，典型的非关系型数据库如 MongoDB、Redis 和 HBase。

此外，可以按照分布方式将数据库分为单机数据库和分布式数据库。典型的单机数据库如 Access，典型的分布式数据库如 Hive。可以按照数据存储方式将数据库分为文件型数据库和内存型数据库。文件型数据库的数据存放在硬盘中，其索引和键存放在内存中。内存型数据库的数据、索引和键都是利用缓存技术存放在内存中。典型的文件型数据库如 MySQL 和 MongoDB，典型的内存型数据库如 Redis 和 Memcached。可以按照数据处理方式分为批处理数据库和交互式数据库。典型的批处理数据库如 Hive，典型的交互式数据库如 HBase。需要注意的是，各种类型的数据库并不是互斥的，通常都具有交叉的特性。

第三节　关系数据库系统

一、关系型数据库与关系模型

关系型数据库（Relational Database）是指采用二维表结构来存储数据的数据库，以行和列的形式存储数据，是最常见的一种数据库。典型的关系型数据库管理系统（Relational Database Management System，简称 RDBMS）有 MySQL、Oracle、SQL Server、Access、MariaDB。像学生信息系统、银行业务系统、商品销售系统等其中使用的数据库都是典型的关系型数据库。关系型数据库中一系列的行和列的组合被称为表（Table）。关系型数据库就是由一组表，以及表与表之间的关系组成的。

关系型数据库的最大特点就是数据结构化。而传统文件（如 Word、Excel 等）是等长同格式的记录集合，是一种无结构的数据存储形式。下面以学生信息记录文件（见表5-1）为例来说明这个问题。

表 5-1　学生信息记录

学号	姓名	性别	院系	年龄	政治面貌	家庭出身	籍贯	家庭成员	奖惩情况

其中每个学生记录的信息长度相等。但事实上,有些学生的某些信息(例如奖惩情况)是空值,随着记录的增加就会出现越来越多的占用存储空间又没有数据的情况,既浪费大量的存储空间又极不灵活。于是,将原有数据记录拆分,采用主记录与详细记录相结合的形式建立文件,注意是文件而不是数据库(见图 5-4)。其主要目的是节省存储空间,并提高灵活性。

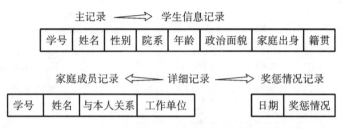

图 5-4　主记录与详细记录相结合

于是,发现主记录和详细记录之间,甚至详细记录和详细记录之间是有关联的,要符合一致性等诸多要求,可以进一步将数据结构化,建立一个完整的结构化数据集(见图 5-5),这就形成了关系型数据库。

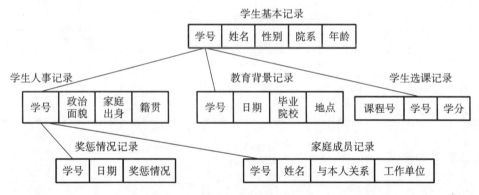

图 5-5　学生信息关系型数据库

此时,对数据的描述不仅是描述数据本身,还需要描述数据与数据之间的关系,建立关系模型。所谓关系模型(Relational Model)是指用二维表格表示实体(Entity),用关键码(Key)表示实体之间联系(Relationship)的数据模型。关键码由一个或多个属性(也称为变量或特征)组成,在实际运用中主要有以下两种类型。

(一) 主键(Primary Key)

主键是指在二维表中能唯一标识一行记录的一个或多个属性。例如上述学生信息关系数据库中学生基本记录表的主键是学号。主键的值不能为空值,具有唯一性(Unique)。主键的作用是保证实体的完整性,加快数据库的操作速度。

(二) 外键(Foreign Key)

外键是另一张表的主键,用于与另一张表发生关联。例如在上述学生信息关系数据库的奖惩情况记录表中学号就是外键。外键可以重复,也可以是空值。

主键和外键是把多张表组织为一个有效的关系数据库的黏合剂。主键和外键的设计对数据库的性能和可用性都有着决定性的影响。

二、结构化查询语言(SQL)

结构化查询语言(Structured Query Language,简称SQL)是用于访问和处理数据库的标准计算机语言,目前执行的国际标准是美国国家标准化组织(ANSI)的SQL-2017。可以使用SQL在数据库中执行增、删、改、查的数据操作(见表5-2),也可以进行数据库的创建和修改,以及数据访问控制。

表5-2 SQL常用数据操作语句

SQL语句	解释
SELECT* FROM tableName	从tableName表中查询数据
INSERT INTO tableName VALUES(value1,value2,value3,…)	向tableName表中增加数据
DELETE FROM tableName WHERE some_column=some_value	从tableName表中删除数据
UPDATE tableName SET column1=value1,column2=value2,… WHERE some_column=some_value	更新tableName表中数据

按照功能SQL可以分为数据定义、数据操作、数据控制三类(见表5-3),比较详细的SQL推荐阅读参考文献。

表5-3 SQL语句按照功能分为三类

功能	英文缩写	关键字
数据定义语言	Data Definition Language(DDL)	Create/Alter/Drop
数据操纵语言	Data Manipulation Language(DML)	Select/Insert/Delete/Update
数据控制语言	Data Control Language(DCL)	Commit/Rollback/Grant/Revoke

三、索引与事务

(一)索引

索引(Index)是在关系型数据库中一种单独的、物理的对数据库表中一列或多列的值进行排序的存储结构。简单说,索引是一张排序的列表,在这张列表中存储着索引的值和包含这个值的数据所在行的物理地址,其主要目的是加快数据的查询速度。通常DBMS都为数据库中的每个主键建立一个索引,具有唯一性约束的属性也会自动建立索引。一张表可以有多个索引。但是,增加索引也会占用存储空间、消耗计算资源,所以并不需要为每张表建立索引。

(二)事务

事务(Transaction)指的是一系列数据库的操作集合,这些操作必须满足ACID,即原子性、一致性、隔离性和持久性。

1. 原子性(Atomicity)

原子性是指事物必须作为一个整体被执行,要么全部执行,要么全部不执行。

2. 一致性(Consistency)

一致性是指数据必须满足完整性约束。

3. 隔离性（Isolation）

隔离性是指事务并发时，一个事务的执行不应影响其他事务的执行。

4. 持久性（Durability）

持久性是指已被提交的事务对数据库的修改应该永久保存在数据库中。

典型的事务实例有在淘宝购物时，淘宝客户的资金余额和购买商品的支付状态就是一个事务，满足 ACID。也就是说，当从淘宝余额中扣除金额后支付状态显示为"已经支付"，这两个数据库操作必须构成一个完整的逻辑过程，不可以拆分。这个过程就是一个事务。

四、MySQL

本书实验使用的关系型 DBMS 是社区版 MySQL。MySQL 是 Oracle 公司的关系型数据库产品，分为社区版和商业版。使用它作为关系型 DBMS 的主要原因是 MySQL 具有如下特点：

（1）开放源码，不需要支付额外的费用；
（2）使用的是标准 SQL 语言；
（3）功能完整；
（4）体积小、速度快；
（5）支持 Linux、Windows、MacOS 等多种操作系统；
（6）在互联网公司应用广泛；
（7）Oracle 公司是最强的关系型 DBMS 生产商。

第四节　大数据存储与管理

大数据时代，海量数据的存储和管理是一项巨大的挑战。大数据面临的存储与管理问题如下：①存储规模巨大。大数据的一个显著特征就是数据量巨大，起始计算量单位至少是 PB，甚至会采用更大的单位 EB 或 ZB，导致存储规模相当大。②数据种类和来源多样化，存储管理复杂。大数据的主要来源有搜索引擎服务、电子商务、社交网络、音视频、在线服务、个人数据业务、地理信息数据、传统企业、公共机构等领域，因此数据呈现方法众多，可以是结构化、半结构化和非结构化的数据形态，不仅使原有的存储模式无法满足大数据时代的需求，还导致存储管理更加复杂。③对数据服务的种类和水平要求高。大数据的价值密度相对较低，数据增长速度快、处理速度快，时效性要求也高。在这种情况下如何结合实际的业务，有效地组织管理、存储这些数据，以便能够从浩瀚的数据中，挖掘分析其更深层次的数据价值，是亟待解决的问题。

要充分利用现有的海量、异构数据资源，提取管理决策所需要的信息，越来越需要各种数据仓库、分布式数据库、非关系型数据库等数据存储与管理技术的支持。

一、数据仓库

数据仓库（Data Warehouse，简称 DW）是一个用于支持管理决策，面向主题的、集成的、相对稳定的、反映历史变化的数据集合。也可以说数据仓库是将决策所需的各种数据集成到统一的环境中进行访问的各种技术和模块的总称。数据仓库的特点如下。

（一）面向主题（Subject Oriented）

数据仓库的数据是按照一定的主题进行组织的。

(二)集成(Integrate)

数据仓库的数据是对原有分散的数据(定期来自事务系统、关系数据库和其他关系数据来源)进行抽取、预处理后,经过加工、汇总和整理,保证数据的一致性。

(三)相对稳定(Non-Volatile)

数据仓库的数据主要用于供决策分析用的数据查询,很少进行数据的修改和删除操作,并定期进行加载和刷新。

(四)反映历史变化(Time Variant)

数据仓库的数据通常是历史数据,数据时限一般为5—10年,支持决策的时间趋势分析。

从功能结构上划分,数据仓库应该至少包括数据获取(Data Acquisition)、数据存储(Data Storage)和数据访问(Data Access)三部分。主流的数据仓库系统有 AWS Redshift、Hive、Greenplum 等。与数据仓库相关的概念有 ETL 和数据集市。ETL 已经在第三章数据采集中介绍了。数据集市是数据仓库的一个子集,是特定群体服务。图 5-6 很好地解释了数据仓库、ETL 和数据集市三者的关系。

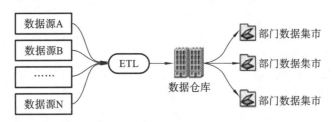

图 5-6　数据仓库、ETL 和数据集市的关系

(图片来源:http://www.huiway.com/solution_sjck.html。)

数据仓库与关系数据库的区别如表 5-4 所示。

表 5-4　数据仓库与关系数据库区别

特　性	数据仓库	关系数据库
适合的工作	分析、报告、大数据	事务处理
数据源	从多个来源收集和标准化的数据	从单个来源捕获的数据
数据捕获	批量写入,通常按照预定的批处理计划执行	连续写入
数据标准化	非标准化数据对象	高度标准化的静态数据对象
数据存储	使用列式存储	使用块存储
数据变化	只增加,冗余,反映历史变化	频繁的增、删、改、查,低冗余
数据访问	不频繁、大批量、高吞吐、有延迟	频繁、小批次、高并发、低延迟

二、分布式数据库

分布式数据库(Distributed DataBase,简称 DDB)是指位于不同地点的许多计算机通过网络互相连接,共同组成一个完整的、全局的、逻辑上集中、物理上分布的大型数据库。简单来说,分布式数据库从用户的角度看,好像数据都在同一台服务器中访问,实际上却存储于不同的服务器。分布式数据库提高了传统数据库的可靠性,是数据库技术与网络技术的结合,具有如下特点。

（一）物理分布性

数据不是存储在一个网络节点上,而是存储在计算机网络可以访问的多个节点上。

（二）逻辑整体性

逻辑上是一个整体,可以被所有用户共享,并由一个分布式数据库管理系统(Distributed Data Base Management System,简称 DDBMS)统一管理。

（三）节点自治性

各个节点上的数据可以由本地的 DDBMS 管理,具有自治能力。

（四）节点之间的协作性

各个节点虽然具有自治性,但是又相互协作构成一个整体,对于用户来说可以使用 DDBMS 像集中式数据库管理系统一样管理全局数据库。

不仅许多 NoSQL 数据库（如 MongoDB、Redis）与生俱来地具有分布式结构,就连像 MySQL 这样的传统关系型数据库也可以组成 MySQL 分布式集群。

三、NoSQL 数据库

（一）关系型数据库面对大数据的困境

关系型数据库具有良好的通用性和高性能,是一项成熟的数据存储和管理技术,但是随着大数据时代的到来,它也逐渐显现出不能完全适应所有大数据应用的问题,具体来说它并不擅长以下处理。

1. 大量数据的写入处理

在数据读出时,由主从模式(即主数据库服务器负责数据的写入,从数据库服务器负责数据的读取,如图 5-7 所示)可以比较简单地通过增加从数据库服务器数量来实现规模化。但是,在数据的写入时,却完全没有简单的方法来解决规模化问题。

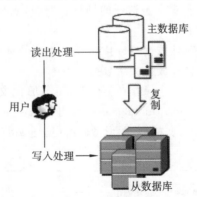

图 5-7　数据库主从模式

例如,要想将大量的数据写入,可以考虑把主数据库服务器从一台增加到两台,作为互相关联复制的二元主数据库来使用。这样似乎可以把每台主数据库服务器的负荷减少一半。但是,当更新数据时(同样的数据在两台数据库服务器同时更新成其他值),就会发生冲突,造成服务器中的数据不一致。为了避免这样的问题,就需要把对每个表的请求分别分配给适当的主数据库服务器来处理,这就不那么简单了。

2. 为有数据更新的表做索引或者表结构变更

由于新业务需求的出现,为了加快查询速度需要创建索引,为了增加必要的字段需要改变表结构,数据量比较大的表创建索引或者是变更表结构是非常耗时的,关键是在执行这样的数据库操作时,因为表共享锁的存在,数据是无法变更的(增、删、改)。

3. 字段不固定时的应用

为了修改表结构,当然可以预先设定大量的预备字段,但是这很容易造成数据和字段之间缺失对应,即不知道哪些字段保存哪些数据,所以不推荐使用。

4. 对简单查询需要快速返回结果的处理

数据分析的实时性响应要求越来越好,但是关系型数据库需要对 SQL 语言进行解析,同时还有对表的锁定和解锁等开销,所以关系型数据库并不擅长对简单的查询快速返回结果。

(二) NoSQL

为了解决上述关系型数据库在数据存储与管理中的问题,人们发明了 NoSQL 类别的数据库。NoSQL 是指非关系型的一类数据库,也属于分布式数据库。NoSQL 即"Not Only SQL"意为"不仅仅是 SQL"。NoSQL 类的数据库一般用于超大规模、非结构化数据的存储和管理,具有如下特点:

(1) 不需要经过 SQL 的解析,读取性能高;

(2) 基于键值对(Key-Value),数据没有耦合性,容易扩展,耦合性指数据与数据之间的关联程度;

(3) 处理高并发、大批量数据的能力强,高并发指在同一个时间点,有很多访问数据的需求;

(4) 支持分布式集群,负载均衡,性能好。

关系型(SQL)和非关系型(NoSQL)数据库各有优缺点,彼此都无法互相取代。关系型数据库适用于需要保证强事务一致性的场景,例如银行、财务等业务系统。非关系型数据库适用于像企业的互联网数据分析和挖掘业务这样的场景。例如,亚马逊公司就使用不同类型的数据库来支撑它的电子商务应用:

(1) 对于"购物篮"这种临时性数据,采用 NoSQL 类型的键值存储会更加高效;

(2) 产品和订单信息则适合存放在关系数据库中;

(3) 大量的历史订单信息则适合保存在类似 MongoDB 的文档数据库(NoSQL)中。

从 NoSQL 的官网(http://nosql-database.org)可以看到非关系型数据库管理软件超过 225 种,可以分为键值型、列簇型、文档型、图形型四种(见图 5-8)。

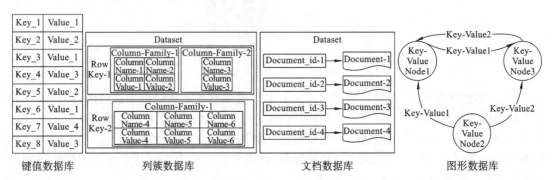

图 5-8 NoSQL 数据库种类

1. 键值(Key-Value)数据库

键值(Key-Value)数据库使用的是由 Key 指向 Value 的键值对的数据模型,具有查找速度快的优点,适合于内容缓存的应用场景,主要用于处理大量数据的高访问负载。典型的键值数据库有 Redis、Oracle BDB、Voldemort 等。表 5-5 汇总了键值数据库的特点和应用。

表 5-5　键值数据库

相关产品	Redis、Riak、SimpleDB、Memcached、Scalaris 等
数据模型	键/值对(Key/Value) • 键是一个字符串对象 • 值可以是任意类型的数据,比如整型、字符型、数组、列表、集合等
典型应用	涉及频繁读写、拥有简单数据模型的应用 • 内容缓存(例如会话、配置文件、参数、购物车等)
优点	扩展性好,灵活性好,大量写操作时性能高
缺点	难以存储结构化信息,条件查询效率较低
不适用场景	• 不是通过键而是通过值来查找:键值数据库根本没有通过键查询的途径 • 需要存储数据之间的关系:在键值数据库中,不能通过两个或两个以上的键来关联数据 • 需要事务的支持:在一些键值数据库中,产生故障时,不可以回滚
使用者	百度(Redis)、GitHub(Riak)、BestBuy(Riak)、Twitter(Redis 和 Memcached)、StackOverFlow(Redis)、Instagram(Redis)、Youtube(Memcached)、Wikipedia(Memcached)

2. 列簇(Columnar)数据库

列簇数据库使用的是以列簇式存储的数据模型,一个列簇存储经常被一起查询的相关数据。所谓列簇(Column Family)是由一个或多个列组成的。列簇数据库具有查找速度快、可扩展性强、更容易进行分布式扩展的优点,适合于分布式文件系统的应用场景。典型的列簇数据库有 HBase、Cassandra 等。表 5-6 汇总了列簇数据库的特点和应用。

表 5-6　列簇数据库

相关产品	BigTable、HBase、Cassandra、HadoopDB、GreenPlum 等
数据模型	列存储
典型应用	• 数据在地理上分布于多个数据中心的应用 • 可以容忍副本中存在短期不一致情况的应用 • 拥有动态字段的应用 • 拥有潜在大量数据的应用(TB 级以上)
优点	查找速度快、可扩展性强、容易进行扩展、复杂性低
缺点	功能较少,大都不支持强事务一致性
不适用场景	需要 ACID 事务支持的场景
使用者	eBay(Cassandra)、Instagram(Cassandra)、NASA(Cassandra)、Twitter(Cassandra and HBase)、Facebook(HBase)、Yahoo!(HBase)

3. 文档(Document)数据库

文档数据库将数据存储为一个文档,使用键值对的数据模型,但是值(Value)为结构化数据。文档数据库具有数据结构要求不严格、表结构可变、不需要像关系型数据库一样预先定义表结构的优点,适合于 Web 的应用场景。典型的文档数据库有 MongoDB、CouchDB 等。表 5-7 汇总了文档数据库的特点和应用。

表 5-7 文档数据库

相关产品	MongoDB、CouchDB、RavenDB、Terrastore、ThruDB 等
数据模型	键/值 • 值(Value)是结构化的文档
典型应用	存储、索引并管理面向文档的数据或者类似的半结构化数据 • 例如,用于后台具有大量读写操作的网站、使用 JSON 数据结构的应用、使用嵌套结构等非规范化数据的应用程序
优点	• 数据结构灵活、复杂性低、性能好(高并发) • 提供嵌入式文档功能,将经常查询的数据存储在同一个文档中 • 既可以根据键来构建索引,也可以根据内容构建索引
缺点	缺乏统一的查询语法
不适用场景	在不同文档上添加事务的场景、需要支持文档间的事务的场景
使用者	百度云数据库(MongoDB)、SAP(MongoDB)、Foursquare(MongoDB)、NBC News(RavenDB)

4. 图形(Graph)数据库

图形数据库使用的是图结构的数据模型,可以利用图结构相关算法,适合于社交网络、推荐系统等应用场景,专注于构建知识图谱。典型的图形数据库有 Neo4J、InfoGrid、Infinite Graph 等。表 5-8 汇总了图形数据库的特点和应用。

表 5-8 图形数据库

相关产品	Neo4J、OrientDB、InfoGrid、Infinite Graph、Trinity 等
数据模型	图结构
典型应用	专门用于处理具有高度相互关联关系的数据,比较适合于社交网络分析、路径规划、依赖分析等问题
优点	可用于构建复杂的关系图谱,并支持复杂的图算法
缺点	复杂性高,只能支持一定的数据规模
使用者	Adobe(Neo4J)、Cisco(Neo4J)、T-Mobile(Neo4J)

图 5-9 展示了四种 NoSQL 数据库实例,表示了每种数据库中的基本概念。

(三) CAP 定理

关系型数据库遵循的是 ACID 定理(见第五章第三节),NoSQL 遵循的是 CAP 定理。CAP 定理是由 EricBrewer(美国计算机学家和 Google 副总裁)在 2000 年针对分布式网络提出的,之后在 2002 年由 Seth Gilbert(美国计算机学家)和 Nancy Lynch(美国数学家)在理论上加以证明,成为分布式计算领域公认的定理。CAP 指一致性(Consistency)、可用性(Availability)和分区容错性

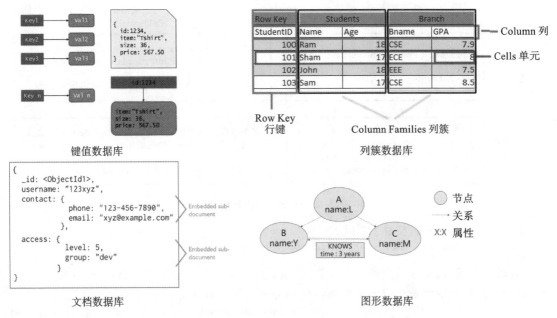

图 5-9 四种 NoSQL 数据库实例

（Partition Tolerance）。

1. 一致性（Consistency）

一致性是指任何一个读操作总是能够读到之前完成的写操作的结果。也就是说，在分布式环境中，多节点的数据是一致的。或者说，所有节点在同一时间具有相同的数据。

2. 可用性（Availability）

可用性是指快速获取数据，可以在确定的时间内返回操作结果，保证每个请求不管成功或者失败都有响应。

3. 分区容错性（Partition Tolerance）

分区容错性是指当出现网络分区的情况时（即系统中的一部分节点无法和其他节点进行通信），分离的系统也能够正常运行。也就是说，系统中任意信息的丢失或失败不会影响系统的继续运作。

Seth Gilbert 和 Nancy Lynch 的论文已经证明同时满足一致性、可用性、分区容错性是非常难的。因此在实际运用中，满足 CAP 三个性质中的两个也能满足需求。例如 MySQL、SQL Server 满足 CA 性质，HBase、MongoDB、Redis 和 Neo4J 满足 CP 性质，而 Cassandra、Dynamo 和 Voldemort 满足 AP 性质。

四、大数据管理新格局

大数据时代的数据管理技术研究进入了新的阶段。图 5-10 从应用和数据模型两个维度着手，展现了当前数据管理技术的竞争格局。

（一）应用类型维度

1. 操作型应用

操作型应用的数据处理任务主要包括对数据进行增加、删除、修改和查询以及简单的汇总操作，涉及的数据量一般比较少，事务执行时间一般比较短。例如，联机事务处理（Online

分析型应用 Analytics	非关系数据模型 NoSQL MapReduce:Cloudera/Splunk/Karmasphere/MapR Spark:Streaming/Spark Core	关系数据模型 Relational 数据仓库:TeraData 列存储数据库系统:InforBright/InfiniDB/LucidDB/SybaseIQ 基于列存储技术的内存数据库:MonetDB/Vertica/
操作型应用 Operational	键值数据库(Key-Value):Redis/Riak 列簇数据库(Columnar):Hbase/Cassandra 文档数据库(Document):MongoDB/RavenDB 图形数据库(Graph):Neo4J/Infinite Graph	基于行存储的关系DBMS:Oracle/SQL Server/MySQL 面向实时计算的内存数据库系统:AltiBase/Timesten/Hana 面向OLTP应用的NewSQL:Clustrix/NuoDB

图 5-10　大数据管理新格局

Transaction Processing,简称OLTP)。

2. 分析型应用

分析型应用(包括联机分析处理和数据挖掘等)则需要扫描大量的数据,进行分析、聚集操作,最后获得数据量相对小得多的聚集结果和分析结果。有些分析处理需要对数据进行多遍扫描(比如 K-Means 算法),分析查询执行的时间以分钟计或者小时计。例如,联机分析处理(Online Analytical Processing,简称 OLAP)。

(二)数据模型维度

分为关系模型和非关系模型(NoSQL),前文已经介绍,不再重复。

本章小结

随着数据量的不断增加,数据类型变得多种多样,数据存储和管理的方式也在不断发生变化。本章讲解了关系型数据库的概念、性质与实际应用案例,数据仓库的概念与性质、分布式数据库的概念与性质,以及非关系型数据库的概念与性质,最后简要地总结了大数据管理的发展格局。

思考与练习

1. 分别具体说明大数据的存储、计算、容错三个关键问题的解决方法。
2. 简述分布式数据库管理系统的功能。
3. 分析比较关系型和非关系型数据库的区别。

实验

关系型数据库

一、分析

在泰坦尼克号 Titanic 的 train.csv 数据文档中,实现 MySQL 数据库的读取和写入。泰

坦尼克号数据集共有891行、12列,这个数据集包含以下特征:
- PassengerId => 乘客编号;
- Survived => 获救情况(1为获救,0为未获救);
- Pclass => 乘客等级(1等舱位,2等舱位,3等舱位);
- Name => 姓名,字符串型(String);
- Sex => 性别(male,female),字符串型(String);
- Age => 年龄,浮点数型(Double);
- SibSp => 兄弟姐妹及配偶在船数,整数型(Integer);
- Parch => 父母及子女在船数,整数型(Integer);
- Ticket => 船票编号,字符串型(String);
- Fare => 船票价格,浮点数型(Double);
- Cabin => 乘客船舱,字符串型(String);
- Embarked => 出发港口(C=Cherbourg;Q=Queenstown;S=Southampton),字符串型(String)。

本实验需要使用的软件除了KNIME 4.1外,还有数据库关系型数据库管理软件MySQL Community 8.0和数据库应用软件Navicat Premium 12.0。

二、创建新数据库

1. 通过Navicat在本地MySQL中创建一个名为创建demo的数据库

略。

2. 在demo数据库中导入titanic数据集中的train.csv文件

(1)右键单击"表",选择"导入向导"(见图5-11)。

图5-11 将train.csv导入demo数据库

(2)选择要导入的数据格式为"CSV文件",点击"下一步";选择文件路径,点击"下一步";选择合适的分隔符,默认设置,点击"下一步"。

(3)为数据源定义一些附加选项,默认设置,点击"下一步"。

(4)将导入的新表命名为"train",再点击"下一步"。

(5)下面需要对表结构、字段类型进行修改。其中,PassengerID、Survived、Pclass、Age、SibSp、Parch为整数型(int);Name、Sex、Ticket、Cabin、Embarked为字符型(varchar);Fare为浮点数(float)(见图5-12)。

(6)选择导入模式为"追加:添加记录到目标表",点击"下一步"(见图5-13)。

(7)点击"开始"进行导入。当出现"[IMP]Finished successfully"后,点击"关闭",表明数据导入完毕(见图5-14)。

图 5-12 导入数据库的向导-数据类型

图 5-13 导入数据库的向导-导入模式

此时,发现"表"中出现了新表"train"。双击"train"表可以查看具体数据。

至此,数据导入数据库完毕。因为后续的实验需要把数据处理后的结果导入 demo 数据库中,数据导入时需要有一张二维表。所以,复制"train"表。

(8) 右键单击 demo 数据库中的 train 表,选择"复制表"→"结构和数据",可以看到"表"中新增了一张名为 newInsertTable 的新表。

三、建立数据库操作工作流

利用 KNIME 连接数据库,读取数据库数据,并对数据进行处理,最后,把处理结果写入数据库。

1. 创建一个新的工作流

略。

2. 加入第一个节点

(1) 添加 CSV Reader 节点。因为原文件为 CSV 文件,所以选择 CSV Reader 节点。在"Node Repository"中选择"IO"→"Read"→"CSV Reader",然后将其拖入工作流编辑器窗口。

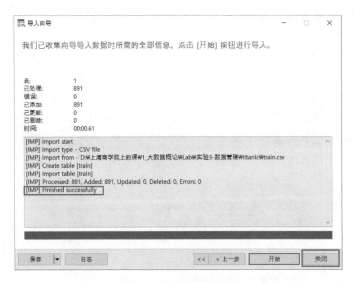

图 5-14 导入数据库成功

(2) 配置 CSV Reader 节点。

在工作流编辑器窗口中双击 CSV Reader 节点,打开"Configure",点击"Browse"。在工作区中选择要输入的文件"test.csv",勾选"Has Row Header",然后,点击"OK-Execute"(见图 5-15)。

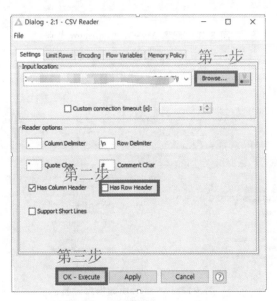

图 5-15 配置 CSV Reader 节点

(3) 执行 CSV Reader 节点。

(4) 查看 CSV Reader 节点的执行结果,共 418 行。

3. MySQL 连接器

(1) 添加 MySQL Connector 节点。

KNIME 提供了连接到主流数据库软件(如 MySQL、SQL Server、PostgreSQL)的驱动器(Driver),并且支持从数据库导入数据进行数据分析,例如对表数据的增删改查。

使用 KNIME 连接开源数据库 MySQL 进行数据库读写操作。在"Node Repository"中选择"DB"→"Connection"→"MySQL Connector",然后将其拖入工作流编辑器窗口。

（2）配置 MySQL Connector 节点。

在工作流编辑器窗口中双击 MySQL Connector 节点,打开"Configure",在"Connection Settings"→"Location"→"Hostname"中填入"localhost",在"Database"中输入数据库名称"demo"。在"Authentication"中点击"Username&password",然后在"Username"中输入"root"(MySQL 默认的管理员账号为 root),在"Password"中输入安装数据库时设置的密码(见图 5-16)。

图 5-16　配置 MySQL Connector 节点

然后,点击"OK"。注意:这里的参数设置需要参考 Navicat 中主机和数据库的名称,打开 Navicat 找到数据库中的表(见图 5-17)。

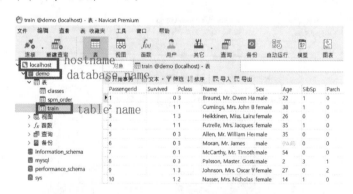

图 5-17　MySQL 中数据库设置

（3）执行 MySQL Connector 节点。

（4）查看 MySQL Connector 节点的执行结果。右键单击 MySQL Connector 节点,选择"DB Connection",可以看到具体数据库相关信息(见图 5-18)。

4. 数据库插入

（1）添加 DB Insert 节点。

在数据库中的"train"表,存放的是泰坦尼克数据集的前 891 行数据,需要将通过 CSV Reader 节点读取的 test 文件(共 418 行数据记录)拼接到 train 数据库中。在"Node Repository"中选择

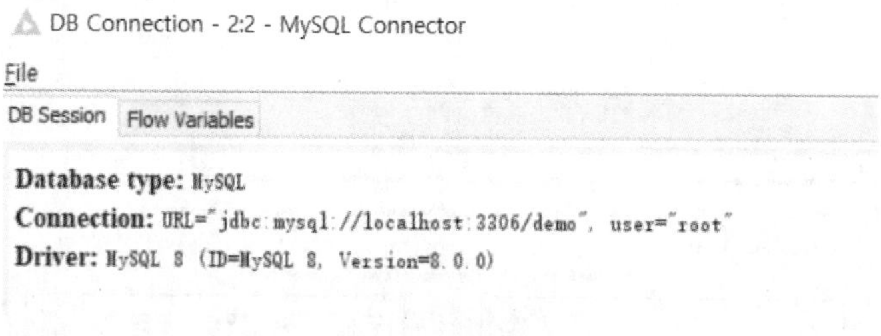

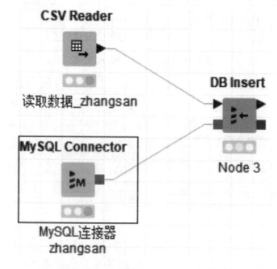

图 5-18　查看 MySQL Connector 节点的执行结果

"DB"→"Read/Write"→"DB Insert",然后将其拖入工作流编辑器窗口。

(2) 连接 DB Insert 节点。

将 DB Insert 节点分别和 MySQL Connector 节点、CSV Reader 节点进行连接(见图5-19)。

图 5-19　连接 DB Insert 节点

(3) 配置 DB Insert 节点。

在工作流编辑器窗口中双击 DB Insert 节点,打开"Configure",在"Settings"→"Table to insert"中点击"Select a table"。

在弹出的对话框中,依次点击"demo"→"TABLE"→"train",然后点击"OK"。这时,发现"Table to insert"中的"Schema"和"Table"分别填入"demo"和"train"。然后,点击"OK"(见图5-20)。

(4) 执行 DB Insert 节点。

(5) 查看 DB Insert 节点的执行结果。

在 Navicat 中查看数据插入后的结果,共 1309 行数据。

5. 数据库读取

(1) 添加 DB Reader 节点。

在 KNIME 中打开拼接成功的数据库,需要用到"数据库读取(DB Reader)"节点。在"Node Repository"中选择"DB"→"Read/Write"→"DB Reader",将其拖入工作流编辑器窗口。

(2) 连接 DB Insert 节点和 DB Reader 节点。

(3) 配置 DB Reader 节点。在工作流编辑器窗口中双击 DB Reader 节点,打开"Configure",默认所有设置,点击"OK-Execute"(见图5-21)。

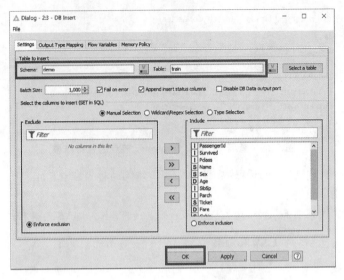

图 5-20 配置 DB Insert 节点

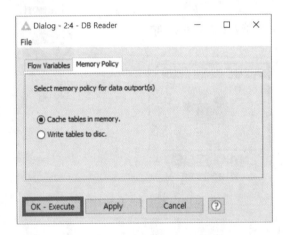

图 5-21 配置 DB Reader 节点

(4) 执行 DB Reader 节点。

(5) 查看 DB Reader 节点的执行结果。右键单击 DB Reader 节点,选择"KNIME data table",可以看到泰坦尼克号数据集一共 1309 行(这里从 0 行开始,所以为 1308 行)(见图 5-22)。

6. 分组统计

(1) 添加 Groupby 节点。

用拼接好的数据库简单地进行分组统计,统计泰坦尼克号数据集中男性和女性的人数。分组统计需要用到"Groupby"节点。在"Node Repository"中选择"Manipulation",选择"Row"→"Transform"→"Groupby",然后将其拖入工作流编辑器窗口。

(2) 连接 DB Reader 节点和 Groupby 节点。

(3) 配置 Groupby 节点。在工作流编辑器窗口中双击 Groupby 节点,打开"Configure",在"Settings"→"Groups"→"Group settings"→"Group column(s)"中拖入"Sex"列,表示对性别这一列进行统计(见图 5-23)。

在"Settings"→"Manual Aggregation"→"Aggregation settings"→"Available settings"中选中任意一列,这里选择"PassengerID"列。点击"Add >>",然后,在"Aggregation(click to

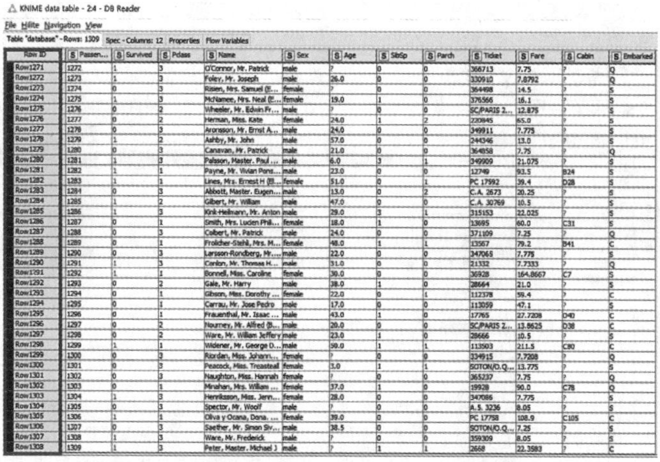

图 5-22 查看 DB Reader 节点的执行结果

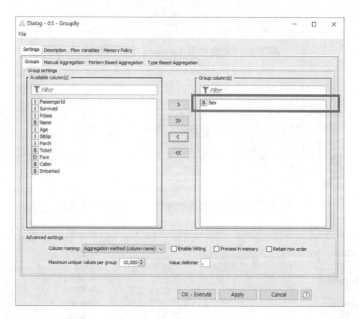

图 5-23 配置按照性别进行 Groupby 节点统计

change)"中选择"Count",点击"OK-execute"(见图 5-24)。

(4) 执行 Groupby 节点。

(5) 查看 Groupby 节点的执行结果,右键单击 Groupby 节点,选择"Group table",可以看到泰坦尼克号数据集中女性共 466 名,男性共 843 名(见图 5-25)。

7. 写入数据库

(1) 添加 DB Writer 节点。

把分组统计的结果写回到 MySQL 的 demo 数据库中的"result_zhangsan"表中。在"Node Repository"中选择"DB"→"Read/Write"→"DB Writer",然后将其拖入工作流编辑器窗口。

(2) 连接 DB Writer 节点。

将分组统计的输出(GroupBy 节点)和 MySQL 数据库连接器(MySQL Connector 节点)分别与写入数据库(DB Writer 节点)进行连接(见图 5-26)。

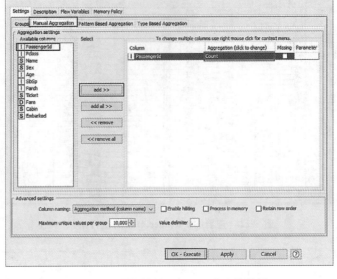

图 5-24　配置性别 Groupby 节点的统计

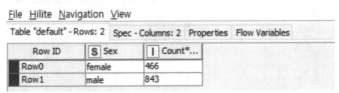

图 5-25　查看性别 Groupby 节点的执行结果

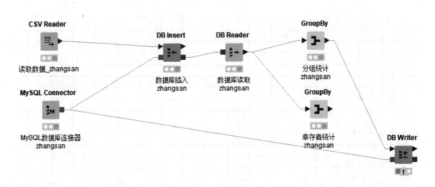

图 5-26　连接 DB Writer 节点

（3）配置 DB Writer 节点。

在工作流编辑器窗口中双击该 DB Writer 节点，打开"Configure"，在"Table to write"→"Select a table"中选择"newInsertTable"表，并勾选"Remove existing table"，然后点击"OK"（见图 5-27）。

（4）执行 DB Writer 节点。

（5）查看 DB Writer 节点的执行结果。右键单击 DB Writer 节点，选择"DB Data"，写入数据库的结构一共有两列，一列为字符型的"Sex"列，另一列为整数型的"Count*

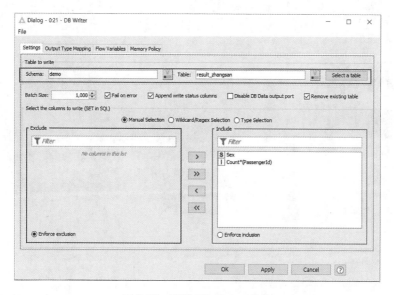

图 5-27　配置 DB Writer 节点

(PassengerID)"列(见图 5-28)。

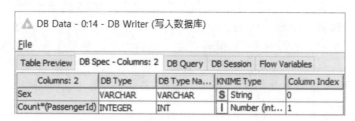

图 5-28　查看 DB Writer 节点的执行结果

也可以在 Navicat 中查看表"newInsertTable"的结果,双击"newInsertTable"可以看到如图 5-29 所示的结果,表示从 KNIME 中把数据写入数据库的操作成功。

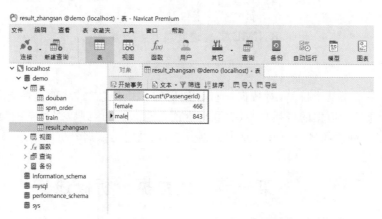

图 5-29　通过 Navicat 查看 DB Writer 节点的执行结果

8. 导出工作流

选中"File"→"Export KNIME Workflow...",选择一个导出路径,将工作流命名为"database.knwf"。

第六章

大数据分析

学习导引

从科技发展的角度来看,"大数据"是"数据化"趋势下的必然产物。随着这一趋势的不断深入,在不远的将来我们将身处一个"一切都被记录,一切都被数字化"的时代。随着数据量的增加,有效分析数据以获得有用的商业见解的能力也在增强,数据分析能力的高低决定了大数据中价值发现过程的好坏与成败,数据分析是大数据处理流程的核心。在未来五年,我们可以预计,即使是初创企业,也会有某种形式的数据分析在企业决策中发挥作用,并引发业务增长。

学习重点

通过本章学习,重点掌握以下知识要点:
1. 机器学习的基本概念;
2. 机器学习的基本算法;
3. 机器学习的建模方法;
4. 使用 KNIME 工具进行机器学习建模。

数据分析是基于某个目的,对数据进行详细研究和概括总结,从而提炼有价值信息的过程。数据分析通过对数据的概括总结,提取出价值信息,从而达到数据科学的目的,是最重要的环节。首先,让我们了解一下什么是大数据分析,以及它与数据分析的关系。

第一节 大数据分析概述

一、数据分析与大数据分析

(一)数据分析

数据分析(Data Analysis)是基于某个目的对数据进行分析和总结概括的过程。它的意义在于把隐藏在数据中的信息萃取和提炼出来,以便帮助人们找到所研究对象的内在规律,或者事物的发生、发展和未来变化的规律,进而帮助人们做出判断以及正确的决策。数据分析的典型应用案例,如电力公司智能电网能源管理、医学影像(包括 X 线、CT、核磁共振和超声成像)的自动识别、学习成绩分析等,涉及生活中的方方面面。

■扫码看视频

认识数据分析

■扫码看视频

数据分析的应用场景

(二)大数据分析

大数据分析是指对规模巨大、来源丰富、类型多样的数据进行分析,和传统数据分析的最重要的差别在于数据量的急剧增长。数据量的增长对于数据的存储、查询以及分析的要求迅速提高。大数据分析的典型应用案例如下。

1. 零售

随着市场竞争的加剧,零售业务越来越难做。企业往往通过寻找渠道来更好地理解和服务客户。每一秒都有大量的数据,对来自社交媒体、忠诚计划、客户交易等渠道的所有数据进行适当的分析可以帮助企业获得竞争优势。

2. 金融服务

几乎所有金融机构,从保险业到银行业都在提供大数据服务。这些金融公司面临的重大挑战是它们庞大的多结构数据分布在不同的系统中。大数据分析可以在很多方面帮助金融公司,比如客户分析、欺诈分析、合规分析和运营分析。

(三)数据分析与大数据分析的异同

数据分析与大数据分析的异同主要体现在三个方面。

1. 在分析方法上,两者并没有本质不同

可以将大数据分析作为数据分析的一个子集,二者都是对数据指标的分析、思考和解读。所谓的大数据分析只是大数据时代赋予数据分析的新使命,区别只是数据量大小所导致的数据存储、计算、管理方式的不同,主要体现在数据的并行处理上,而在数据的分析步骤、分析方法上并没有本质的区别。

2. 在统计学知识使用重心上,两者存在较大的不同

传统的数据分析使用的知识主要围绕"能否通过少量的抽样数据来推测真实世界"的主题展开。而大数据分析主要是利用各种类型的全量数据(不是抽样数据)设计统计方案,得到兼具细致和置信的统计结论。

3. 在机器学习模型使用上,两者存在本质区别

传统的数据分析将机器学习模型视为一个黑盒工具辅助分析数据。而大数据分析将机器学习模型视为一个产品,不仅需要一份分析效果评测,还要将模型应用于生产实践,通过后续数据不断提升模型效果。

(四)数据分析的分类

数据分析的分类依据有很多,主要有如下几种分类。

1. 按照数据分析的深度分类

按照数据分析的深度,数据分析可以分为描述性分析(Descriptive Analysis)、预测性分析(Predictive Analysis)和规则性分析(Prescriptive Analysis)。

2. 按照统计学分类

按照统计学，数据分析可以分为描述性分析(Descriptive Analysis)、探索性分析(Exploratory Analysis)和验证性分析(Confirmatory Factor Analysis)。

3. 按照数据的时效性分类

按照数据的时效性，数据分析可以分为实时数据分析和离线数据分析。

4. 按照产生的原因分类

按照产生的原因，数据分析可以分为定性分析和定量分析。

（五）大数据分析的作用

大数据分析的作用可以归纳为以下五点。

1. 能够完整地、正确地反映客观情况

在实事求是原则的指导下，经过对大量的、丰富的数据进行加工和分析研究，才能做出科学的判断，并编写成数据分析报告。这比一般的报表数据更集中、更系统、更全面地反映客观实际，也便于人们的阅读、理解和利用。

2. 能够发挥监督的重要手段

数据分析部门掌握有大量丰富的数据，比较全面、准确地掌握和了解社会及企业的经济运行状态和发展变化情况，熟悉数据的口径范围和来龙去脉，因而能较好地承担监督检查和企业运营相关部门的方针政策的贯彻执行情况、发展规划、生产经营计划，以及各项重要经济指标的完成情况。

3. 是实现管理科学化和统计参与决策的有效手段

数据分析部门利用数据丰富的优势，开展分析研究，透过事物的表面现象深入事物的内在本质，由感性认识阶段上升到理性认识阶段，实现认识运动的质的飞跃，从而揭示事物的内在联系和发展规律，不仅有利于客观全面地认识一个企业的经济活动的历史、现状及其发展趋势，促进管理水平的提高，而且有利于制定正确的决策和计划，以充分发挥数据分析促进管理、参与决策的重要作用。

4. 有利于数据资源的深度开发利用

可以给企业带来更多的商业价值，帮助企业规避或者减少风险带来的损失，提高数据质量，为企业解决问题。

5. 有利于提高数据分析人员的素质

数据处理的过程是一个复杂的过程，它要求数据分析人员不仅要有数据分析基础知识，还要有一定的经济理论和决策水平；不仅需要了解数据分析的方法，还要了解数据分析的来龙去脉，了解有关的经济技术状况；不仅要有一定的文化水平和分析归纳能力，还要具有一定的写作能力和技巧。这需要的不仅仅是技术，也对数据分析人员的综合素质提出了要求。

二、大数据分析的方法

大数据分析的一般流程如图 6-1 所示，可以看到其基本方法有探索性数据分析、机器学习和统计学等。

探索性数据分析(Exploratory Data Analysis，简称 EDA)，也称数据探索(Data Exploration)，是指探索数据的结构和规律以及数据间关系的数据分析方法，它注重描述数据的真实分布情况，强调对数据的可视化呈现，来启发和帮助数据分析者找出数据中隐含的规律，包括数据的类型、集中趋势、离散趋势、分布情况和相关性等。探索性数据分析已经在第四章第三节介绍，

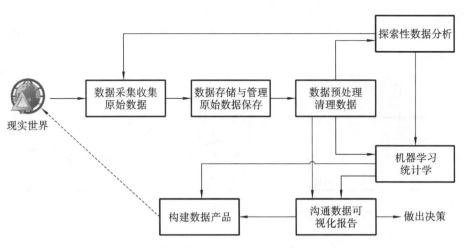

图 6-1 大数据分析的一般流程

不再赘述。

本章重点就是阐述机器学习的大数据分析方法。机器学习的理论来源于数学和统计学;机器学习的算法基于优化理论、矩阵代数和微积分;机器学习的实现来源于计算机科学和工程学(比如核映射、特征散列等)。有趣的是在数据分析中,还有一种经常和机器学习混淆的方法——统计学。其实,无论是业界还是学界,对机器学习和统计学之间的界定一直很模糊,就连 2011 年诺贝尔经济学奖获得者 Thomas J. Sargent(美国经济学家)也认为"机器学习只是统计学披了一层光鲜的外衣"。本书作者认为机器学习和统计学还是有区别的,其主要区别在于它们的目的不同。机器学习建立的模型旨在使最准确的预测成为可能,统计学建立的模型是在一定假设下,旨在推断变量之间的关系,我们称此过程为统计推断。机器学习的模型预测效果是在测试数据集上评估得到的,统计学的模型也可以做预测,其预测效果是评估模型参数的显著性和健壮性。从大数据分析来看,由于拥有巨大的数据量可以训练模型,提高模型的预测能力,所以这里更倾向于将大数据分析的方法叫作机器学习。

机器学习(Machine Learning)是近年来发展非常迅速的一种数据分析方法,也是大数据时代最重要的数据分析技术,它利用数据来训练模型,进而获取对知识和信息的理解,发现其中的规律。与机器学习结合,探索性数据分析在实际应用中往往可以看作为了机器学习模型的建立而开展的一种前置性分析。

第二节 机 器 学 习

一、机器学习的定义

(一)机器学习

机器学习(Machine Learning)是一种算法,也是一种统计模型数据分析方法,借助该方法计算机不需要输入确定性的规则,仅根据样本数据,就能学习出数学模型,从而更有效率地进行预测与决策支持。简单来说,机器学习是一种利用数据训练出模型(Model),然后使用模型预测

■扫码看视频

认识机器学习

的一种方法。

台湾大学林轩田教授(中国人工智能学者)还给机器学习做了一个容易理解的数学定义，如图 6-2 所示。

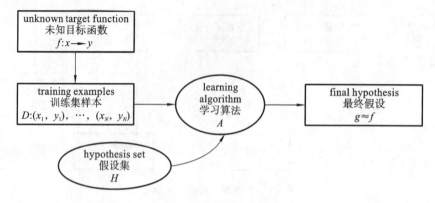

图 6-2　机器学习的数学定义

机器学习是通过学习算法 A，对已知训练数据集 D 进行归纳总结，从假设集 H 中找到一个与目标函数 f 接近的函数 g。

目标函数 f：假设任何现实问题都存在这样一个未知的目标函数 f，从问题中抽象出的自变量 x（也被称为特征）都能返回正确的因变量值 y（也被称为目标变量）。这个未知函数就是机器学习追求的目标。很多西方学者把函数 f 形象地称为"上帝函数"。

训练集 D：训练集相当于人类的"观察经验"，是一组 ($x \rightarrow y$) 的已知数据，机器学习将利用该数据集进行模型训练，成为训练集(Train Dataset)。

学习算法 A：相当于人类"归纳总结"的方法，这是计算机从数据中学习规律的方法，在后续章节会重点讲解分相关的学习算法。

假设集 H：就是测试集(Test Dataset)，是一个输出函数的备选集合，将从这个集合中找出与目标函数 f 最接近的函数 g。

最终假设 g：就是模型(Model)，机器学习最终输出的与目标函数 f 近似的函数。

机器学习的一些术语如图 6-3 所示。

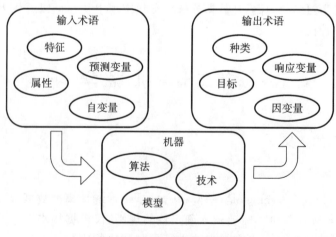

图 6-3　机器学习相关术语

(二) 机器学习应用实例

以房价预测为例,来说明机器学习中的一些概念,有利于对机器学习定义的理解。在房价预测的问题中,将已知的房屋的面积、布局、建成年代等数据,以及已知的房屋价格数据(见表6-1)输入计算机中,采用某种机器学习算法,通过对这些数据进行计算,就可以得到一个房价的预测模型。有了这个模型,我们只需要输入房屋的面积、布局等相关数据,就可以自动地输出一个房屋的价格。

表 6-1 房屋预测数据集

建成时间 (特征)	面积/m^2 (特征)	布局 (特征)	房价/万元 (标签)
1988 年	75	3室1厅	78.0
1988 年	60	2室1厅	70.5
1996 年	210.2	3室1厅	140.0
2004 年	39	1室1厅	42.0
2010 年	90	2室2厅	99.8

在建立模型时,可以将数据集(Dataset)一分为二,用于训练模型的数据集被称为训练集(Train Dataset),用于评估模型的数据集被称为测试集(Test Dataset)。一般训练集占数据集的80%,测试集占数据集的20%。另外,也可以将数据集一分为三。除了训练集和测试集外,用于模型超参数调整和监控模型初步能力(如是否过拟合)的数据集被称为验证集(Validation Dataset),验证集不是必须的。一般训练集、验证集和测试集占数据集的比例为6∶2∶2。

数据集中的一行被称为样本,一个样本包含一个或多个特征,还包含一个目标变量(被称为标签)。在房价预测问题汇总,建成时间、面积、布局都是特征(记作 x),房价是标签(记作 y)。模型就是建立在特征和标签之间的一种映射关系,用数学表示就是 $y = g(x)$ 中的 g。

二、机器学习的流派

机器学习有五大流派(见图6-4)。

(一) 符号学派(Symbolists)

符号学派根据哲学、逻辑学和心理学的研究,认为所有问题都可以简化为逻辑规则与操作符号,可以使用符号、规则和逻辑来表征知识和进行逻辑推理。符号学派的典型算法是决策树和知识图谱,其发展历史重要事件如图 6-5 所示。大多数专家系统使用符号学派的方法,以 If...then 的方式解决问题。

目前,卡内基梅隆大学的 Tom Mitchell 是符号学派的领军人物之一。Udacity 联合创始人、斯坦福大学教授、Google 前副总裁 Sebastian Thrun,以及艾伦人工智能研究所 CEO Oren Etzioni 都是 Tom Mitchell 的学生。伦敦帝国理工学院教授 Stephen Muggleton 和 Ross Quinlan 也都是推崇符号学派机器学习方法的著名研究者。

1. 决策树的历史发展

决策树(Decision Tree)是一种主要用于分类,也可以用于回归的机器学习方法,是一种依据特征与类别之间条件概率的树形结构的机器学习方法,如图6-6所示。

决策树的学习过程分为特征选择、决策树生成、决策树修剪三个部分。一棵决策树有决策点、叶节点。

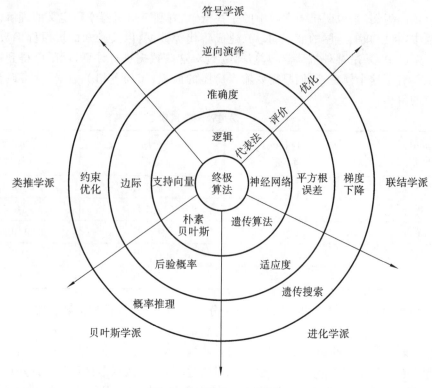

图 6-4 机器学习五大流派

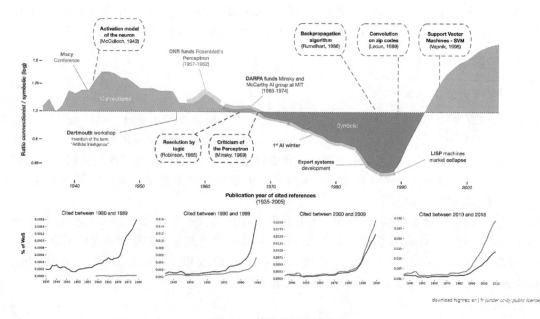

图 6-5 符号学派发展历史

(图片来源：https://neurovenge.antonomase.fr/#footnotes。)

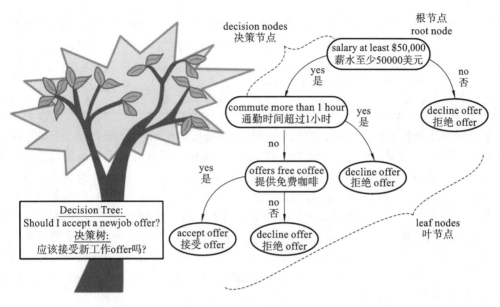

图 6-6 决策树模型

1966 年 Earl B. Hunt(美国心理学家)等人提出了 Concept Learning System(CLS)学习算法,第一次用决策树进行了只有一个操作符的规则学习。

1984 年 Leo Breiman(美国统计学家)等人提出了 CART(Classification And Regression Tree, CART)算法,采用交叉验证(Cross Validation)的剪枝方法生成一棵每个子节点都是两分支的二叉树模型,它既可以处理分类问题,又可以处理回归问题。但是 CART 算法的决策规则是由一个特征决定,而不是一组特征决定,模型的鲁棒性也不佳。

1986 年 Ross Quinlan(澳大利亚籍计算机科学博士)提出了 ID3 算法(Iterative Dichotmizer 3,又称迭代二叉树 3),是最早有影响的决策树算法。该算法利用信息熵(Entroy)原理来选择信息增益最大的属性作为分类特征,递归地拓展决策树的分枝,完成决策树的构造。但是 ID3 算法只能处理离散值数据,信息增益大的特征会优先建立决策树的节点,没有考虑缺失值和过拟合的问题。

1993 年 Ross Quinlan 在 ID3 算法的基础上又提出了 C4.5 算法。C4.5 算法继承了 ID3 算法的全部优点。相对于 ID3 算法,C4.5 算法增加了增益比例的概念,可以处理连续值数据以及有缺失值的训练样本。C4.5 的主要缺点有:依然容易过拟合,需要进行剪枝处理;生成的是多叉树,相对于二叉树算法效率低;只能用于分类问题;运算耗时。1996 年 IBM 的 Almaden Research Center 两组研究者为了解决 C4.5 算法训练数据驻留内存不适合处理大规模数据的问题,分别提出了基于基尼指数(Gini Index)的 SLIQ(Supervised Learning in Quest)算法和 SPRINT(Scalable PaRallelizable INduction of decision Tree)算法。这两种算法都是分布式的决策树算法,特别适合云计算从而提高决策树的计算效率。表 6-2 显示了三种决策树模型的区别。

表 6-2 决策树模型比较

算法	支持模型	树结构	特征选择	连续值处理	剪枝	特征属性多次使用
ID3	分类	多叉树	信息增益	不支持	不支持	不支持

续表

算法	支持模型	树结构	特征选择	连续值处理	剪枝	特征属性多次使用
C4.5	分类	多叉树	信息增益率	支持	支持	不支持
CART	分类、回归	二叉树	基尼系数均方差	支持	支持	支持

单棵的决策树容易出现过拟合的现象，泛化能力有限的问题，于是就出现了集成学习。其主要思想是从一颗决策树扩展到一群决策树，利用决策树的组合效果来提高决策能力。基于Bagging(称为套袋法，是指有放回、等权重地均匀采样，用于减少训练集和测试集的分布上的差异，即方差variance)和boosting(称为提升法，是指每一轮迭代的训练集不变，但是采样权重会根据上一轮预测结果发生改变。分类误差越大则下一轮迭代的采样权重越大，用于提高模型在测试集上的准确度，即减少偏差bias)思想。还发明了决策树组合模型，主要有随机森林(Random Forest，简称RF)、极端随机树(Extremely randomized Tree，简称ET)、梯度提升决策树(Gradient Boosting Decision Tree，简称GBDT)、XGB(eXtreme Gradient Boost)和LGB(Light Gradient Boost)算法。

2. 知识图谱的历史发展

知识图谱(Knowledge Graph)是一个由Google在2012年提出的名词，用于改善搜索的质量。如图6-7所示，知识图谱除了显示其他网站的链接列表，还提供结构化及详细的关于主题的信息。其目标是用户能够使用此功能提供的信息来解决他们查询的问题，而不必导航到其他网站并自己汇总信息。

图6-7 Google基于知识图谱的产品

目前，还没有公认的知识图谱定义，已有的定义主要从如下几个角度来描述。

(1) 从应用的角度定义：Google公司2012年给出的定义是知识图谱能够用来帮助人们快

速和简便地发现新的信息。Google 这项技术来源于其 2010 年收购的一家名为 Metaweb 创业公司的语义搜索技术。鲍捷(中国著名知识图谱专家)认为从某种程度上知识图谱是谷歌提出的一个营销名词。

(2) 从技术的角度定义:王昊奋(中国人工智能专家)给出的定义是知识图谱是一种用图模型来描述知识和建模世界万物之间的关联关系的技术方法。

(3) 从数据模型的角度定义:学术文献给出的定义是知识图谱是一种结构化的语义知识库,是具有有向图结构的一个知识库,其基本组成单位是"实体—属性—关系"(见图 6-8)。

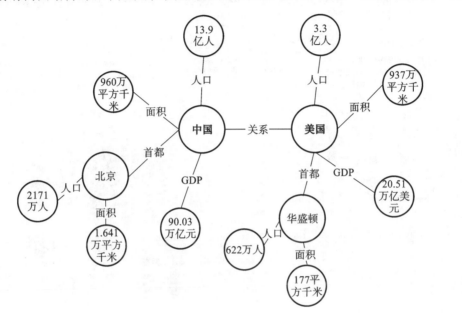

图 6-8 知识图谱的有向图结构

(4) 从知识表示方式的角度定义:是美团技术团队 2019 年给出的定义,知识图谱是人工智能时代较重要的知识表示方式之一,知识图谱能够打破不同场景下的数据隔离,为搜索、推荐、问答、解释与决策等应用提供基础支撑。

知识图谱的概念是最近四五年才为大家所知,是一种应用于知识推理、因果分析等认知智能领域中的主要技术,其实这个大数据分析技术本身有着非常深厚的发展基础(见图6-9)。

(1) 知识图谱准备阶段(1956—1995 年)。

知识图谱的原型可以追溯到 20 世纪 50 年代后期的语义网络(Semantic Networks)。1956 年 Richard Hook Richens(英国植物学家和早期计算机语言研究者)就在当时的计算机上实现了"语义网络",用于自然语言的机器翻译。但受限于当时的条件,这项工作的重要性直到 20 世纪 90 年代才被大家意识到。而 20 世纪 60 年代期间 Allan M. Collins(美国认知科学家)和 M. Ross Quillian(美国认知科学家)为推动语义网络研究和发展做出了重要贡献,提出了用相互连接的节点和边来表示知识的语义网络的概念。其中节点表示对象、概念,边表示节点之间的关系。但是这种语义网络不具备任何推理的能力。

从 20 世纪 80 年代到 90 年代,描述逻辑(Description Logic)成为知识表示领域的一个非常重要的分支,为知识推理提供了严格的"语义"。同时随着万维网(World Wide Web,简称 Web、WWW、3W)的兴起,超文本标记语言(HTML)成为把信息组织成为图文并茂的超文本,而且利用链接从一个站点跳到另一个站点。1994 年由 Web 的发明者 Tim Berners-Lee(英国

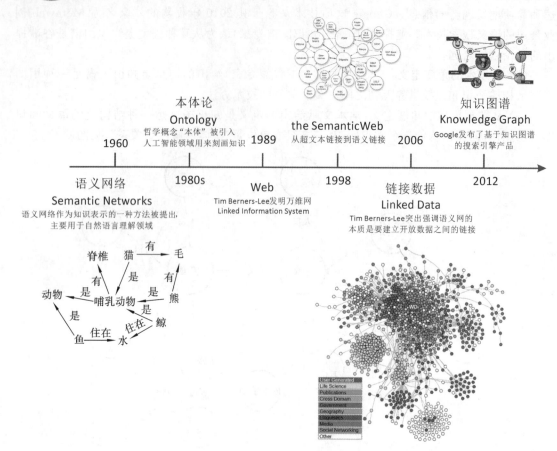

图 6-9　知识图谱的发展历史

计算机科学家)创建了万维网联盟(World Wide Web Consortium,简称 W3C),成为 Web 的国际标准组织。描述逻辑和 Web 这两项技术突破和应用,到 1995 年前后开启了真正知识图谱化的第一步。当时主要有美国和欧洲的研究者分别开始把描述逻辑用 HTML(也有用 XML 的)来表示。

(2) 知识图谱的强语义阶段(1995—2006 年)。

这一时期,知识图谱强调很强的语义和推理,但在实际应用中很少人愿意在网上发布数据。1998 年 Tim Berners-Lee 提出了语义网(Semantic Web)这个体系结构。语义网是人工智能与 Web 融合的结果,是符号主义核心知识表示与推理在现代 Web 中的应用。在语义网这个体系结构中的 RDF 和 OWL 都是面向 Web 的知识表示语言。

先说 OWL。2004 年 W3C 统一了欧美用 HTML 表示描述逻辑的研究成果,诞生了一个新的 Web 知识表示语言——网络本体语言(Web Ontology Language,简称 OWL)。OWL 提供一组适合 Web 传播的描述逻辑语法,具有较强的学术性,但是其认知的复杂性限制了它的工程应用。

再说 RDF。1995 年 Ramanathan V. Guha(印度计算机科学家)发明了一套元内容框架(Meta Content Framework,简称 MCF),是一种使用 XML 语言在 Web 上表示多媒体数据的方法。1997 年 Ramanathan V. Guha 和 Tim Bray(加拿大软件工程师)在 MCF 的基础上合作开发了资源描述框架(Resource Description Framework,简称 RDF),使用 XML 语言来描述 Web 各种类型数据的特性,以及数据与数据之间的关系。1999 年 RDF 被 W3C 收编,成为互联网的国际标准。RDF 的诞生路径是按照从实践到理论的过程,它来源于现实的技术,广泛应用在 Internet 上的数据描述中。目前使用的是 2014 年 RDF1.1 版本。

(3)现代意义上的知识图谱阶段(2006 年至今)。

为了鼓励大家按照一定的原则在 Internet 公布各种数据,2006 年 Tim Berners-Lee 提出了关联数据(Linked Data)再次带动了知识图谱的应用热潮。图 6-10 表示 RDF 与其他 Web 技术结合后诞生新的知识图谱技术。在此背景下,诞生了越来越多的知识图谱应用,如国外的 DBpedia 项目、Wikidata 项目、Freebase 项目等,国内的清华大学的 XLore、复旦大学的 CN-pedia 等。

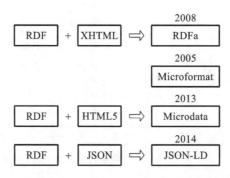

图 6-10　RDF 与其他 Web 技术的结合

2006 年后发明了各种图数据库(Graph Database)用于存储和操作知识图谱中大量的应用数据。这些图数据库是知识图谱的现实工具,如 Neo4j、ArangoDB、Sparksee。2012 年,Google 依托收购的 Freebase 提出了知识图谱(Knowledge Graph),用于提升搜索引擎返回的答案质量和用户查询的效率。有知识图谱作为辅助,搜索引擎能够洞察用户查询背后的语义信息,返回更为精准、结构化的信息,尽可能地满足用户的查询需求。知识图谱在智能问答、语义搜索、个性化推荐等领域都有了很好的应用产品。

(二)联结学派(Connectionists)

联结学派根据神经科学的研究,认为人类的知识存储在大脑神经元的联结关系中,机器学习可以模拟大脑这种联结智能,通过高度互联的简单机制实现机器学习。联结学派的典型算法是人工神经网络(Artificial Neural Network),即神经网络。神经网络的发展历史大致可以分为以下三个阶段(见图 6-11)。

1. 第一代神经网络(1969 年之前)

人工神经元的第一个数学模型是由 Warren S. McCulloch(美国神经生理学家)和 Walter H. Pitts Jr(美国逻辑学家)于 1943 年提出的阈值逻辑单元。这种神经元模型依据两位科学家的姓氏被称为 McCulloch&Pitts 神经元,简称 MCP 神经元,开创了用电子装置模仿人脑结构和功能的新途径。该神经元可以简化为三个过程:输入信号线性加权、求和、非线性激活(阈值法),如图 6-12 所示。

1958 年 Frank Rosenblatt(美国心理学家)将 MCP 神经元首次用于机器学习的分类问题,提出了一个名为感知机(Perceptron)的神经网络模型理论。该模型对输入的多维数据进行二分类,且能够使用梯度下降法从训练样本中自动学习更新权值。1962 年,该方法被证明具有收敛功能,其理论与实践效果引起第一次神经网络的浪潮。但是,1969 年 Marvin Minsky(美国人工智能学家)证明了感知器本质上是一种线性模型,只能处理线性分类问题,就连最简单的非线性分类问题——异或(XOR)都无法正确分类。这等于直接宣判了感知器的死刑,此后

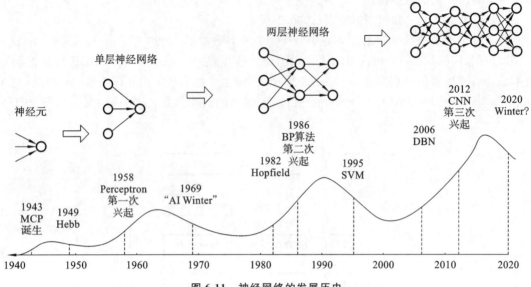

图 6-11 神经网络的发展历史

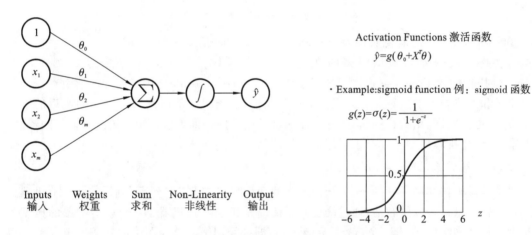

图 6-12 神经网络的神经元模型

神经网络的研究也陷入了近 20 年的停滞。

2. 第二代神经网络(1986—1998 年)

1986 年,Geoffrey Hinton(加拿大计算机科学家和心理学家)等人提出了反向传播(Backpropagation)算法,简称 BP 算法。该算法适用于多层感知机(Multilayer Perceptron,MLP)模型,采用 Sigmoid 进行非线性映射,有效地解决了非线性分类和学习的问题,由此开启了第二代神经网络的热潮。在 MLP 模型中(见图 6-13)最左边为输入层(Input Layer),最右边为输出层(Output Layer),中间的那些神经元都属于隐含层(Hidden Layer)。

1989 年,Robert Hecht-Nielsen(美国计算机科学家)证明了 MLP 的万能逼近定理,即对于任何闭区间内的一个连续函数都可以用含有一个隐含层的 BP 网络来逼近。该定理的发现极大地鼓舞了神经网络的研究人员。1989 年,Geoffrey Hinton 的学生 Yann Le Cun(法国计算机科学家)发明了卷积神经网络(Convolutional Neural Network,简称 CNN)——LeNet,并将其用于 0—9 手写数字的识别,且取得了较好的成绩,不过当时并没有引起足够的关注。

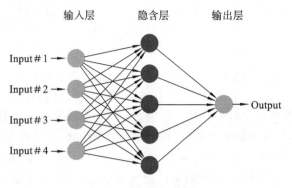

图 6-13 三层 MLP 模型

之后,由于神经网络缺少相应严格的数学理论基础,而且 1991 年 BP 算法被指存在梯度消失问题(Gradient Vanishing Problem),神经网络的热潮又一次渐渐退去。在此期间的 1997 年,Sepp Hochreiter(德国计算机科学家)和 Jürgen Schmidhuber(德国计算机科学家)提出了长短期记忆(Long Short-Term Memory,LSTM)模型,它适合于处理和预测时间序列中间隔和延迟非常长的重要事件,性能突出,不过当时也没有引起足够的关注。

3. 第三代神经网络(2006 年至今)

2006 年被称为所谓第三代神经网络——深度学习(Deep Learning)网络的元年。同年,Geoffrey Hinton 提出了解决深层网络中梯度消失问题的解决方案,其主要思想是先通过无监督预训练对权值进行初始化,然后再进行有监督训练微调。但是由于没有特别有效的实验验证,该论文并没有引起重视。2011 年,Yoshua Bengio(加拿大计算机科学家)等人提出了用线性整流函数(Rectified Linear Unit,简称 ReLU)作为激活函数,该激活函数可以有效地抑制梯度消失问题。2011 年,微软研究院和 Google 的语音识别研究人员采用深度学习技术降低语音识别错误率 20%—30%,是语音识别领域十多年来最大的突破性进展。

2012 年,Geoffrey Hinton 课题组构建的 CNN 网络 AlexNet 一举夺得 ImageNet 图像识别比赛的冠军,图 6-14 是 2010—2017 年 ImageNet 图像识别赛的冠军模型图像分类出错率。AlexNet 还首次采用 GPU 对计算进行加速,开启了深度学习应用的爆发期。Geoff Hinton、Yann LeCun、Yoshua Bengio 被称为深度学习的"三巨头"。

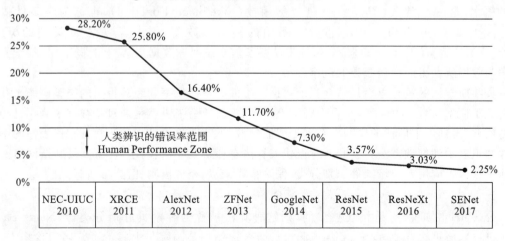

图 6-14 2010—2017 年 ImageNet 图像识别赛冠军模型图像分类出错率

目前,联结学派在机器学习流派中特别活跃,几乎所有大科技公司,如微软、谷歌、阿里、腾讯等,都在使用联结学派机器学习来改进它们的业务系统。

(三)进化学派(Evolutionaries)

进化学派的理论基础是遗传学和进化论,其代表算法是遗传算法(Genetic Algorithm,简称 GA)。1975 年 John Henry Holland(美国计算机科学家)明确地提出了遗传算法,是一种通过模拟自然进化过程搜索最优解的方法。运用遗传算法解决实际问题具有能够求出优化问题的全局最优解、优化结果与初始条件无关、算法独立于求解域、鲁棒性强的特点,适合于求解复杂的优化问题。但与此同时,该算法也面临收敛速度慢、局部搜索能力差、控制变量较多、无确定的终止准则、容易陷入局部最优的缺点。遗传算法的典型应用是函数优化,日本新干线 N700 系列车"气动双翼"的独特空气动力造型车鼻就是遗传算法的运算结果。

目前,Scientific Games 公司的创始人 John Koza、斯坦福大学 Serafim 实验室的创始人 Serafim Batzoglou、哥伦比亚大学创意力学实验室 Hod Lipson 都是进化学派代表人物。

(四)贝叶斯学派(Bayesians)

1764 年出版的 Thomas Bayes(托马斯·贝叶斯,英国数理统计学家)的遗作《机会学说中一个问题的解》是贝叶斯学派的开山之作。1774 年 Pierre-Simon Laplace(拉普拉斯,法国数理统计学家)在没有读过贝叶斯这篇著作的情况下,发表了论文《论事件原因存在的概率》,提出了"不充分推理原则",使用了与贝叶斯不同的方法对贝叶斯思想进行了全面而清晰的阐述,对贝叶斯学派的发展起到了巨大的推动作用。后人真正开始了解贝叶斯学派也是从拉普拉斯这篇文章开始的。

目前,加州大学洛杉矶分校 Judea Pearl、微软 Genomics Group 的负责人 David Heckerman、加州大学伯克利分校 Michael Jordan 都是贝叶斯学派的代表人物。

贝叶斯学派的理论基础是概率论中的贝叶斯定理

$$P(\theta \mid X) = \frac{P(X \mid \theta)P(\theta)}{P(X)} \tag{6-1}$$

其中 X 是训练用的数据集。θ 是需要推导的模型参数。$P(\theta)$ 是模型参数 θ 的先验(Prior)概率,指的是在数据不确定的情况下模型参数 θ 的概率,是模型的初始概率,通常由以往的数据分析得到经验。$P(X)$ 是训练数据 X 的先验概率,表示的是在模型不明的情况下出现数据 X 的概率,是一个常数。$P(X \mid \theta)$ 是似然函数(Likelihood Function),也称为类条件概率(Class-conditional Probability),指的是不同的模型参数 θ 下,出现数据 X 类别的概率。$P(\theta \mid X)$ 是后验(Posterior)概率,指的是模型参数 θ 在训练数据集 X 上的概率,是基于先验概率与数据所获得的模型参数的概率分布。

贝叶斯学派的核心思想是结合当前数据产生的类条件概率和经验得出的先验概率来获得最终关于模型参数 θ 的概率,即后验概率 $P(\theta \mid X)$。通俗来讲就是通过新数据来修正已经信任的模型,得到后来信任的模型。在人工智能领域,贝叶斯学派是一种非常具有代表性的不确定性知识表示和推理方法。贝叶斯学派代表算法有朴素贝叶斯、马尔可夫链、贝叶斯网络。贝叶斯学派代表应用有垃圾邮件识别分类、保险精算、宏观经济预测、医疗诊断等。

1. 朴素贝叶斯(Naïve Bayes,简称 NB)

公式 6-1 中如果 X 是相互独立的,则这种算法被称为朴素贝叶斯分类器(Naïve Bayes Classifier),该算法自 20 世纪 90 年代起流行至今。例如某医院早上收治了 6 名门诊病人,具体情况如表 6-3 所示。

表 6-3　门诊病人情况数据

编　号	症　状	职　业	疾　病
1	打喷嚏	护士	感冒
2	打喷嚏	农民	过敏
3	头痛	建筑工人	脑震荡
4	头痛	建筑工人	感冒
5	打喷嚏	教师	感冒
6	头痛	教师	脑震荡

现在又来了第 7 个病人，是一个打喷嚏的建筑工人（用"打喷嚏.建筑工人"表示）。请问他患上感冒的概率有多大？

根据贝叶斯定理

$$P(\theta \mid X) = \frac{P(X \mid \theta)P(\theta)}{P(X)}$$

假定"打喷嚏"和"建筑工人"这两个特征是独立的，则就满足朴素贝叶斯分类器的条件，因此上面的等式就变成了

$$P(感冒 \mid 打喷嚏.建筑工人) = \frac{P(打喷嚏.建筑工人 \mid 感冒)P(感冒)}{P(打喷嚏.建筑工人)}$$

$$= \frac{P(打喷嚏 \mid 感冒)P(建筑工人 \mid 感冒)P(感冒)}{P(打喷嚏)P(建筑工人)}$$

$$= \frac{\frac{2}{3} \times \frac{1}{3} \times \frac{1}{2}}{\frac{1}{2} \times \frac{2}{6}} = \frac{2}{3} \approx 0.67$$

也就是说，这个打喷嚏的建筑工人约有 67% 的概率得感冒。

2. 马尔可夫链（Markov Chain，简称 MC）

1906 年 Andrey Makov（俄国数学家）发表的论文《大数定律关于相依变量的扩展》成为马尔可夫链模型的开始，是人类历史上第一个从理论上被提出并加以研究的随机过程模型。1912 年 Jules Henri Poincaré（亨利·庞加莱，法国数学家）研究了有限群上的马尔可夫链，并得到了庞加莱不等式。1957 年，Richard Bellman（美国数学家）通过离散随机最优控制模型首次提出了马尔可夫决策过程（Markov Decision Processes，简称 MDP）。此后以马尔可夫链（见图 6-15）为基础，又提出了更复杂的隐马尔可夫模型（Hidden Markov Model，简称 HMM）、马尔可夫随机场（Markov Random Field，简称 MRF）、马尔科夫链蒙特卡洛理论（Markov Chain Monte Carlo，简称 MCMC），并在网页排序、网页浏览行为识别、基因预测、资产价值预测等实际问题中得到了应用。

3. 贝叶斯网络（Bayesian Network）

贝叶斯网络，又称信念网络（Belief Network）、决策网络（Decision Network）或者有向无环图模型（Directed Acyclic Graphical model，简称 DAG），是一种针对不确定性问题的概率图形模型，由 Judea Pearl（美国计算机学家）在 1985 年首先提出。贝叶斯网络在医疗诊断、生物医药、信息检索、决策支持系统等领域有着广泛的应用。

（五）类推学派（Analogizers）

类推学派的核心理念是基于事物相似性，通过类比推理法进行学习，遵循"最近邻"原则。

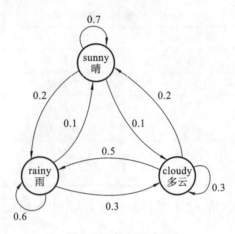

图 6-15 马尔可夫链

1951 年 Evelyn Fix(美国统计学家)和 Joseph Hodges(美国统计学家)首先开发出了一个 K 近邻(K-Nearest Neighbors,简称 KNN)算法(见图 6-16),又在 1967 年由 Thomas Cover(美国信息和统计学家)进行了完善,并正式提出。此后,KNN 被应用到各种分类和回归问题上,如字符识别、文本分类。KNN 是最简单、最快速的机器学习算法,其核心思想是一个样本与数据集中的 K 个样本最相似,如果这 K 个样本中的大多数属于某一个类别,那么该样本也属于这个类别。

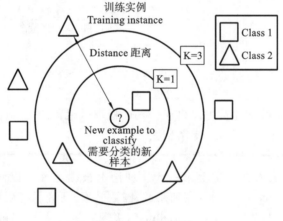

图 6-16 KNN 模型

1963 年 Vladimir Vapnik(俄罗斯统计学家)首先提出了支持向量机(Support Vector Machine,简称 SVM)算法。1992 年 Bernhard E. Boser(美国电子学家)和 Vapnik 等人使用该方法提出了改进后的非线性 SVM。SVM 在文本分类、图像分类等领域有着广泛的应用。

目前,印第安纳大学的 Douglas Hofstadter、Facebook AI 实验室的 Vladimir Vapnik、理光创新(Ricoh Innovations)创始人 Peter Hart 都是类推学派的代表人物。

以上,简单介绍了数据分析的五个流派,表 6-4 列出了五个机器学习流派的不同点。

表 6-4 机器学习流派比较

流 派	表达方式	判别方式	优化方式
符号学派	逻辑	准确率	逆向演绎
联结学派	神经网络	均方根误差	梯度下降

续表

流 派	表达方式	判别方式	优化方式
进化学派	基因程序	适合度	基因搜索
贝叶斯学派	图形模型	后验概率	概论判断
类推学派	支持向量	边界	约束优化

三、机器学习的应用领域

机器学习已经应用到日常生活的各个领域，这里列举在宏观经济、制造业、农业、商业、金融五个领域的应用。

（一）宏观经济领域

传统经济学研究开展经济监测的主要手段是开展经济普查，通过层层报送归集数据的方式汇总计算相应宏观经济指标，如国内生产总值（GDP）、通胀率、消费品物价指数（CPI）、生产者价格指数（PPI）、失业率

■扫码看视频

机器学习的应用、
难题与挑战

等。但这种基于传统调查统计方式开展宏观经济监测的方法存在数据时滞较长、成本居高不下、样本覆盖面较窄、无法进行细颗粒度分析等问题。

宏观经济大数据分析是一个典型的多学科交叉研究领域，主体上使用计量经济学模型进行分析。计量经济学模型关注的是模型参数的识别和因果推断问题，需要对模型做一定的假设。而机器学习关注的是预测准确性问题，在使用大数据来选择函数形式方面较计量经济学具有很大的优势。此外，计量经济学模型是基于经济理论选择一个模型，而且只估计一次。机器学习将"调整模型参数"（简称"调参"）作为算法的一部分，由数据驱动反复进行，实现性能的改进。

目前，机器学习在宏观经济领域的一个应用热点是预测经济变量的当前值，也就是实时预测，例如预测当前季度的 GDP、中央银行货币政策执行效果。2010 年《经济学人》提出了非经济指标——克强指数（Li keqiang Index），用于预测中国 GDP 增长，该指数是工业用电量新增、铁路货运量新增和银行中长期贷款新增的结合。近年来，又先后诞生了挖掘机指数、算力消费指数、老干妈指数等非传统经济指标。在以互联网、大数据、分享经济等为代表的新经济领域，还出现了如阿里巴巴公司（Alibaba）基于覆盖阿里电商平台数百万种商品数据构建的中国县域电商发展指数 aEDI、阿里巴巴网购价格系列指数 aSPI、百度经济指数。这些也是利用机器学习构建观测经济运行某一个剖面的相对全样本新型经济监测指标。

（二）制造业领域

国务院印发的《中国制造 2025》指出，大数据是国内制造业转型升级的重要资源。工业大数据分为三大类，即企业信息化数据、工业物联网数据以及外部跨界数据。企业信息化数据包括企业信息系统中存储的产品研发数据、生产制造数据、客户服务数据等。工业物联网数据主要是指实时自动采集的车间内生产设备数据和交付给用户的产品状态与工况数据。外部跨界数据主要是指企业外的数据，如互联网上的数据。机器学习给制造业的方方面面，从供应链到生产定制，带来了根本的变化。2020 年福布斯（Forbes）发布的一项报告认为机器学习给制造业带来如下六项彻底变化。

1. 提升质量控制

传统的质量控制通常由人来完成，这项工作主要基于视觉，重量或形状是主要的品质因

素。这样的质量控制对于机器学习而言是可以胜任的,可以依靠传感器和机器学习从装配线中去除低质量的产品。在一项用机器学习检测钢板表面缺陷的研究中,福布斯发现机器学习可以将产品的缺陷检测率提高 90%。

2. 减少设备意外故障

在制造业,确定何时进行设备维护是一项极其艰巨的任务,需要承担巨大的风险。因为每次故障维修都会降低生产率,甚至停止生产。停机维修的国际平均成本为每分钟 5600 美元。机器学习一方面可以预测和确定最佳的维修时间,另一方面也可以根据历史数据来识别、预告设备故障,帮助企业做出最佳预案。

3. 优化供应链

可靠的供应链对于制造业至关重要,天气的变化、损坏的船舶或燃油价格的变化都会通过供应链最终影响生产制造。机器学习通过分析天气预报、交通路况、新闻摘要、历史数据、社交媒体等数据为供应链做出最佳决策。

4. 优化库存

通常产品的持有成本(即库存成本)占产品成本的 20%—30%,如果持有成本降低 10%,则每单位产品成本可以减低 2%—3%。机器学习通过市场价格、销售记录、持有成本、生产能力改变库存水平,计算出最经济的库存量。

5. 降低能耗

对于工厂来说,较大的投入之一是如水、电、煤、油这样的能耗。大多数制造业企业 24 小时全天候运行。通过分析能源成本、人工成本、设备维护、库存等数据,机器学习可以实现在理想时间执行高耗能生产,帮助企业节省开销。

6. 高度定制产品

机器学习根据客户的日常使用、需求、消费趋势等数据为客户定制产品,无缝适应不断变化的客户需求,掌握市场动向,实现智能制造。根据德勤(Deloitte)的调查,机器学习将意外的机器停机时间减少了 15%—30%,将生产吞吐量提高了 20%,将维护成本降低了 30%,质量提高了 35%。机器学习通过预测,确保质量控制、降低成本、提高吞吐量、优化整个供应链等,预示着制造业新时代的到来。

(三)农业领域

机器学习技术在现代农业中正在发挥着积极的重要作用,将机器学习应用于现代农业生产中,能够有效地推动现代农业的发展,推进实现农业生产自动化和智能化,提高农业生产的效率。目前,机器学习在农业领域的应用如下。

1. 作物育种

机器学习技术能够分析以往的农田数据,包括农作物在不同气候条件下的表现和某种特定表型的遗传性等,挖掘出其中的关联规则,然后搭建概率模型,预测哪些基因最有可能参与植物的某种优良性状的表达,帮助育种专家进行合理的育种实验。机器学习技术应用于作物育种,不仅提高了育种的效率,而且能够帮助育种专家对更多的变量进行评估,提高了育种的准确率。

2. 农作物病害识别

以深度学习为代表的机器学习通过训练大量农作物病害图像,能够从中自动学习每种病害特征的表示,并建立相应的预测模型。农户将遥感卫星和无人机等拍下的农田影像资料以及智能手机拍摄的照片上传到云平台后,模型能够自动确定其所属的病害类别,不仅提高了检测的效率,而且实现了更精准的病害诊断,减少了因失误造成的资源浪费。

3. 农作物虫害预测

通过对虫害发生程度与空气气温、土壤湿度、天气状况和农药施用量等多个外部环境因子建立回归模型,掌握其发生规律,能够有效对未来虫害发生程度进行预报。目前,马尔可夫链、支持向量回归、神经网络和深度学习等机器学习算法已被广泛地应用于虫害发生的预测中。

4. 灌溉用水分析

利用机器学习技术对农作物用水需求量、蒸发蒸腾量和水文气象指数等数据进行挖掘分析,构建智能灌溉控制系统,为农作物提供最有效的灌溉。智能灌溉系统可利用物联网技术在监测控制区域部署无线网络、传感器节点和灌溉设备,通过感知土壤水分,对土壤质量实时监测,来设置科学合理的灌溉水量,针对不同环境灵活选择不同的灌溉模式,在保证农作物生长的同时,也节约了灌溉用水。

5. 农产品电商

农产品的电商平台积累了海量的文本数据和图像数据,如商品描述、用户评论和用户咨询、各种商品的图像等。这些数据不仅反映了产品特性,也蕴含了用户的需求和使用反馈。通过机器学习算法,可以精细化定位产品与服务的不足。例如,利用机器学习中的推荐算法,能够从农产品电商平台大数据中提取用户和产品等各类数据,分析各类用户的消费兴趣、消费行为和习惯,挖掘用户潜在消费意向和可能的潜在用户,提高农产品交易成功率,营造良好的消费生态环境。

6. 农业专家系统

农业专家系统是应用机器学习等人工智能技术,用计算机模拟农业专家的智能,通过各种算法进行推理和判断,为农业中的各种问题提供决策帮助。

(四) 零售领域

自2016年"新零售"概念提出以来,我国的零售行业便进入了新时代。新零售商业模式依托快速发展的互联网,利用大数据、云计算、机器学习等先进技术,融合现代物流和仓储管理,最终实现全渠道销售、多方位体验、多种业态结构的零售生态网。

1. 市场细分

机器学习可以更好地了解整个客户群中的特定细分市场。例如,基于相似年龄、收入或教育水平等大数据,零售商可以使用机器学习来洞察特定购物群体的购买模式和需求,从而储备那些被确定的细分市场最有可能需要的商品。

2. 产品策略

机器学习能通过预测库存和客户细分帮助企业在正确的时间将正确的产品和服务交付到正确的区域。例如,零售商利用机器学习,根据影响某个商店的季节性因素、该地区的人口统计数据和其他数据点(如社交媒体上的趋势),预测哪个商店库存的产品最畅销。

3. 价格策略

机器学习可以挖掘历史定价数据和一系列其他变量的数据集,以了解特定的动态因素(如每天的时间、天气、季节)如何影响商品和服务的需求,并与其他市场和消费者数据结合起来,帮助零售商根据这些庞大且众多的变量动态给商品定价,实现收入最大化。例如,网络约车会随着叫车人数增加而飙升定价或要求增加同乘人数,另外还有在学校假期期间飙升的机票价格等。

4. 渠道策略

零售商对同一种产品可选择三种渠道进行投放:纯线下渠道投放、纯线上渠道投放和线上线下双渠道投放。优化营销组合以确定各种销售供给、市场激励方案以及渠道等是机器学习对于营销渠道的另一个革新方式。通过文本内容、报价与市场激励方案等数据,机器学习应用可以创造出一个优化引擎,并不断进行潜在销售、追加销售与交叉销售的组合尝试,以确定最佳的营销组合。

5. 促销策略

机器学习能够让零售商确定潜在客户与预测潜在销售机会,并为每一个潜在销售机会配置更为合适的营销资源。这可以让销售人员更加专注于销售时间与销售服务,从而创造更多的销售机会与提供更好的销售服务。

(五) 金融领域

金融领域一直以来都是数据分析的一个主要应用市场。金融机构存储的数据已经达到了PB(1PB=1024TB)级别,包括客户的交易数据、与客户的沟通数据、单位内部数据等。大数据技术正适合于这样大规模数据的存储和分析,更能够探查到客户的需求和行为模式。

1. 金融机构的最佳选址

金融机构通过收集一个城市中客流量最大的一些区域的数据(如访问这些区域的时间、客户到访的商店、最大和最小客户数量等数据),通过机器学习对这些数据的处理预测,选择获益最大的位置来开办实体门店。其实,这种选址方式其他企业或商户也可以借鉴。

2. 机器人投资顾问

金融机构通过机器人投资顾问为客户寻找最佳解决方案。机器人投资顾问本质上是在考虑客户盈利目标和风险承受能力的前提下,为客户选定和调整金融投资组合的一系列算法。

3. 将算法交易变为智能交易

所谓算法交易是指利用软件根据预先设定的交易标准(如时间、价格、交易量等)下达交易订单。机器学习提供了一套新的多样化工具,使算法交易不仅仅能够自动化执行,更能分析历史市场行为,确定最佳市场策略,使交易预测更准确。

4. 风险管理和反欺诈

风险管理和反欺诈是金融机构最重要的工作内容。金融机构通过机器学习,计算所有可能的风险和欺诈者,并在第一次怀疑时丢弃它们。机器学习驱动的欺诈检测系统的主要优点不只是遵循风险因素清单,还能够积极地学习和校准新的潜在(或真实的)安全威胁。

5. 延长客户对金融服务的依赖

除了访问用户经济活动数据之外,金融机构还通过获取外部数据,如来自社交网站的数据或客户在线行为的分析,并将这些信息添加到客户的行为体系中。通过这些大数据分析,金融机构能够挖掘大量新的机会。例如,如果客户在评论中讨论到可能购买新车,银行就可以提供客户想要的贷款优惠策略,并立即通过电子邮件发送给他。

四、机器学习的分类

(一) 按照学习方式分类

按照学习方式可以将机器学习分为监督学习、无监督学习和强化学习三种。

监督学习(Supervised Learning)是指训练集中的每个样本都有一个明确的标签,通过将预测结果与训练集的"标签"数据(实际结果)进行比较,不断地调整预测模型,直到模型的预测结果达到一个预期要求。

无监督学习(Unsupervised Learning)是指训练集中的每个样本都没有标签数据,即缺少实际结果或目标变量,需要在未加标签的数据中,试图找到隐藏的结构。例如,网易新闻根据内容结构的不同分为财经、娱乐、体育等不同的新闻标签,这就是无监督学习中的聚类。

强化学习(Reinforcement Learning),是指模型在训练过程中会根据反馈的结果得到及时的奖励或惩罚的一种算法。强化学习的学习过程是:从一开始完全随机地操作,通过不断地尝试,从错误中学习,最后找到规律,学会达到目的的方法。

(二)按照学习任务分类

按照学习任务可以将机器学习分为分类、回归和聚类三种。

分类(Classification)学习是指预测的结果(即标签)是离散的,是类别型的,例如:买/不买、普通用户/高价值用户/VIP用户、手写数字的识别等分类。分类学习属于监督学习的一种。当标签只有两种类别时,称为二分类(Two-class)或二项式分类。当标签有三种以上类别时,称为多分类(Multi-classification)或多项式分类。

回归学习(Regression)是指预测的结果(即标签)是连续的,是数值型的,例如:房价、入取比例、物价指数等回归。回归学习也属于监督学习的一种。

聚类学习(Clustering)是指将类似的研究对象进行集合分组,例如:消费者购买力画像、基于用户位置信息的商业选址、保险投保者分组等聚类。聚类学习属于无监督学习的一种。

(三)按照预测目标分类

表 6-5 展示了按照预测目标是连续值还是分类,与无监督学习和监督学习相对应的主要机器学习算法。一种机器学习算法既可以用作分类,也可以用作回归。因为可以将回归看作无限种分类,而机器学习的实际应用受到精度等影响,回归也不是无限连续值的。

表 6-5 机器学习算法分类

预测目标	无监督学习	监督学习
连续值	聚类或降维 1. SVD 2. PCA 3. K-means	回归 1. 线性回归 2. 岭回 3. lasso 回归 4. 提高决策树回归 5. 随机森林回归
分类	关联规则 1. Apriori 2. FP-Growth 3. 隐马尔可夫模型 4. RNN	分类 1. KNN 2. 决策树 3. 逻辑回归 4. 朴素贝叶斯 5. 支持向量机 SVC 6. CNN

五、机器学习建模流程

机器学习是一个建立模型、应用模型的过程,其一般建模流程如图 6-17 所示。

首先,将数据集分为训练集(Train Dataset)、验证集(Validation Dataset)和测试集(Test

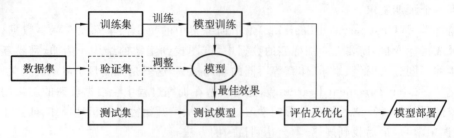

图 6-17　机器学习建模流程

Dataset)。训练集用来建立模型。验证集用来调整模型超参数从而得到最优模型,监控模型是否发生过度训练(即过拟合),但是验证集不是必须的,需要结合具体的模型选择来确定是否使用验证集。测试集用来检验模型性能。验证集和测试集应该数据分布一致,且与真实需求一致。表 6-6 将训练集、验证集和测试集进行了比较。

表 6-6　训练集、验证集和测试集的比较

类　　别	训　练　集	验　证　集	测　试　集
是否参与训练	是	否	否
作用	建立模型	调整模型超参数,监控是否发生过拟合	评估模型实际应用能力(泛化能力)
使用次数	多次使用	多次使用	使用一次
典型占数据集比例	60%	20%	20%

然后,选择一种机器学习算法模型,用训练集输入算法模型进行迭代训练,从而建立一个 ($x \rightarrow y$) 的模型。接着,用验证集对建立的 ($x \rightarrow y$) 模型进行模型超参数的调整,并监控是否发生了过度拟合(即过拟合,Overfitting),直到根据验证集得到比较理想的模型结果。模型的超参数(Hyper-parameters)是指在机器学习训练过程中不会改变的模型参数,一般由数据分析师直接设定或者搜索算法选择的模型外部设置的变量。例如神经网络中的学习速率(Learning Rate)、迭代次数(Epoch)、隐藏层层数、每层的神经元个数、激活函数的选择,以及 SVM 中的 C 和 sigma,K 近邻中的 K。

再将测试集输入该最佳效果模型,得出预测结果(即标签),检查模型的实际应用能力(即泛化能力)。如果泛化能力效果不理想就需要返回,要么调整模型,要么重新选择另一种机器学习算法模型,重新训练建立模型。如果模型泛化能力达到要求,就可以将最终的模型部署实际应用了。

第三节　特征工程与数据分割

一、特征(Feature)工程

特征工程指的是把采集的原始数据(Raw Data)转变为模型训练所用数据的过程,其目的就是获取更好的训练数据的特征,使机器学习模型性能得到提升,逼近真值这个上限。特征工程在机器学习中起到非常重要的作用,分为特征构建、特征提取、特征选择三个部分。

特征工程

（一）特征构建

特征构建是指从原始数据中人工地构建一些具有物理意义的特征。需要大数据分析师花时间去观察原始数据，思考问题的潜在形式和数据结构，也需要大数据分析师对数据保持敏感性，具有相关领域的知识或者丰富的机器学习实践经验。

属性分割和结合是特征构建时最常使用的方法。对于结构化数据可以尝试结合两三个不同的属性构造新的特征。例如，可以将时间相关属性划分不同的时间窗口，得到同一属性在不同时间下的特征值。也可以把一个属性分割为多个特征。例如，可以将日期字段按照季度、周期、上午、下午和晚上去构建特征。总之，特征构建需要大数据分析师对分析的问题有比较深入的理解，没有统一的模式。

（二）特征提取

特征提取是指从原始数据中找出可以表征目的的属性。例如，通过变换特征取值来减少原始数据中某个特征的取值个数；在特征矩阵上使用主要成分分析（Principal Component Analysis，简称 PCA）进行特征提取从而创建新的特征；对图像数据进行线或边缘检测。特征提取的常用方法如下。

1. PCA

PCA 的全称是 Principal Component Analysis，即主成分分析，是一种统计方法，是将重复的变量（或关系紧密的变量）从所有变量中删除，建立尽可能少的新变量，使得这些新变量是两两不相关的，而且这些新变量尽可能保持原有研究对象的信息（见图 6-18）。

PCA 是针对非类别型数据的一种无监督降维技术，常用于高维数据的降维，特别适合服从高斯分布数据的降维。在大数据分析中，数据维数通常都很高，维数越高通常越难处理，越消耗计算资源，因此对数据进行降维处理是很必要的。一个维度就是指训练数据的一个特征（也称为变量或属性）。降维虽然意味着信息的损失，但是依然能够在信息损失相对较少的同时完成降维。

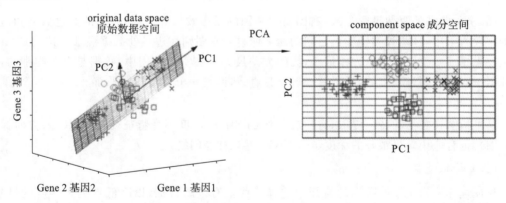

图 6-18 主成分分析图

2. ICA

ICA 的全称是 Independent Component Analysis，即独立成分分析，是一种统计方法，是将一个非高斯分布的变量分解成若干统计独立的分变量的线性组合。ICA 常用于分解混合变量，常作为数据标准化的一种预处理，如图 6-19 所示。

3. LDA

LDA 的全称是 Linear Discriminant Analysis，即线性判别分析，是针对类别型标签变量进

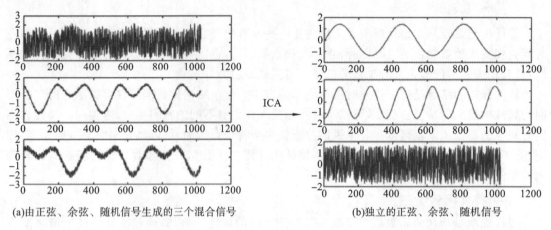

(a) 由正弦、余弦、随机信号生成的三个混合信号　　(b) 独立的正弦、余弦、随机信号

图 6-19　独立成分分析图

行的一种监督学习的降维。这点和 PCA 是不同的。其思想可以用图 6-20 说明。

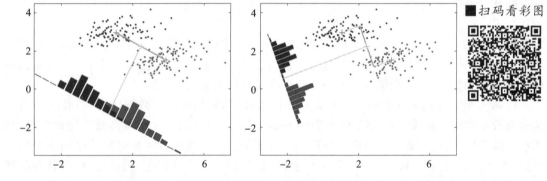

图 6-20　两种不同线性判别分析的投影效果图

图 6-20 提供了两种投影方式，右图要比左图的投影效果好，因为右图的红色数据和蓝色数据都较为集中，且两种类别颜色之间的距离明显。左图则在边界处数据混杂。这就是 LDA 的主要思想——投影后类内方差最小，类间方差最大。在实际应用中，数据是多个类别的，原始数据一般也是超过二维的，投影后一般不是直线，而是一个低维的超平面。

4. 其他

这里指图像数据的特征提取，有比较传统的 SIFT（尺度不变特征变换）、HOG（方向梯度直方图），也有应用效果很好的深度学习 CNN（卷积神经网络）。

（三）特征选择

特征选择是指从原始数据的特征中选择一些最有效的特征，以降低数据集维度的过程。特征选择是提高机器学习性能的一个重要手段。机器学习是通过样本的特征来预测样本所对应的值。如果样本的特征少，就要考虑增加特征。而现实中的情况往往是特征太多了，需要减少一些特征。

减少的特征一般是无关特征（Irrelevant Feature）或多余特征（Redundant Feature）。举一个例子，通过房屋的面积、卧室的面积、车库的面积、所在城市的消费水平、所在城市的税收水平、男女比例等特征来预测房价。其中，男女比例对于房价预测就是无关特征。因为税收水平和消费水平存在相关性，只需要其中一个特征就足够了，去除的那个特征就是多余特征。多余特征可以从其中一个特征推演出来。

减少特征具有重要的现实意义,不仅可以减少过拟合、减少特征数量(降维)、提高模型泛化能力,而且还可以使模型获得更好的解释性,增强对特征和特征值之间的理解,加快模型的训练速度,还会获得更好的性能。问题是,在面对未知领域时,很难有足够的认识去判断特征与目标之间的相关性、特征与特征之间的相关性。这就需要用一些数学或工程上的方法来进行特征选择。特征选择的常用方法如下。

1. 过滤法(Filter)

过滤法是按照发散性或者相关性对各个特征进行评分,设定阈值或者待选择阈值的个数来选择特征。常用的过滤法如下。

(1) 去掉取值变化小的特征。

去掉取值变化小的特征是通过计算各个特征的方差,并与阈值比较,选择方差大于阈值的特征。

(2) 单变量特征选择。

单变量特征选择是通过计算每个变量的某个统计指标,根据该指标来判断变量的重要性,剔除不重要的变量。这些统计指标有:用于分类问题的卡方检验、互信息;用于回归问题的皮尔森相关系数(Pearson Correlation,取值范围[-1,1])、最大信息系数(Maximal Information Coefficient,简称 MIC,取值范围[0,1])、距离相关系数(Distance Correlation,取值范围[0,1])。

2. 包裹法(Wrapper)

包裹法是根据目标函数,每次选择若干特征或者排除若干特征,直到选出最佳的特征子集。常用的方法有递归特征消除,即使用一个基模型来进行多轮训练,每轮训练后,移除若干权值系数的特征,再基于新的特征集进行下一轮训练。

3. 嵌入法(Embedding)

嵌入法使用某些机器学习的算法和模型进行训练,得到各个特征的权值系数,根据系数从大到小选择特征。机器学习算法有回归模型、SVM、决策树、随机森林等,也可以基于正则化进行特征选择。正则化有:表示权值向量的绝对值之和的 L1 正则,表示权值向量的平方和再开平方根的 L2 正则。

二、数据集的划分方法

(一) 留出法(Hold-out)

留出法是指将整个样本数据集划分成不存在交集的两部分。一部分作为训练模型使用,称为训练集(Train Dataset);另一部分作为评估模型使用,称为测试集(Test Dataset)。需要注意的是,使用留出法划分数据集时,应随机划分样本,尽量保持训练集和测试集中样本分布的一致性。由于样本划分的不同,可能造成评估结果的不同。因此,在采用留出法划分数据集,进行机器学习后评估模型性能时,通常采用多次随机划分,通过对多次测试结果求平均值的方式评估模型。

另外,训练集和测试集划分的样本比例为多少也是留出法需要考虑的一个问题。如果训练集比例过大,会造成评估结果不够稳定;而训练集过小,又会造成训练出的模型与真实的模型存在较大差距。根据经验,一般将数据集的 20%—30% 划分为测试集。

(二) K 折交叉验证法(K-fold Cross Validation)

留出法虽然做到了训练样本与测试样本的彻底分离,但是毕竟从整个数据集中抽取了

20%—30%的比例作为测试数据集,从而减少了训练集的数据量。这在一定测度上将造成训练出的模型与真实模型的偏离,这在样本数量本来就少的情况下尤为明显。

为了解决这一问题,提出了 K 折交叉验证法。K 折交叉验证法将样本数据集分为大小相同的 K 份,每一轮测试依次使用其中的 1 份数据集作为测试集,剩余的 $K-1$ 份数据集作为训练集。如图 6-21 所示,迭代 10 轮测试后,将 10 个测试结果求算术平均值,将该平均值作为模型的最终测试结果。

K 折交叉验证法使用的训练集只比整个观察样本数据集少一份,这就使得其训练出的模型与使用整个观察样本数据集训练出的模型近似。同时,每一轮的测试数据集又与训练数据集互斥,这使得交叉验证法训练出的模型,既能保证较高的准确性,又能保持较高的泛化能力。但在数据集较大时,由于需要进行 K 轮训练,K 折交叉验证法的时间和计算开销会比较大,这也是交叉验证的一大缺点。

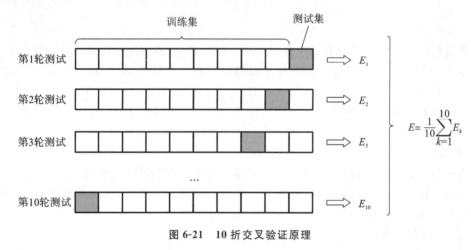

图 6-21　10 折交叉验证原理

第四节　机器学习建模算法

机器学习建模算法有很多,同一类算法还可以针对不同类型的问题,有些算法很难明确归类到某一类,因此我们把常用的机器学习建模算法按照容易理解的方式进行阐述。

一、回归算法

回归算法是一种有监督的学习。回归算法是后续若干算法的基石,学习回归算法是学习和使用其他算法的基础,它在机器学习建模算法中有着举足轻重的地位。另外,也是因为回归算法相对其他算法而言较简单,所以一般会首先介绍回归算法。

回归算法是采用对误差的衡量来探索变量之间关系的一类算法。常见的回归算法包括:最小二乘法(Ordinary Least Square)、逻辑回归(Logistic Regression)、逐步式回归(Stepwise Regression)、多元自适应回归样条(Multivariate Adaptive Regression Splines)以及本地散点平滑估计(Locally Estimated Scatterplot Smoothing)。可以将这些算法划分为较重要的两个子类:线性回归和逻辑回归。

(一) 线性回归(Linear Regression)

线性回归建模的过程就是寻找一条直线或者曲线拟合所有数据的过程(见图 6-22),其基本步骤是:

(1) 使用线性模型 $\hat{y}_i = a x_i + b$,其中 $\hat{y}_i$ 是模型预测值,a 和 b 是模型参数;

(2) 通过损失函数 L 度量模型预测值 $\hat{y}_i$ 与真实值 y_i 之间的误差值,损失函数一般采用误差平方和,即 $L = \sum_i (\hat{y}_i - y_i)^2$;

(3) 计算损失函数 L 和最小值得到模型(参数 a 和 b),即 $(\hat{a}, \hat{b}) = arg\min_{a,b} \sum_i (y_i - a x_i - b)^2$。

这个过程也就是最小二乘法(Ordinary Least Square)求解的过程。

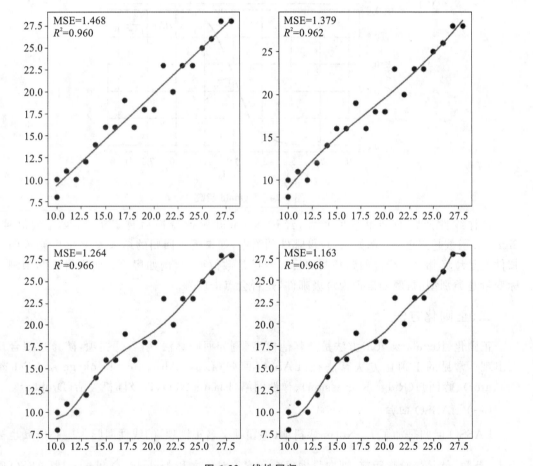

图 6-22 线性回归

需要注意的是,如果曲线对所有数据拟合过度,即过拟合(Overfitting),则意味着特征数目过多,模型过于复杂,虽然在训练集上效果很好,但是在测试集上会效果不佳(即泛化能力差)。如图 6-23 所示,左边为模型复杂度太低,模型效果差;右边的模型复杂度过高,过拟合;中间的模型是比较合适的线性回归模型。

(二) 逻辑回归(Logistic Regression)

逻辑回归是在线性回归的结果后再做一个 Sigmoid 函数变换,将数值结果转化为 0 到 1

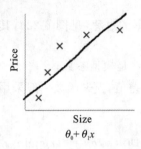 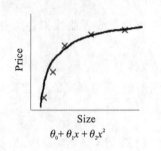 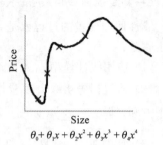

图 6-23 过拟合问题

的概率。Sigmoid 函数如图 6-24 所示。

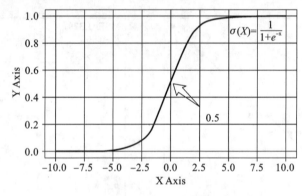

图 6-24 Sigmoid 函数

这样线性回归的结果数值越大，经过 Sigmoid 函数变换后越逼近 1；反之数值越小，Sigmoid 函数越逼近 0。例如，在垃圾邮件预测中，如果逻辑回归的结果大于 0.5，则说明这封邮件就是垃圾邮件。线性回归预测的目标变量是数值型的，例如房价。而逻辑回归预测的目标变量是类别型的，例如是否为垃圾邮件，是否会点击广告。

二、正则化方法

正则化(Regularzation)方法是向其他模型(例如回归算法)引入惩罚项，防止过拟合现象的出现。常见的正则化方法算法有：LASSO 回归(Least Absolute Shrinkage and Selection Operator)、岭回归(Ridge Regression)、弹性网络(Elastic Net)，以及随机失活(Dropout)。

(一) LASSO 回归

LASSO 回归是加了 L_1-Norm 惩罚项(惩罚项又名正则项)的线性回归。L_1-Norm 也被称为 L_1 范数，就是曼哈顿距离，即向量中每个元素绝对值之和 $\|w\|_1 = \sum_{i=1}^{N}|w_i|$。LASSO 回归的损失函数为：

$$L = \sum_i (\hat{y}_i - y_i)^2 + \lambda \sum_i |w_i| \tag{6-2}$$

其中 w 是名为"权重"的模型参数，λ 是名为"正则化参数"的模型超参数($\lambda > 0$)。w 由机器学习迭代产生，λ 由人为设定。λ 选取过大，会造成模型的欠拟合；λ 选取过小，会造成模型的过拟合。

(二)岭回归

岭回归是加了 L2-Norm 惩罚项的线性回归。L2-Norm 也被称为 L2 范数,就是欧式距离,即 $\|w\|_2 = \sqrt{\sum_{i=1}^{N} w_i^2}$。岭回归的损失函数为:

$$L = \sum_i (\hat{y}_i - y_i)^2 + \lambda \sum_i w_i^2 \tag{6-3}$$

其中参数解释同 LASSO 回归。

(三)随机失活

随机失活用于神经网络模型中,是在机器学习模型训练的过程中,随机丢掉部分神经元来减小神经网络的规模从而防止过拟合。这里的丢掉不是永远的丢掉,而是在某一次训练中丢掉一些神经元,这些丢掉的神经元有可能在下一次迭代中再次使用。

三、基于实例的算法

基于实例的算法是先从样本数据中选取一批新的样本数据,然后根据某些近似性,将新数据与原来的样本数据进行比较,从而寻找出最佳的匹配。基于实例的算法也被称为"赢家通吃学习"或者"基于记忆的学习",常用于决策问题上。常见基于实例的算法包括 KNN(K-Nearest Neighbor)、学习矢量量化(Learning Vector Quantization,简称 LVQ),以及自组织映射算法(Self-Organizing Map,简称 SOM)。

(一)KNN

KNN 也称 K 近邻分类算法,是一种简单、易于理解的机器学习算法,适合对稀有事件进行分类,例如,客户流失的预测、信用卡欺诈侦测等。其基本步骤如下。

1. 算距离

计算测试集中每个样本与训练集中每个样本的距离,通常使用欧式距离、夹角余弦、杰卡德系数等。

2. 找邻居

圈定距离最近的 K 个训练样本,作为测试样本的近邻。

3. 做分类

根据这 K 个近邻归属的主要类别,按照"少数服从多数"或加权投票法的原则来对测试样本分类。所谓加权投票法就是根据距离的远近,距离越近则权重越大(权重为距离平方的倒数)。

(二)LVQ

KNN 是一种无监督学习,需要计算测试集中每个样本与训练集中每个样本的距离,计算量过大。LVQ 是一种有监督学习,有标记的聚类。通过设定带标签的 q 个原型向量(即团簇中心),根据训练集中样本标签是否与原型向量的标签一致,对原型向量进行迭代更新。最后,根据测试集中样本到原型向量的距离,对测试样本进行团簇划分。其执行的步骤如图 6-25 所示。

四、决策树算法

决策树算法是通过一系列数据的属性规则对数据进行分类,建立的树状结构模型(见图6-26)。决策树模型分为分类树和回归树两种,分类树对离散型目标变量(类别型变量)做决策树,回归树对连续型目标变量(数值型变量)做决策树。

决策树算法

```
输入: 样本集 $D=\{(x_1,y_1),(x_2,y_2),\ldots,(x_m,y_m)\}$;
      原型向量个数 $q$, 各原型向量预设的类别标记 $\{t_1,t_2,\ldots,t_q\}$;
      学习率 $\eta\in(0,1)$.
过程:
1: 初始化一组原型向量 $\{p_1,p_2,\ldots,p_q\}$
2: repeat
3:   从样本集 $D$ 随机选取样本 $(x_j,y_j)$;
4:   计算样本 $x_j$ 与 $p_i$ $(1\leqslant i\leqslant q)$ 的距离: $d_{ji}=\|x_j-p_i\|_2$;
5:   找出与 $x_j$ 距离最近的原型向量 $p_{i^*}$, $i^*=\arg\min_{i\in\{1,2,\ldots,q\}}d_{ji}$;
6:   if $y_j=t_{i^*}$ then
7:       $p'=p_{i^*}+\eta\cdot(x_j-p_{i^*})$
8:   else
9:       $p'=p_{i^*}-\eta\cdot(x_j-p_{i^*})$
10:  end if
11:  将原型向量 $p_{i^*}$ 更新为 $p'$
12: until 满足停止条件
输出: 原型向量 $\{p_1,p_2,\ldots,p_q\}$
```

图 6-25　LVQ 执行步骤的伪代码

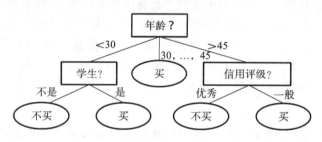

图 6-26　决策树

常见的决策树算法算法包括：分类及回归树（Classification And Regression Tree，简称 CART）、ID3（Iterative Dichotomiser 3）、C4.5、Chi-squared Automatic Interaction Detection（简称 CHAID）、Decision Stump、随机森林（Random Forest）、多元自适应回归样条（MARS）以及梯度推进机（Gradient Boosting Machine，简称 GBM）。决策树的基本步骤如下。

（1）首先将所有训练样本看作一个节点；

（2）遍历每个属性的每一种分割方式，找出最好的分割点，属性选择的先后顺序可以按照熵值、信息增益或信息增益率进行；

（3）将训练集样本分割成多个节点 $N_1,N_2,N_3,\cdots,N_m$（m 的数量与当前的属性相关）；

（4）对 $N_1,N_2,N_3,\cdots,N_m$ 分别继续执行 2—3 步，直到每个节点足够"纯"为止。所谓的"纯"，即数学意义上的纯度，是指训练集样本的目标变量完全分开，没有分类误差，分类不混淆。实际决策树算法用到的是纯度的另一面——不纯度（Impurity）。不纯度的选取有多种方法，每种方法就形成了不同的决策树算法。例如，CART 用的是基尼系数（Gini）、ID3 用的是信息增益（Gain）、C4.5 用的是信息增益率，还有用熵（Entropy）作为不纯度的标准决策树算法。

决策树生成后需要对其剪枝，缩小树结构规模，缓解过拟合。决策树的剪枝一般通过极小化决策树整体的损失函数来实现，分为预剪枝和后剪枝两种。预剪枝是指根据树的深度、节点个数等原则在训练模型过程中停止树的增长。一旦决定停止分枝，就将当前节点标记为叶节点。后剪枝是指在完全生长的树上剪去分枝，通过删除节点的分支来剪去树节点。

五、贝叶斯方法

贝叶斯方法是基于贝叶斯定理（公式 6-1）的一类机器学习算法，主要用来解决分类和回归问题。常见算法包括：朴素贝叶斯、平均单依赖估计（Averaged One-Dependence Estimators，简称 AODE），以及贝叶斯信念网络（Bayesian Belief Network，简称 BBN）。以朴素贝叶斯为例，其基本步骤如图 6-27 所示。

扫码看视频

贝叶斯分类与 SVM 分类

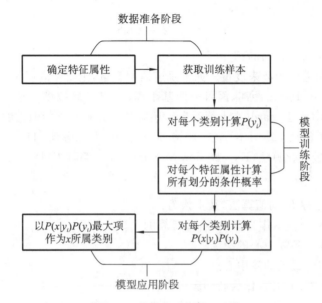

图 6-27　朴素贝叶斯处理步骤

六、基于核的算法（有监督学习）

基于核的算法是一种有监督学习，把数据映射到一个高阶的向量空间，在高阶向量空间里进行相对容易的分类或者回归问题。常见的基于核的算法有：支持向量机（Support Vector Machine，简称 SVM）、径向基函数（Radial Basis Function，简称 RBF），以及线性判别分析（Linear Discriminate Analysis，简称 LDA）等。

支持向量机（SVM）通过一个非线性映射——核函数（Kernel function），把训练数据所在的样本空间映射（升维）到一个高维乃至无穷维的特征空间中（即 Hilbert 空间），使在原来的样本空间中非线性可分的问题转化为在特征空间中的线性可分的问题，通过一个线性超平面（Hyperplane，如图 6-28 中的 Decision Surface）实现线性划分（或回归）。

SVM 是一种有着严格数学基础（核函数）的机器学习算法，在不增加计算的复杂性、避免了"维数灾难"的前提下，实现了很好的机器学习效果，从 20 世纪 90 年代后期至今一直在机器学习中占据着重要地位。

七、聚类算法

聚类算法是一种无监督学习算法，是指将各不相同的数据样本分割为若干具有相似性的子集合的一种机器学习算法。聚类算法生成的子集合称为簇，生成的簇内部的任意两个样本之间具有较高的相似度，而

扫码看视频

聚类算法

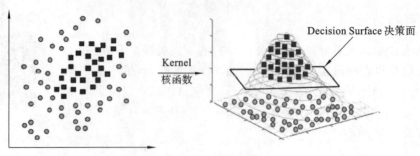

图 6-28 支持向量机 SVM

不同簇的两个样本间具有较高的相异度。

相似度可以由向量的距离来度量。如果是连续型变量，主要距离度量方式有欧式距离、归一化距离、绝对值距离、Lance 距离、闵可夫斯基距离；如果是离散型变量，主要距离度量方式有简单匹配系数(SMC)、Jaccard(杰卡德系数)，还有主要计算文本相似性的余弦相似度。

常见的聚类算法包括 K-Means 算法、K-Medoids 算法、层次聚类(Hierarchical Clustering，简称 HC)以及期望最大化算法(Expectation Maximization，简称 EM)。

(一) K-Means 算法

K-Means 算法也称 K-均值算法，其步骤为：

(1) 随机选取 K 个样本作为簇中心，K 是簇的个数；
(2) 计算各样本与各簇中心的距离；
(3) 将各样本归于最近的簇中心点；
(4) 求各簇的样本的均值，作为新的簇中心；
(5) 判定，若簇中心不再发生变动或达到迭代次数，算法结束，否则回到第 2 步。

(二) K-Medoids 算法

K-Medoids 算法也称 K-中心点聚类，其步骤为：

(1) 随机选取 K 个样本作为簇中心，K 是簇的个数；
(2) 计算各样本与各簇中心的距离；
(3) 将各样本归于最近的簇中心点；
(4) 在各类别内选取到其余样本距离之和最小的样本作为新的簇中心；
(5) 判定，若类中心不再发生变动或达到迭代次数，算法结束，否则回到第 2 步。

八、关联规则算法

关联规则算法是指发现存在于大量数据集中的关联性或相关性，从而描述了一个事物中某些属性同时出现的规律和模式。关联规则算法的一个典型应用就是购物篮分析。通过发现顾客放入购物篮中的不同商品之间的联系，分析顾客的购买习惯；通过了解哪些商品频繁地被顾客购买，帮助零售商制定营销策略；还有价目表设计、商品促销、商品排放和基于购买模式的顾客划分等。关联规则常见算法有 Apriori 算法和 Eclat 算法等。

九、人工神经网络

人工神经网络(Artificial Neural Network，简称 ANN、神经网络)是

人工神经网络

机器学习的一个庞大的分支，有几百种不同的算法，通常用于解决分类和回归问题。重要的人工神经网络算法包括：感知器神经网络（Perceptron Neural Network）、反向传播（Back Propagation）、Hopfield 网络、自组织映射（Self-Organizing Map，简称 SOM）、学习矢量量化（Learning Vector Quantization，简称 LVQ）。

如本章第二节机器学习的流派中关于联结学派所述，神经网络由输入层（Input Layer）、隐藏层（Hidden Layer）和输出层（Output Layer）组成。输入层负责接收信号；隐藏层负责对数据的分解与处理；最后的结果被整合到输出层。每层中的一个圆代表一个处理单元，称为神经元（Neuron 或 Cell）；若干个神经元组成了一个层，若干个层再组成了一个网络，也就是"神经网络"。

在神经网络中，每个神经元事实上就是一个逻辑回归模型，逻辑回归模型接收上层的输入，把神经元的预测结果 f 作为输出传输到下一个层次。神经元之间是通过一条有向边进行连接的，每条边都有自己的权重 w。当神经元的预测结果 f 超过一定的阈值（通过激活函数 $h()$ 实现），记作 $h(f)$，则该神经元就被激活（Activation）了。

20 世纪 90 年代，由于训练困难等问题，神经网络在机器学习中的重要地位被 SVM 算法和 Boosting 算法取代。之后的 20 多年的时间里，神经网络很少被关注。但是，Geoffrey Hinton 坚持下来，并最终和 Yoshua Bengio、Yann LeCun 等人一起提出了一个实际可行的深度学习（Deep Learning）框架。2006 年至今，深度学习重新成为强大的机器学习算法之一，需要单独把深度学习拿出来介绍。

十、深度学习

2006 年，Geoffrey Hinton 在科学杂志 *Science* 上发表文章论证了两个观点：

（1）多隐层的神经网络具有优异的特征学习能力，学习得到的特征对数据有更本质的刻画，从而有利于可视化或分类；

（2）深度神经网络在训练上的难度，可以通过"逐层初始化"来有效克服。

通过这样的发现，不仅解决了神经网络在计算上的难度，同时也说明了深层神经网络在学习上的优异性。从此，神经网络重新成为机器学习界中的主流强大学习算法。同时，具有多个隐藏层的神经网络被称为深度神经网络，基于深度神经网络的学习研究被称为深度学习（Deep Learning），如图 6-29 所示。常见的深度学习算法包括：受限波尔兹曼机（Restricted Boltzmann Machine，简称 RBN）、深度信念网络（Deep Belief Networks，简称 DBN）、卷积神经网络（Convolutional Neural Network，简称 CNN）、循环神经网络（Recurrent Neural Network，

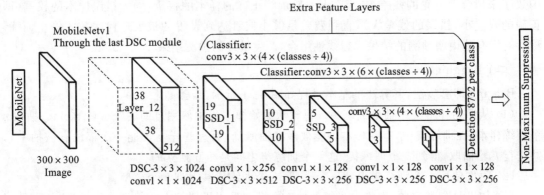

图 6-29　深度学习模型

简称 RNN)、堆栈式自动编码器(Stacked Auto-encoders)。

深度学习能够更好地表示数据的特征,其特点是模型的层次、参数很多,有能力表示大规模数据,在图像、自然语言处理等这种特征不明显的问题上取得了很好的效果。从模式识别特征和分类器的角度看,深度学习将特征和分类器结合到一个框架中,用数据去学习特征,在使用中减少了特征构建的工作量,不仅效果更好,而且使用起来也有很多方便之处。

十一、降低维度算法

降低维度(Dimensionality Reduction)算法是一种无监督学习,通过分析数据的内在结构来归纳或者解释数据,用于高维数据的可视化或者用来简化数据以便监督式学习使用。降低维度算法的主要特征是将数据从高维降低到低维层次。这里的维度指的是数据的特征数量。例如,房价包含房子的长、宽、面积与房间数量 4 个特征,也就是维度为 4 维的数据。在这个例子中,发现长、宽、面积 3 个特征是冗余的,可以通过降低维度算法将 4 维数据压缩为 2 维数据,不仅利于表示,而且可以加速计算。这里的降维是可见的,没有信息损失。但是,通常情况下降低维度算法将数据从高维压缩到低维,可能会有信息的损失,需要最大限度地保留数据的信息。

常见的降低维度算法包括:主成分分析(Principle Component Analysis,简称 PCA)、偏最小二乘回归(Partial Least Square Regression,简称 PLS)、Sammon 映射、多维尺度(Multi-Dimensional Scaling,简称 MDS)、投影追踪(Projection Pursuit)等。

十二、集成学习算法

集成学习(Ensemble Learning)算法是建立多个弱学习模型(如 SVM、KNN、决策树)独立地对相同样本进行训练,通过一定策略,把结果整合起来进行整体预测的机器学习算法,常常可以得到比单一的机器学习模型更显著的结果。集成算法的主要难点在于究竟集成哪些独立的较弱的学习模型以及如何把学习结果整合起来。集成学习算法常见的算法包括:Boosting、Bootstrapped Aggregation(又名 Bagging)、AdaBoost、堆叠泛化(Stacked Generalization,又名 Blending)、梯度推进机(Gradient Boosting Machine,简称 GBM)、随机森林(Random Forest)。

(一)Boosting

Boosting 即提升法,模型的训练过程呈阶梯状(见图 6-30)。每次模型训练使用的都是训练集的全部样本,每轮训练改变样本的权重(即图中的转化)。下一轮训练的目标是找到一个函数 f 来拟合上一轮的残差,减小在上一轮训练正确的样本的权重,增大错误样本的权重(即正确的残差小,错误的残差大),直到残差足够小或者达到设置的最大迭代次数才停止训练。最后对所有基模型预测的结果进行线性组合,产生最终的预测结果。

(二)Bagging

Bagging 即套袋法,其算法的基本过程如图 6-31 所示,步骤如下。

(1)从原始样本集中抽取训练集。每轮从原始样本集中使用自助法(Bootstraping)抽取 n 个训练样本(在训练集中,有些样本可能被多次抽取到,而有些样本可能一次都没有被抽中)。共进行 k 轮抽取,得到 k 个训练集,这 k 个训练集之间是相互独立的。

(2)每次使用一个训练集得到一个模型,k 个训练集共得到 k 个模型。

(3)如果是分类问题,则将上步得到的 k 个模型采用投票的方式得到分类结果;如果是回归问题,则计算上述模型的均值作为最后的结果(所有模型的重要性相同)。

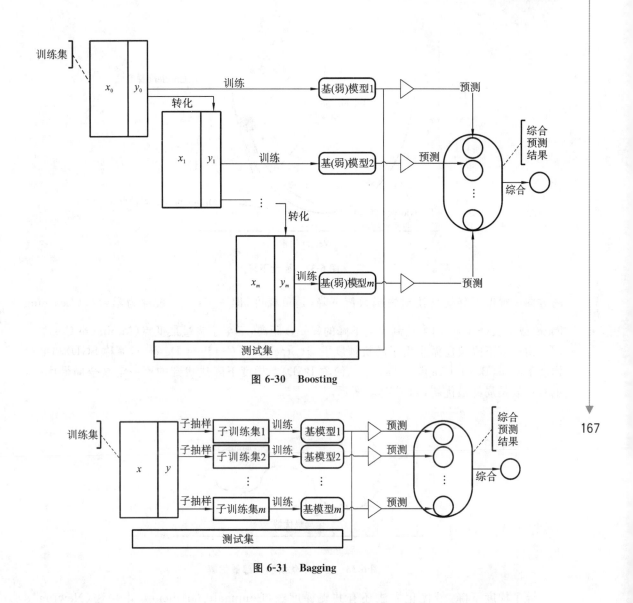

图 6-30 Boosting

图 6-31 Bagging

第五节　模型的训练与性能评估

一、模型的训练

（一）梯度下降

在机器学习中,要最小化损失函数(Loss Function,又称为代价函数 Cost Function),广泛使用的是梯度下降法(Gradient Descent),通过迭代找到损失函数的最小值或者收敛到最小值。梯度下降法是最常见的一种最优化方法,其优化思想是用当前位置的负梯度方向$\left(-\gamma \dfrac{\mathrm{d}X}{\mathrm{d}\theta}\right)$作为损失函数最小的方向(如图 6-32 所示)。

其中梯度(Gradient)就是一阶导数,也是一个向量,即$\dfrac{\mathrm{d}X}{\mathrm{d}\theta}$,表示函数在某一点上升最快

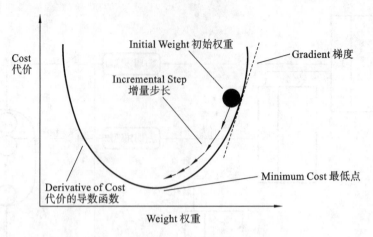

图 6-32 梯度下降

的方向。梯度下降就是让损失函数值下降,是负梯度,即 $-\frac{\mathrm{d}X}{\mathrm{d}\theta}$。$\gamma$ 被称为学习率(Learning Rate)或步长(Step),用来控制梯度下降的每一步距离,不至于错过最低点(Minimum Cost)。

由梯度下降法还派生出了随机梯度下降(Stochastic Gradient Descent,简称 SGD)和批量梯度下降法(Batch Gradient Descent,简称 BGD)。梯度下降法找到的不一定是全局最优解,也有可能是局部最优解,如图 6-33 所示。

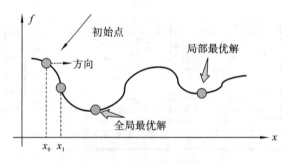

图 6-33 全局最优解和局部最优解

除了梯度下降,最优化方法还有共轭梯度法(Conjugate Gradient)、牛顿法(Newton's Method)、拉格朗日乘数法(Lagrange Multiplier Method)等。这些优化方法在目前的机器学习中由于计算量大等原因使用不多,本书就不介绍了。

(二)超参数调优

模型的超参数(Hyper-parameters)是指在机器学习训练过程中不会改变的模型参数,一般由数据分析师直接设定或者搜索算法选择的模型外部设置的变量。超参数是机器学习算法的参数,直接影响机器学习过程和预测性能。例如,神经网络中的学习速率(Learning Rate)、迭代次数(Epoch)、隐藏层层数、每层的神经元个数、激活函数的选择,SVM 中的 C 和 σ,KNN 中的 K。

除了根据数据分析师的经验手工设置超参数,主要用于超参数搜索(即超参数调优)的算法如下。

1. 网格搜索

网格搜索(Grid Search)是一种基本的超参数调优技术,通过列举出所有设定超参数值的排列组成构建模型,再评估并选择最佳模型。其缺点是计算量巨大。例如,有两个超参数 k_value=[2,3,4,5,6,7,8,9,10]和 algorithm=[auto,ball_tree,kd_tree,brute],就需要构建 9×4=36 种不同的模型。

2. 随机搜索

在许多情况下,所有的超参数可能不是同等重要的。随机搜索(Random Search)就是从超参数空间中随机选择参数组合,进行超参数优化。其缺点是不能保证给出最好的超参数组合。

前面两种方法能够针对单独超参数组合模型进行训练,并评估各自的性能。每个模型都是独立的,因此易于进行并行计算。但是每个模型都是独立的,也导致模型之间不具有指导意义,前一模型的计算结果并不能影响后一模型的超参数选择。

3. 贝叶斯优化搜索

贝叶斯优化(Bayesian Optimization)是一种顺序优化方法(Sequential Model-Based Optimization,简称 SMBO),通过构造一个超参数优化的目标函数的后验概率 P(输出 | 过去超参数),得到每一个超参数在每一个取值点的期望均值和方差,通过借鉴已有的期望均值和方差进而影响后续的模型超参数选择。其中均值代表这个点最终的期望效果,均值越大表示模型评估指标越大;方差表示这个点的效果的不确定性,方差越大表示这个点越不确定是否可能取得最大值。通过贝叶斯优化方法,可以更高效地探索超参数变量空间,降低优化时间。

二、分类模型的性能评估

先举一个实例,某零售商针对某款产品的潜在购买者(有两种类别,分别为 class1 和 class2)做出预测分析,具体情况如图 6-34 所示。

■扫码看视频

模型的性能评估

预测 真实	class1 (正类)	class2 (负类)
class1 (正类)	TP a	FN b
class2 (负类)	FP c	TN d

图 6-34 潜在购买者预测结果的混淆矩阵

图 6-34 所示的表格被称为混淆矩阵,该混淆矩阵的列表示预测值,行表示测试数据集的真实样本值。从该混淆矩阵可以看到,数据总数为 $(a+b+c+d)$ 条记录,其中 class1 类型的真实购买者记录为 $(a+b)$ 条,class2 类型的真实购买者记录为 $(c+d)$ 条。该分类模型将 a 个真实的 class1 类型购买者正确地预测为 class1 类型(True Positive,简称 TP);将 b 个真实的 class1 类型购买者错误地预测为 class2 类型(False Negative,简称 FN);将 c 个 class2 类型购买者错误地预测为 class1 类型(False Positive,简称 FP);将 d 个 class2 类型购买者正确地预测为 class2 类型(True Negative,简称 TN)。

接下来,就是分类模型的性能度量了。

(一)准确率(Accuracy)

虽然可以通过留出法(Hold-out)和交叉验证法(K-fold)来划分数据集进行模型验证,从而避免训练集和测试集样本重合引发的模型过拟合问题。但是无论是哪一种数据集划分方法,在分类模型的性能度量(Performance Measure)中,都无一例外地使用了准确率(Accuracy)这一指标。

准确率(Accuracy)是指给定的测试数据集中,分类器正确分类的样本数与总样本数之比。在上述潜在购买者类型预测的实例中,准确率为

$$A = \frac{TP+TN}{TP+TN+FP+FN} = \frac{a+d}{a+b+c+d} \tag{6-4}$$

准确率的取值范围为[0,1],一般来说,准确率越大,表示模型预测效果越好。但是,准确率这个指标虽然非常容易理解,但是该指标并不能完全反映数据的分布情况,也不能告诉数据分析师分类器到底犯了什么样的分类错误。例如,在一份糖尿病人的观察数据集中,有90人为非糖尿病人,10人为糖尿病人,在这100个人中,分类器模型预测对了92人(包括90个非糖尿病人和2个糖尿病人),因此,该分类器模型的准确率为0.92。在这个例子中,虽然该分类器的准确率达到了92%,其中非糖尿病人全都预测正确,但是最重要的糖尿病人预测的正确率却只有20%。

为了解决这一问题,混淆矩阵(Confusion Matrix)这一概念应运而生,其目的是告诉数据分析师不同类型分类的正误数量。

(二) 混淆矩阵(Confusion Matrix)

如图 6-34 所示,混淆矩阵中包含了四个非常重要的概念:TP、FP、TN、FN。在二分类问题中,首字母表示的 True 和 False 表示预测正确和预测错误,第二个字母表示的 Positive 和 Negative 分别表示预测为正类(class1)和负类(class2)。

(1) TP(True Positive)。

TP 表示将正类预测为正类的个数,真实为 0,预测也为 0。

(2) FN(False Negative)。

FN 表示将正类预测为负类的个数,真实为 0,预测为 1。

(3) FP(False Positive)。

FP 表示将负类预测为正类的个数,真实为 1,预测为 0。

(4) TN(True Negative)。

TN 表示将负类预测为负类的个数,真实为 1,预测也为 1。

(三) 查准率、查全率与 F1 指标

除准确率(Accuracy)之外,查准率(Precision)、查全率(Recall)和 F1 是另外三个非常重要的评价分类模型性能的指标,可以通过 TP、FP、TN、FN 方便地计算得到。

查准率(Precision),也称为精确度,是指正确预测的正类数与预测为正类的总数的比例,其计算公式为:

$$P = \frac{TP}{TP+FP} \tag{6-5}$$

查全率(Recall),也称为召回率,是指正确预测的正类数与实际为正类的总数的比例,其计算公式为:

$$R = \frac{TP}{TP+FN} \tag{6-6}$$

不难理解,查准率与查全率是一对矛盾的指标,这两个指标在实际应用中很难两者兼顾。还是以糖尿病人的诊断任务为例,如果希望预测的糖尿病人尽可能准确(提高查准率),就需要提高筛选标准。但这难免会漏掉一些糖尿病人(降低了查全率)。如果想尽可能多地把糖尿病

人都筛选出来(即提高查全率),这就需要降低筛选标准,这又难免把一些非糖尿病人预测为糖尿病人(即降低了查准率)。

因此,就有了 $F1$ 指标。$F1$ 是查全率和查准率的调和平均数,该指标反映查准率和查全率的综合性能,其计算公式为:

$$F1 = \frac{2 \times P \times R}{P + R} \tag{6-7}$$

对模型泛化性能的评价,不仅需要科学有效的实验方法,还需要能够有效评价模型泛化性能的评价指标。在不同的机器学习任务中,有着不同的任务需求,因此评价具体模型性能的指标也应因具体任务而不同。

(四) AUC

AUC(Area Under Curve)是 ROC 曲线下与坐标轴围成的面积(阴影部分),如图 6-35 所示。

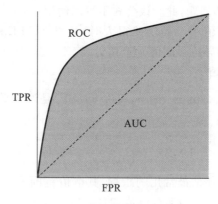

图 6-35 ROC 曲线

ROC 的全称是 Receiver Operating characteristic Curve,以 FPR(False Positive Rate,称为伪阳性率,见公式(6-8))为横坐标、TPR(True Positive Rate,称为真阳性率,见公式(6-9))为纵坐标。ROC 曲线不是光滑的,这是样本的数量有限造成的。

$$\text{FPR} = \frac{\text{FP}}{\text{FP} + \text{TN}} \tag{6-8}$$

$$\text{TPR} = \frac{\text{TP}}{\text{TP} + \text{FN}} \tag{6-9}$$

AUC 的取值范围为 [0,1]。AUC 值越大说明模型分类效果越好。如果 AUC=1,说明模型是完美的分类器;如果 AUC=0.5,说明模型分类效果较差,跟随机猜测一样,没有预测价值。

三、回归模型的性能评估

(一) 平均绝对误差(MAE)

平均绝对误差(Mean Absolute Error,简称 MAE)是误差(即 $\hat{y}_i - y_i$)绝对数的平均值,记作公式(6-10)。其中,y 为真实值,$\hat{y}$ 为预测值,m 为样本数量。

$$\text{MAE} = \frac{1}{m} \sum_{i=1}^{m} | \hat{y}_i - y_i | \tag{6-10}$$

MAE 对于异常值(Outliers)不敏感,适用于有较多异常值,导致预测结果产生偏移的回归模型的评估,能较好地反映预测值误差的实际情况。在使用 MAE 优化回归模型时,模型的预测值趋向于中位数,造成预测值的整体分布相对于真实值的分布可能会产生偏差。

因为缺少对真实值大小的考虑,用 MAE 无法判断两个具有不同个数自变量的回归模型的优劣。例如,某个回归模型的 MAE 为 10,如果真实值的平均数为 1000,则这个预测结果显然非常不错。但如果真实值的平均数为 1,则是一个糟糕的预测结果。为了解决这个问题,可以使用 MAPE。

(二) 平均绝对百分比误差(MAPE)

平均绝对百分比误差(Mean Absolute Percentage Error,简称 MAPE)是误差百分率的平均值,记作公式(6-11):

$$\text{MAPE} = \frac{1}{m}\sum_{i=1}^{m}\left|\frac{\hat{y}_i - y_i}{y_i}\right| \tag{6-11}$$

MAPE 的取值范围为 $[0,+\infty]$,MAPE 越大说明模型误差越大。如果 MAPE=0 说明预测值和真实值完全吻合,MAPE>100% 说明模型性能较差。值得注意的是,当真实值 y 有数据等于 0 时,存在分母为 0 的问题,此时该公式不可以使用。

不难发现如果某个真实值很小而误差很大时,会对 MAPE 的值产生较大影响,因此用 MAPE 优化回归模型时可能导致预测值低于真实值。

(三) 均方根误差(RMSE)

均方根误差(Root Mean Square Error,简称 RMSE)是误差平方和的平均值的平方根,记作公式(6-12):

$$\text{RMSE} = \sqrt{\frac{1}{m}\sum_{i=1}^{m}(\hat{y}_i - y_i)^2} \tag{6-12}$$

RMSE 是回归模型性能评估最常用的指标,其取值范围为 $[0,+\infty]$,RMSE 值越大说明模型误差越大。如果 RMSE=0,说明预测值和真实值完全吻合。

在使用 RMSE 优化回归模型时,模型的预测值趋向于平均数,预测值的整体分布相对于真实值的分布不会产生明显偏差。但是,RMSE 对异常值(Outliers)较敏感,而且和 MAE 一样,RMSE 也没有考虑到真实值大小,所以不能用 RMSE 来判断两个具有不同个数自变量的回归模型的优劣。

(四) 决定系数 R^2

决定系数(Coefficient of Determination,记作 R^2)的公式为:

$$R^2 = \frac{\sum_{i=1}^{m}(\hat{y}_i - \overline{y})^2}{\sum_{i=1}^{m}(\hat{y}_i - \overline{y})^2} \tag{6-13}$$

R^2 的取值范围为 $[0,1]$,越接近 1 说明模型拟合效果越好。R^2 反映了因变量 y 的全部变异能通过回归模型被自变量 x 解释的比例。例如,$R^2 = 0.8$ 表示回归模型可以解释因变量 80% 的变异。

但是,随着自变量个数的增加,R^2 的值将不断增大。不能简单地用 R^2 作为评价两个具有不同个数自变量的回归模型的标准,还必须考虑模型所包含的自变量个数的影响。为了解决这个问题,可以使用校正决定系数(R^2_{adjusted})公式为:

$$R^2_{\text{adjusted}} = 1 - \frac{(1-R^2)(m-1)}{m-p-1} \tag{6-14}$$

其中 m 是样本数量,p 是特征数量。校正决定系数抵消了自变量个数对决定系数 R^2 的影响,其值越大说明模型拟合效果越好。

其实,每项性能评估指标都存在优缺点,只有经过试验,才能知道哪项评估指标适用于当前的数据分析模型,需要选择一个或多个评估指标来计算预测的误差,再用另一个指标对模型进行优化。

本章小结

本章首先讲解了数据分析和大数据分析的区别,然后介绍了机器学习的基本概念、主要流派、历史发展、分类、过程和应用,接着概述了十二种主要机器学习的算法,以及模型的训练和评估。通过本章学习,可以熟悉机器学习的基本概念,掌握机器学习在大数据分析领域的全局状况和主要建模方法,是商业大数据分析的重点。

思考与练习

1. 在逻辑回归中为什么要使用 sigmoid 函数?
2. 在分类问题中,机器学习是如何处理多分类问题的?
3. 简述深度学习的历史发展及其标志性事件。

实 验

数 据 分 析

一、分析

机器学习是数据分析的核心方法,利用数据训练模型,从而获取信息和知识。机器学习的主要步骤如下。

第一步,明确分析目标和问题类型(回归问题、分类问题、聚类问题);

第二步,根据分析目标整理数据(数据预处理);

第三步,把数据集划分为训练集和测试集;在训练集上训练模型(确定模型的参数),在测试集上得到测试结果;

第四步,评估模型性能(比较真实值与预测值的差距:回归问题利用均方根误差,分类问题利用准确率、精确率和召回率,聚类问题利用兰德指数和轮廓系数定量衡量模型性能)。

使用泰坦尼克号 Titanic 中的 train.csv 数据文档预测乘客获救与否。因此,目标变量(因变量)为"Survived",其余变量都为特征项(自变量)。目标变量的取值只有两个:"0"和"1"。其中,"0"表示死亡,"1"表示获救,是离散型数据,所以这是一个分类问题。

- PassengerId => 乘客编号;
- Survived => 获救情况(1为获救,0为未获救);
- Pclass => 乘客等级(1等舱位,2等舱位,3等舱位);
- Name => 姓名,字符串型(String);
- Sex => 性别(male,female),字符串型(String);

- Age => 年龄，浮点数型(Double);
- SibSp => 兄弟姐妹及配偶在船数，整数型(Integer);
- Parch => 父母及子女在船数，整数型(Integer);
- Ticket => 船票编号，字符串型(String);
- Fare => 船票价格，浮点数型(Double);
- Cabin => 乘客船舱，字符串型(String);
- Embarked => 出发港口(C=Cherbourg;Q=Queenstown;S=Southampton)，字符串型(String)。

二、实验要求

(1) 在上一章数据预处理实验(缺失值处理和数据离散化)的基础上，分别利用决策树模型、随机森林模型、梯度提升机模型在训练集上训练数据，然后在测试集上查看模型的预测结果，评估和比较三个模型性能的优劣。

(2) 数据不做离散化处理，仍利用上述三个模型训练数据，评估模型性能，比较数据离散化对模型性能的影响，最终结果以表格形式呈现。

三、分类问题的数据分析流程

1. 特征选择

(1) 在 Rule Engine 节点之后添加 Column Filter 节点。

在对年龄特征数据离散化节点后增加一个特征选择(Column Filter)节点。原始数据集中 PassengerID、Name、Ticket 特征对预测目标变量无帮助，应删除。Cabin 特征的首字母取出，由 New_Cabin 替代；Age 和 Fare 进行数据离散化，由 New_Age 和 New_Fare 替代。因此，原有的 Age、Cabin、Fare 也应删除。

在"Node Repository"的搜索框中输入"Column Filter"，选择"Manipulation"→"Column"→"Filter"→"Column Filter"，将其拖入工作流编辑器窗口(见图 6-36)。

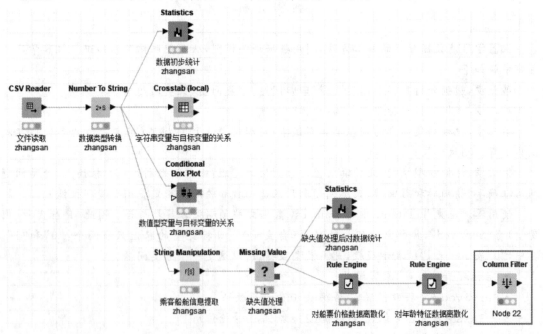

图 6-36 添加 Column Filter 节点

（2）连接 Rule Engine 节点和 Column Filter 节点。

（3）配置 Column Filter 节点。在工作流编辑器窗口中双击 Column Filter 节点，打开"Configure"，把 PassengerID、Name、Age、Ticket、Fare、Cabin 列删除，放入"Exclude"中。然后点击"OK-Execute"（见图 6-37）。

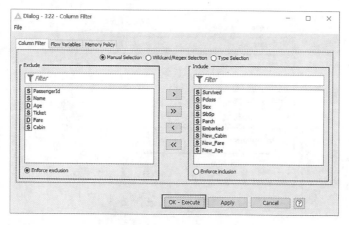

图 6-37　配置 Column Filter 节点

（4）执行 Column Filter 节点。

（5）查看 Column Filter 节点的执行结果。右键单击 Column Filter 节点，选择"Filtered Table"，结果共剩下 9 列（见图 6-38）。

Filtered table - 3:22 - Column Filter

File Hilite Navigation View

Table "default" Rows: 891 Spec - Columns: 9 Properties Flow Variables

Row ID	S Survived	S Pclass	S Sex	S SibSp	S Parch	S Embarked	S New_C...	S New_Fare	S New_Age
Row0	0	3	male	1	0	S	NAN	very_low	adult
Row1	1	1	female	1	0	C	C	middle	adult
Row2	1	3	female	0	0	S	NAN	very_low	adult
Row3	1	1	female	1	0	S	C	middle	adult
Row4	0	3	male	0	0	S	NAN	very_low	adult
Row5	0	3	male	0	0	Q	NAN	very_low	adult

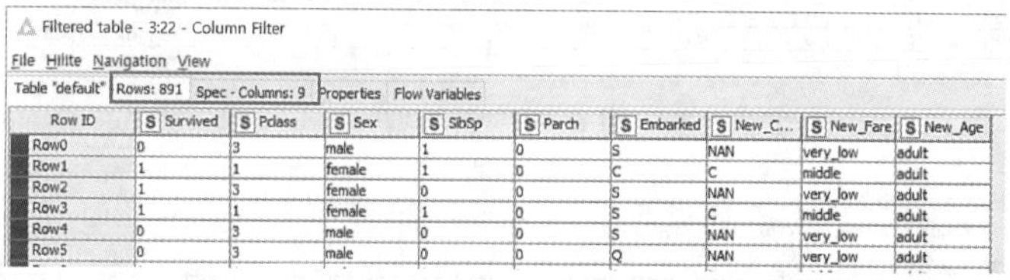

图 6-38　查看 Column Filter 节点的执行结果

2. 划分数据集

（1）添加 Partitioning 节点，把数据集按照 8∶2 的比例划分为训练集和测试集。在"Node Repository"的搜索框中输入"Partitioning"，选择"Manipulation"→"Row"→"Transform"下的"Partitioning"，然后将其拖入工作流编辑器窗口。

（2）连接 Column Filter 节点和 Partitioning 节点。

（3）配置 Partitioning 节点。

在工作流编辑器窗口中双击 Partitioning 节点，打开"Configure"，在"First partition"中的"Relative[%]"输入 80，即选择数据集中的 80% 为训练集；勾选"Draw randomly"和"Use random seed"，输入数据"16"，表示用随机抽取的方式选择 80% 数据成为训练集。然后，点击"OK"（见图 6-39）。

（4）执行 Partitioning 节点。

（5）查看 Partitioning 节点的执行结果。

右键单击 Partitioning 节点，选择"First partition(as defined in dialog)"，可以看到训练集中共 712 行（见图 6-40）。

选择"Second partition(remaining rows)"，可以看到测试集中共 179 行（见图 6-41）。

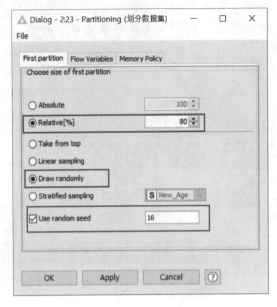

图 6-39　配置 Partitioning 节点

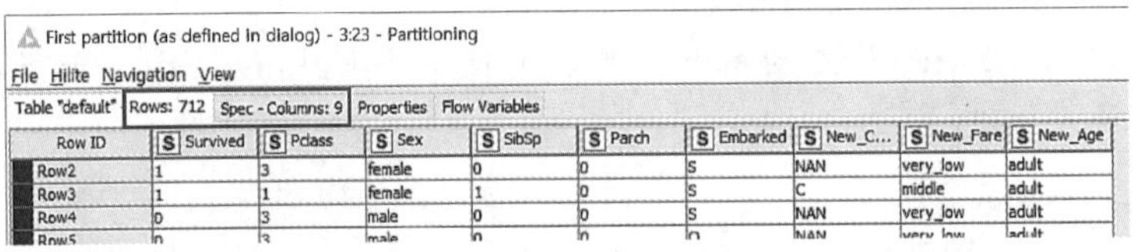

图 6-40　训练集

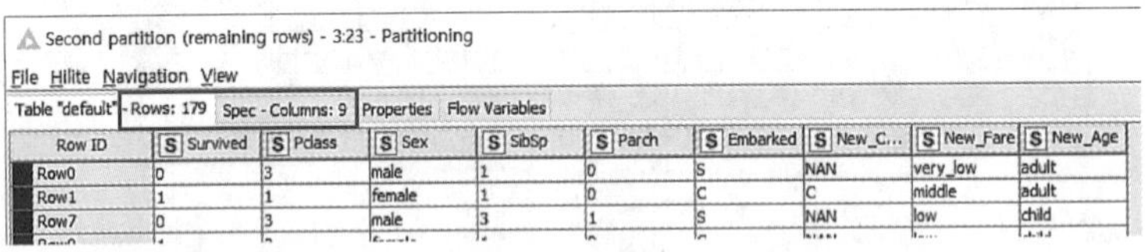

图 6-41　测试集

3. 在训练集上训练模型

(1) 添加 Decision Tree Learner 节点。

在"Node Repository"中选择"Analytics"→"Mining"→"Decision Tree"下的"Decision Tree Learner",然后将其拖入工作流编辑器窗口。

(2) 连接 Partitioning 节点和 Decision Tree Learner 节点。

(3) 配置 Decision Tree Learner 节点。

在工作流编辑器窗口中双击 Decision Tree Learner 节点,打开"Configure",在"Options"→"General"的"Class column"中选择"Survived",其他的默认配置(见图 6-42)。

然后,在"PMMLSettings"的"No true child strategy"选项卡中选中"returnLastPrediction"。最后,点击"OK-Execute"(见图 6-43)。

(4) 执行 Decision Tree Learner 节点并查看结果。

右键单击 Decision Tree Learner 节点,选择"Execute and Open Views",弹出了一个生成的决策树(见图 6-44)。

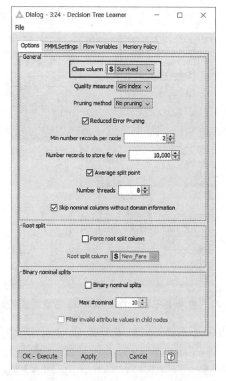

图 6-42 配置 Decision Tree Learner 节点-Option 选项卡

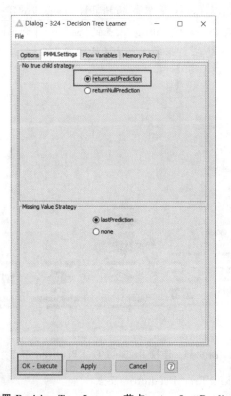

图 6-43 配置 Decision Tree Learner 节点-returnLastPrediction 选项卡

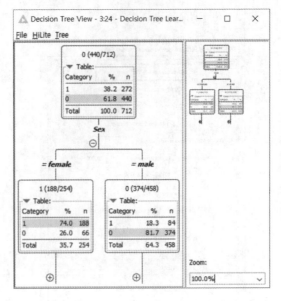

图 6-44　查看 Decision Tree Learner 节点的执行结果

4. 在测试集上查看测试结果

（1）添加 Decision Tree Predictor 节点。

在"Node Repository"中选择"Analytics"→"Mining"→"Decision Tree"下的"Decision Tree Predictor"，然后将其拖入工作流编辑器窗口。

（2）将连接 Decision Tree Learner 节点的输出和 Decision Tree Predictor 节点的矩形输入连接，表示模型输出；将连接 Partitioning 节点的 Second partition 输出（分割的测试集）和 Decision Tree Predictor 节点的三角形输入连接（见图 6-45）。

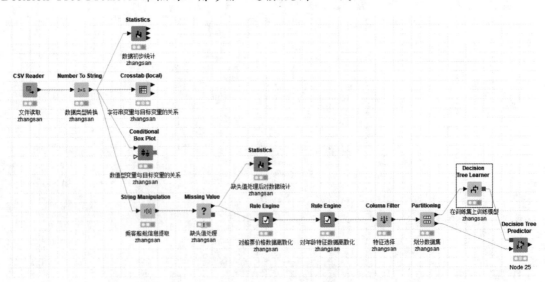

图 6-45　连接 Decision Tree Predictor 节点

（3）配置和执行 Decision Tree Predictor 节点。

按照默认配置，右键单击"Execute"，执行 Decision Tree Predictor 节点。

（4）查看 Decision Tree Predictor 节点的执行结果。

右键单击 Decision Tree Predictor 节点，选择“Classified Data”，可以看到在测试集上模型预测的结果“Prediction(Survived)”(见图 6-46)。

Classified Data - 3:25 - Decision Tree Predictor
File Hilite Navigation View
Table "default" - Rows: 179 Spec - Columns: 10 Properties Flow Variables

Row ID	Survived	Pclass	Sex	SibSp	Parch	Embarked	New_C...	New_Fare	New_Age	Prediction (Survived)
Row0	0	3	male	1	0	S	NAN	very_low	adult	0
Row1	1	1	female	1	0	C	C	middle	adult	1
Row7	0	3	male	3	1	S	NAN	low	child	0
Row9	1	2	female	1	0	C	NAN	low	child	1
Row21	1	2	male	0	0	S	D	low	adult	0
Row31	1	1	female	1	0	C	B	high	adult	1
Row43	1	2	female	1	2	C	NAN	low	child	1
Row45	0	3	male	0	0	S	NAN	very_low	adult	0
Row48	0	3	male	2	0	C	NAN	low	adult	0
Row50	0	3	male	4	1	S	NAN	low	child	0
Row54	0	1	male	0	1	C	B	middle	senior	0
Row55	1	1	male	0	0	S	C	low	adult	0
Row60	0	3	male	0	0	C	NAN	very_low	adult	0
Row67	0	3	male	0	0	S	NAN	very_low	adult	0
Row72	0	2	male	0	0	S	NAN	middle	adult	1

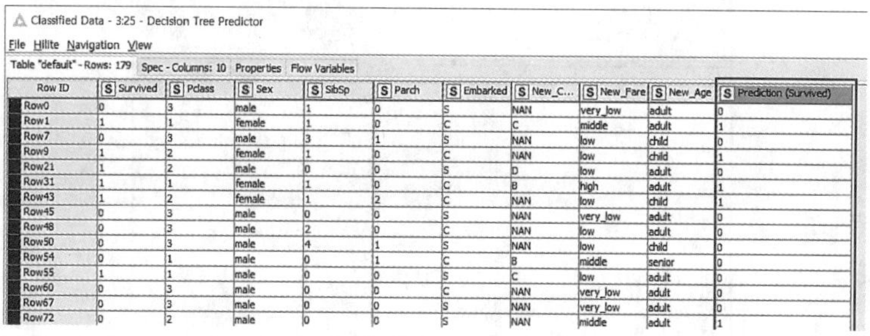

图 6-46　查看 Decision Tree Predictor 节点的执行结果

5. 评估模型性能

(1) 添加 Scorer 节点。

在“Node Repository”中选择“Analytics”→“Mining”→“Scoring”下的“Scorer”，然后将其拖入工作流编辑器窗口。

(2) 连接 Decision Tree Predictor 节点和 Scorer 节点。

(3) 配置 Scorer 节点。

在工作流编辑器窗口中双击 Scorer 节点，打开“Configure”，在“First Column”中选择“Survived”，其他默认设置。然后，点击“OK”(见图 6-47)。

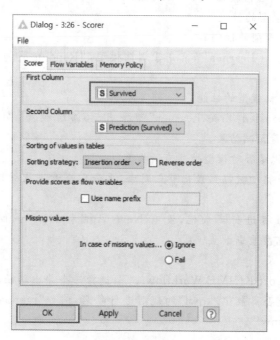

图 6-47　配置 Scorer 节点

(4) 执行 Scorer 节点。

右键单击 Scorer 节点，选择“Execute and Open Views”，自动弹出结果——混淆矩阵(见图 6-48)。

从图 6-48 可以看到模型的准确率为 82.682%。由于数据集划分是随机的，即训练集和测

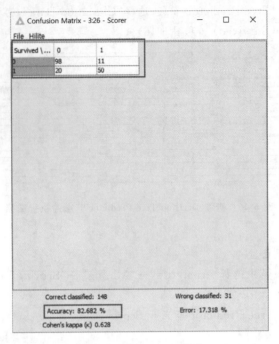

图 6-48　执行 Scorer 节点

试集是随机的,所以每个人得到的模型准确率有所差异。

6. 测试其他算法模型的性能

(1) 测试随机森林模型的性能。

使用"Random Forest Learner"节点用于训练模型,"Random Forest Predictor"节点用于查看预测结果。

(2) 测试梯度提升机模型的性能。

使用"Gradient Boosted Tree Learner"节点用于训练模型,"Gradient Boosted Tree Predictor"节点用于查看预测结果。

7. 比较数据离散化是否对模型性能有所提升

把对年龄和船票价格的数据离散化节点删除,再分别查看决策树模型、随机森林模型、梯度提升机模型的性能。

注意:因没有对数据进行离散化,没有 New_Age 和 New_Fare 特征,所以特征选择 (Column Filter)节点需要重新配置。

8. 导出工作流

选中"File"→"Export KNIME Workflow...",选择一个导出路径,依次导出工作流,将工作流按照"模型名称-是否离散化.knwf"的规则进行命名,例如"randomForest-离散化.knwf"和"GBDT-未离散化.knwf"。

第七章

大数据可视化

学习导引

人们经常看到报告、杂志、新闻媒体上出现某企业用饼状图来统计员工的作息时间,国家经常用柱形图来表示一段时间的 GDP 等。这些数据可视化有什么意义?数据可视化还有哪些方法或种类?使用 KNIME 可以进行哪些数据可视化?通过本章的学习,我们将了解并使用数据可视化。

学习重点

通过本章学习,重点掌握以下知识要点:
1. 数据可视化的定义及发展历程;
2. 大数据可视化的分类及挑战;
3. 视觉感知的定义;
4. 视觉感知的处理过程;
5. 统计图。

人眼是一个高带宽的海量视觉信号输入并行处理器,最高带宽为每秒 100MB,具有很强的模式识别能力,对可视符号的感知速度比对数字或文本的感知速度快多个数量级,且大量的视觉信息的处理发生在潜意识阶段。其中的一个例子是视觉突变:在一大堆灰色物体中能瞬时注意到红色的物体。由于在整个视野中的视觉处理是并行的,无论物体所占空间大小,这种突变都会发生。视觉是获取信息的最重要通道,超过 50% 的人脑功能用于视觉的感知,包括解码可视信息、高层次可视信息处理和思考可视符号。人类从外界获取信息的 83% 来自视觉,11% 来自听觉,3.5% 来自触觉,1% 来自味觉。

第一节 数据可视化

一、数据可视化概述

从信息加工的角度看,海量的信息将消耗大量的注意力,需要有效地分配注意力。而精心设计的可视化可以作为某种外部内存,辅助人们在人脑之外保存待处理信息,从而补充人脑有限的记忆内存,有助于将认知行为从感知系统中剥离,提高信息认知的效率。同时,视觉系统的高级处理过程中包含一个重要部分,即有意识地集中注意力。人类执行视觉搜索的效率通常只能保持几分钟,无法持久。而图形化符号可高效地传递信息,将人的注意力引导到重要的目标上。

(一)数据可视化历史发展

1. 17世纪前:早期地图与图表

在17世纪以前,人类研究的领域有限,总体数据量处于较少的阶段,因此几何学通常被视为可视化的起源,数据的表达形式也较为简单。但随着人类知识的增长,活动范围不断扩大,为了能有效探索其他地区,人们开始汇总信息绘制地图。1617年Willebrord Snellius(荷兰天文学家)首创了三角测量法后,绘图变得更加精确,形成更加精准的视觉呈现方式。人类对天文学的研究开始较早。例如,一位不知名的天文学家于10世纪创作了描绘7个主要天体时空变化的多重时间序列图(见图7-1),图中已经存在很多现代统计图形的元素,如坐标轴、网格图、平行坐标和时间序列。

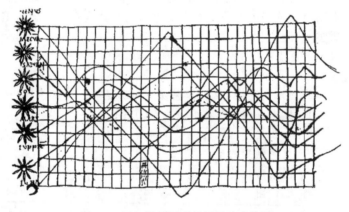

图7-1 已知最早展现行星运动变化图

(图片来源:https://commons.wikimedia.org/wiki/File:Planetary_Movements.gif。)

2. 1600—1699年:测量与理论

更为准确的测量方式在17世纪得到了广泛的使用。大航海时代,欧洲的船队出现在世界各地的海洋上,向外进行殖民扩张。这对于地图制作、距离和空间的测量都产生了极大的促进作用。同时,伴随着科技的进步和经济的发展,数据的获取方式主要集中在对时间、空间、距离的测量上,对数据的应用集中于制作地图、天文分析上。例如,Michael van Langren(荷兰天文学家)绘制的具有坐标和距离刻度的图(见图7-2)。

此时,笛卡尔(René Descartes,1596—1650,法国数学家)发明了解析几何和坐标系,在两个或者三个维度上进行数据分析,成为数据可视化历史中重要的一步。同时,早期概率论和人口统计学研究开始出现。这些早期的探索,开启了数据可视化的大门。数据的收集、整理和绘制开始了系统性的发展。

3. 1700—1799年:新的图形形式

18世纪英国工业革命、牛顿对天体的研究,以及微积分方程的建立,都推动了数据向精准化和量化的阶段发展,用抽象图形的方式来表示数据的想法也不断成熟。随着对数据系统性

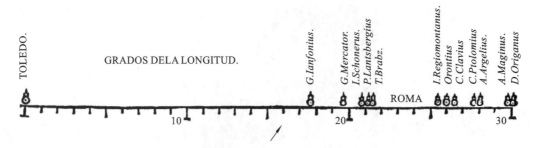

图 7-2　1644 年 Toledo(托莱多)到 Rome(罗马)距离

的收集以及科学的分析处理,18 世纪数据可视化的形式已经接近当代科学使用的形式,条形图和时序图等可视化形式的出现体现了人类数据运用能力的进步。图 7-3 是 William Playfair(英国政治经济学家)于 1786 年发明的条形图。

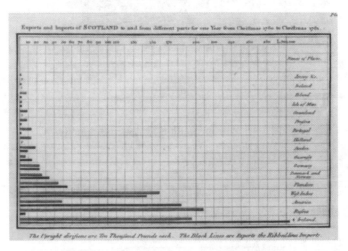

图 7-3　William Playfair 发明的第一幅条形图

(图片来源:https://en.wikipedia.org/wiki/William_Playfair#/media/File:1786_Playfair_-_Exports_and_Imports_of_Scotland_to_and_from_different_parts_for_one_Year_from_Christmas_1780_to_Christmas_1781.jpg。)

4. 1800—1849 年:现代信息图形设计的开端

在这一时期,数据可视化领域出现了爆炸式的发展,目前已知的几乎所有形式的统计图形都是那时发明的。这一时期,数据的收集整理从科学技术和经济领域扩展到社会管理领域,对社会公共领域数据的收集标志着人们开始以科学手段进行社会研究。与此同时,科学研究对数据的要求也变得更加精确,研究数据的范围也有明显扩大,人们开始有意识地使用可视化的方式尝试研究、解决更广泛领域的问题。图 7-4 是 1815 年由 William Smith(英国地质学家)绘制的第一幅地质图,引领了一场在地图上表现量化信息的潮流,也被称为"改变世界的地图"。

5. 1850—1899 年:数据制图的黄金时期

由高斯(Johann Carl Friedrich Gauss,1777—1855,德国数学家)和拉普拉斯(Pierre-Simon Laplace,1749—1827,法国数学家)提出的统计理论使数据可视化迎来了第一个黄金时代,欧洲开始着力发展包括数据可视化在内的数据分析技术。政府机构开始进行数据采集,数据的来源也变得更加规范化。在 1857 年维也纳的统计学国际会议上,学者开始对数据可视化图形的分类和标准化进行讨论。不同数据图形开始出现在书籍、报刊、研究报告和政府报告等正式场合之中。图 7-5 是 Charles Joseph Minard(法国土木工程师)用二维表达方式描述拿破

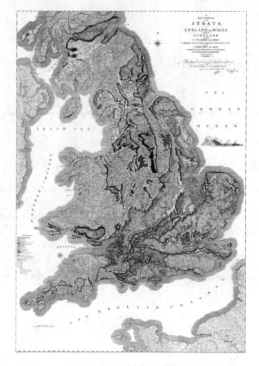

图 7-4 William Smith 绘制的第一幅地质图

(图片来源:https://en.wikipedia.org/wiki/William_Smith_(geologist)#/media/File:Geological_map_Britain_William_Smith_1815.jpg。)

仑战争时期军队损失的统计图,展示了六种维度(军队数量、距离、气温、经纬度、行动方向、具体日期的位置)的数据。

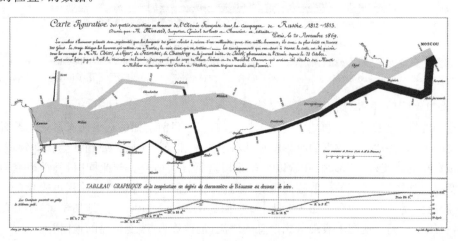

图 7-5 拿破仑战争时期军队损失图

(图片来源:https://en.wikipedia.org/wiki/Charles_Joseph_Minard#/media/File:Minard.png。)

6. 1900—1949 年:现代休眠期

这一时期人类收集、展示数据的方式并没有在根本上创新,统计学在这一时期也没有大的发展,追求数理统计严格的数学基础并扩展统计的疆域成为这个时期统计学家们的核心任务,所以整个 20 世纪上半叶都是休眠期。数据可视化成果在这一时期得到了推广和普及,并开始被用于展示天文学、物理学、生物学的理论新成果,如 Harry Beck(英国工程制图员)1933 年绘制的伦敦地铁图的可视化形式(见图 7-6)沿用至今。

图 7-6　1933 年伦敦地铁图

(图片来源:https://en.wikipedia.org/wiki/Harry_Beck#/media/File:Beck_Map_1933.jpg。)

7. 1950—1974 年:复苏期

这一时期,计算机的发明让人类处理数据的能力有了跨越式的提升。John Wilder Tukey (美国数学家)发表了论文《The Future of Data Analysis》,将探索性数据分析(Exploratory Data Analysis,EDA)视为不同于数理统计的另一独立学科,并在 1977 年首次采用了箱形图 (Box Plot)等新的可视化图形形式,成为可视化新时代的开启性人物。1967 年,Jacques Bertin(法国制图师和理论家)出版了著作《Semiology of Graphics》(见图 7-7)。该书根据数据的联系和特征,来组织图形的视觉元素,为数据可视化提供了一个坚实的理论基础。

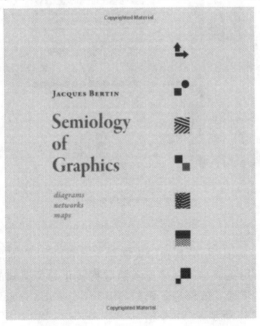

图 7-7　1967 年《Semiology of Graphics》出版

8. 1975—2011年：动态交互式数据可视化

20世纪70年代到80年代，人们主要尝试使用多维定量数据的静态图来表现静态数据，80年代中期动态统计图开始出现，最终在20世纪末两种方式开始合并，试图实现动态、可交互的数据可视化，于是动态交互式的数据可视化方式成为新的发展主题（见图7-8）。

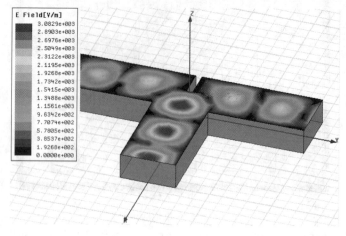

图7-8 动态交互式数据可视化

9. 2012年至今：大数据可视化

数据时代的到来对数据可视化的发展有着冲击性的影响。大规模的动态化数据要依靠更有效的处理算法和表达形式才能够传达出有价值的信息（见图7-9）。

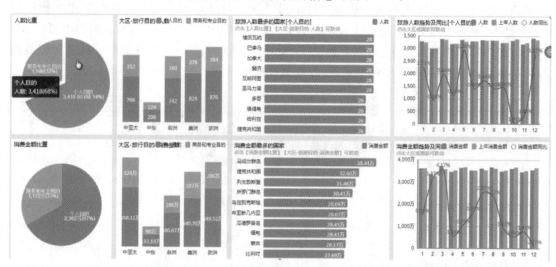

图7-9 大数据可视化

（二）数据可视化定义

数据可视化（Data Visualization）是利用人眼的感知能力对数据进行交互的可视表达，以增强认知的技术。它将不可见或难以直接显示的数据转化为可感知的图形、符号、颜色、纹理等，以增强数据识别效率，传递有效信息。例如，1973年Francis Anscombe（英国统计学家）设计了四组二维数据，如表7-1所示。

表 7-1 Francis Anscombe 四重奏数据

I		II		III		IV	
x	y	x	y	x	y	x	y
10.0	8.04	10.0	9.14	10.0	7.46	8.0	6.58
8.0	6.95	8.0	8.14	8.0	6.77	8.0	5.76
13.0	7.58	13.0	8.74	13.0	12.74	8.0	7.71
9.0	8.81	9.0	8.77	9.0	7.11	8.0	8.84
11.0	8.33	11.0	9.26	11.0	7.81	8.0	8.47
14.0	9.96	14.0	8.1	14.0	8.84	8.0	7.04
6.0	7.24	6.0	6.13	6.0	6.08	8.0	5.25
4.0	4.26	4.0	3.1	4.0	5.39	19.0	12.5
12.0	10.84	12.0	9.13	12.0	8.15	8.0	5.56
7.0	4.82	7.0	7.26	7.0	6.42	8.0	7.91
5.0	5.68	5.0	4.74	5.0	5.73	8.0	6.89

每组数据的单维度均值、最小二乘法回归线方程、误差的平方和、方差的回归和、均方误差的误差和、相关系数等统计属性均相同。因此通过传统的数据分析方法难以对它们直接进行区分。但是,当实际的数据分布情况用二维可视化方式呈现(见图 7-10)时,就可以迅速地从数据中发现它们的不同模式和规律。

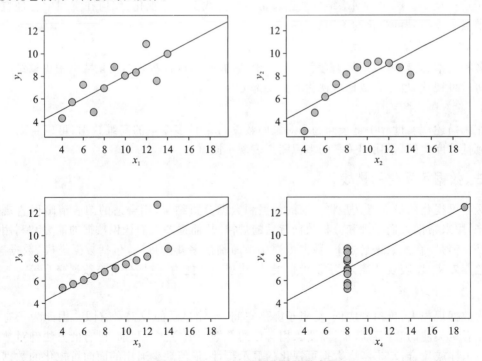

图 7-10 Anscombe 四重奏数据散点图

数据可视化不仅仅是一个生成图形图像的过程,更是一个对数据所表示的实物的一个认知过程,即形成某个物体的感知图像,强化认知理解。因此,数据可视化的终极目的是对事物规律的洞悉,而非所绘制的可视化结果本身。这包含了发现、决策、解释、分析、探索和学习等多重含义,可以通过数据可视表达增强人们完成某些任务的效率。

二、数据可视化分类

(一)根据数据分析目标分类

根据数据分析目标,数据可视化可以分为探索性分析和解释性分析两种。

1. 探索性分析可视化

为了探索、理解数据,找出事先不确定但值得关注或分享信息的一种可视化技术。

2. 解释性分析可视化

为了向受众解释确定的已知问题,并有针对性地进行交流和展示的一种可视化技术。

(二)根据数据类型分类

根据数据类型,数据可视化可以分为时空数据可视化、层次与网络结构数据可视化、文本和跨媒体数据可视化和多变量数据可视化。

1. 时空数据可视化

时间和空间是描述事物的必要元素,因此,时空数据和地理信息数据的可视化非常重要。对于时空数据,通常具有线性和周期性两种特征;对于地理信息数据,合理选择和布局地图上的可视化元素,尽可能呈现更多的信息是关键。

2. 层次与网络结构数据可视化

网络数据是网络安全世界中最常见的数据类型。网络之间的连接、层次结构、拓扑结构等都属于这种类型。层次与网络结构数据通常使用点线图来可视化,如何在空间中合理有效地布局节点和连线是可视化的关键。

3. 文本和跨媒体数据可视化

各种文本、跨媒体数据都蕴含着大量有价值的信息,从这些非结构化数据中提取结构化信息并进行可视化,也是大数据可视化的重要部分。

4. 多变量数据可视化

用来描述现实世界中复杂问题和对象的数据常常是多变量的高维数据,可以将高维数据降维到低维度空间,采用相关联的多视图来表现不同维度。

三、数据可视化的挑战

数据可视化的最大意义是将抽象的数据和数据分析结果,用合适的图表清晰而直观地表达出来,用来帮助人们推理和分析数据背后的规律,从而提高人们认识数据的能力和利用数据的水平。但是,在大数据场景下,数据可视化却面临诸多新的挑战,包括数据规模、数据融合、图表绘制效率、图表表达能力、系统可扩展性、快速构建能力、数据分析与数据交互等。

(一)数据规模

大数据规模大、价值密度低,受限于屏幕空间,所能显示的数据量有限。因此为了有效显示使用者所关注的数据和特征,需要采用有效的数据压缩方法。目前,已有的方法针对数据本身进行采样或聚合,却未考虑数据可视化的显示特性,依然缺少通用的面向可视化的数据压缩方法,也缺少实际应用的产品。

(二)数据融合

大数据数据类型多样,常常分布于不同的数据库。如何融合不同来源、不同类型的数据,为使用者提供统一的可视化视角,支持可视化的关联探索与关系挖掘,是一个重要的问题。其中涉及数据关联的自动发现、多类型数据可视化、知识图谱构建等多个技术问题。

(三) 图表绘制效率

随着数据规模的增加,图表可视化的效率问题越来越凸显。目前,有些可视化产品开始采用 WebGL 借助 GPU 实现平行绘制。越来越多的数据可视化产品采用 B/S 架构,由于跨终端需求越来越普遍,对图表绘制提出了更多挑战。

(四) 图表表达能力

随着产生数据的来源增加,数据类型不断增加,数据使用者对于数据的交互需求越来越多,已有的数据可视化产品完全无法满足使用者的可视化需求,时常出现需要的可视化形式产品不支持或支持不够等问题。这就对系统的图表表达能力提出了更高的要求,同时对系统支持使用者的个性化定制提出了新的要求。

(五) 系统可扩展性

大数据对数据可视化系统的扩展能力提出了新的挑战,系统的可扩展性将成为衡量一个大数据可视化系统的重要指标。

(六) 快速构建能力

大数据伴随着快速变化与增加的数据,如何帮助用户及时理解数据、发现问题,离不开数据可视化的快速构建能力,即根据使用者数据驱动的图表快速定制的能力。数据在秒级甚至毫秒级更新的情况下,有没有可能实现图表的秒级更新与快速定制。另外,图表定制后的快速共享与响应功能也将成为必要的系统功能。

(七) 数据分析

传统的商务智能工具主要集中在数据筛选、聚合及可视化功能,已经不能满足大数据分析的需求。Gartner 提出了"增强分析",数据可视化只有结合丰富的大数据分析方法,将数据的探索式分析形成一个闭环,才能实现完整的大数据可视化产品,有效帮助使用者理解数据。预测性分析是大数据的趋势,数据可视化有效结合预测方法,将有助于使用者的决策。

(八) 数据交互

大数据可视化使用者需要通过可视化与图表背后的数据和处理逻辑进行交互,由此反映使用者的个性化需求,帮助用户用一种交互迭代的方式理解数据。在传统的交互手段基础上,更加自然的交互方式将有助于使用者与数据进行更好的交互,也有助于拓展大数据可视化产品的使用范围与应用场景。

第二节 视觉感知

数据可视化技术是将数据转换为易于被人们感知和认知的可视化视图的重要手段。整个过程涉及数据处理、可视化编码、可视化呈现和视图交互等流程,每一个步骤的设计需要根据人类感知和认知的基本原理进行优化,只有深刻理解视觉感知和认知特点,才能做出更好的可视化设计。

一、视觉感知的概念

视觉感知(Visual Perception)是指客观事物通过视觉感觉器官(眼睛等)在人脑中产生直

接反映的过程。视觉感知的重点在颜色、图案和结构。视觉认知是指个体对视觉感知信息的进一步加工处理过程,包括视觉信息的抽取、转换、存储、简化、合并、理解和决策等加工活动。根据格式塔(Gestalt)理论,人们在进行观察的时候,倾向于将视觉感知的内容理解为常规的、简单的、相连的、对称的或有序的结构。同时,人们在获取视觉感知的时候,会倾向于将事物理解为一个整体,而不是理解为组成事物所有部分的集合。

二、视觉感知处理过程

一般来说,通过视觉感知事物有两种信息处理过程,分别是"自下而上"处理过程和"自上而下"处理过程。

(一)"自下而上"处理过程

"自下而上"是一种被动处理过程。例如,看到一张方向盘的图片,再给你看一张轮胎的图片,眼睛会检测这些图像的特征,这些特征经过大脑处理,就能感知到这是汽车的局部,甚至可以想象出来是哪种品牌的汽车。如图7-11所示,大脑会进行自下而上的处理:感受到它是由两条粗的垂直线和三条细的水平线组成的形状,没有上下文赋予它特定的含义。

图7-11 "自下而上"处理过程

(二)"自上而下"处理过程

"自上而下"处理是指由认知驱动感知,大脑在处理信息的过程中会对应它所知道的或期望的东西。如果将图7-11放到一个特定的环境中,会出现什么情况呢?

当这张图片被字母包围时,大脑会自动将上面的形状构建成字母,并完成排列。在这种情况下,我们会感觉到这个形状是字母"B"(见图7-12)。当它被数字包围时(见图7-13),大脑会自动将该形状转换成数字"13",这就是"自上而下"的处理方式,可见感知是由认知期望驱动的。

图7-12 "自上而下"处理过程(1)　　　　图7-13 "自上而下"处理过程(2)

三、视觉颜色

(一)颜色刺激理论

人类对颜色的感知,既有光的物理性质影响,也有心理因素。从物理学的角度看,光线其实是不存在颜色的,所谓颜色只是人的视觉系统对接受光信号的一种主观视觉感知,也就说有这么多种颜色也是因为人视觉系统的主观分类才形成的。而不同人的视觉系统在一定程度上是会有一定差异的。物体呈现的颜色和属性是由光源波长分布和人的心理认知所共同作用决定的,所以颜色也是一种心理现象。

(二)色彩空间

色彩空间,也称色彩模型或色彩系统,是指使用一组值(3到4个)表示颜色的方法的抽象数学模型。较常见的色彩空间有 RGB 色彩空间、CMYK 色彩空间和 HSV/HSL 色彩空间等。

四、视觉编码

数据可视化将数据以一定的变换和视觉编码原则映射为可视化视图。对数据可视化的感知和理解是通过人的视觉通道完成的。数据可视化的本质是视觉编码(见图 7-14)。对数据进行视觉化元素映射时,就需要遵守符合人类视觉感知的基本编码原则。

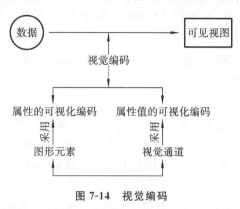

图 7-14 视觉编码

(一) 相对性与绝对性

人类感知系统的工作原理取决于对所观察事物的相对判断。一般人们在观察时都会选取参照物,基于人们的这种习惯性操作,我们在进行可视化设计时也要符合这一原则,从而达到最佳效果,如图 7-15 所示。

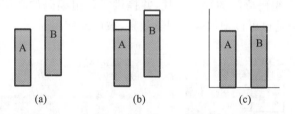

图 7-15 相对性与绝对性

图 7-15 中(a)既无参照物也没有对齐,(b)使用了相同尺寸的边框作为参照物,(c)中两个矩形对齐具有较好的相对性。另外,视觉感知系统对于亮度和颜色的判断完全是基于周围环境的,也就是通过与周围环境的亮度颜色比对来获得焦点的亮度颜色。在数据可视化设计中,设计者要充分考虑到人类感知系统的这种现象,防止用户对可视化设计产生误解。

(二) 标记和视觉通道

数据可视化编码由两部分组成:图形元素的标记和用于控制标记的视觉特征的视觉通道。标记是指从数据属性到可视化元素的映射,用于直观地表示数据的性质分类。标记通常是一些几何图形元素,如点、线、面。

视觉通道是用于控制标记的视觉特征,一般可用的视觉通道包括标记的位置、大小、形状、方向、色调、饱和度、亮度等。不同的视觉通道对于数据的信息表达能力是不一样的。视觉通道的表现力指的是用视觉通道编码信息时仅需要表达数据的完整属性,也就是能不能完整表达出数据属性的能力。一般编码信息的精确性、可辨性、可分离性和视觉突出等方面可以衡量不同数据通道的表现力。1986 年 Jock D. Mackinlay(美国信息视觉专家)给出了不同视觉通道表示信息的精确性大小关系：

位置(对齐)＞位置(未对齐)＞长度＞角度＞面积＞深度＞亮度 ≈ 饱和度＞曲率 ≈ 体积

数据可视化设计中，同样的数据可以用多种不同的视觉通道进行编码，呈现出最佳的可视化结果。视觉通道有如下特性。

1. 平面位置

水平位置和垂直位置属于平面位置的两个可以分离的视觉通道，当编码的数据属性是一维时，仅选择其一。一般来说，两个视觉通道的差异较小，但是有研究也指出，由于真实世界重力的影响，垂直位置会比水平位置有略高的优先级。也就是说在相同条件下，人们更容易分辨出高度的差异。因此，显示器的显示比例通常会设计成包含更多的水平像素，从而使水平方向的信息含量可以和垂直方向相当。

2. 颜色

在所有视觉通道中，颜色是最复杂的，但也是可以编码大量数据信息的视觉通道，所以在可视化设计里面很常用。一般来说，颜色可分为亮度、饱和度、色调这三个视觉通道，前两个可认为是定量或定序，最后一个属于定性的视觉通道。所以说"颜色"既是分类的也是定量的。

亮度(Brightness)适用于编码有序数据。亮度通道可辨性小，一般尽量使用少于6个不同层次的可辨亮度层次。相比于另外两个颜色通道(饱和度和色调)，亮度的对比度形成的边界现象非常明显。所以受对比度效果的影响后，人类对于亮度的感知会缺乏精确性。

饱和度(Saturation)适用于编码有序数据。饱和度与尺寸之间存在强烈的相互影响，小尺寸上区分饱和度会更加困难。饱和度的精确性也会受到对比度效果影响。

色调(Hue)适用于编码分类的数据属性，并提供了分组编码的功能。但在排序上位于位置之后(见图7-16)，但是也可以增加许多视觉效果，被广泛使用。

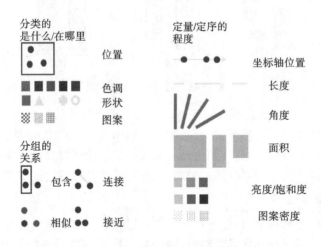

图 7-16 视觉编码在不同类型应用上的顺序

3. 尺寸

尺寸是定量或定序的视觉通道，适合编码有序数据属性。尺寸对部分视觉通道有相互影响，同样尺寸维度过多时，精确度也会下降。

4. 斜度与角度

斜度可用于分类或有序的数据属性的编码，斜度即方向或角度。它还可以用于编码数据的发散性。

5．形状

形状用于分类分组数据属性，应尽量使用辨别度大的形状。

6．纹理

纹理是多种视觉变量的组合，包括形状、颜色和方向，可用于分类分组数据。

7．动画

动画作为视觉通道的一种，也可以用于可视化表达，包括运动方向、运动速度、闪烁频率等。动画与其他视觉通道具有天然的分离性，在动画可视化中要观察非动画的视觉通道就会有很大的困难。

图 7-17 展示了不同数据类型的视觉通道的重要性，越是上边的视觉通道越重要。

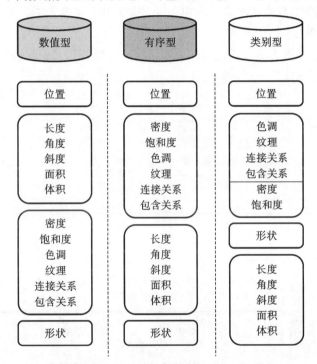

图 7-17　同数据类型的视觉通道的重要性

第三节　统　计　图

一、统计图

统计图是根据数据，用几何图形、事物形象和地图等绘制的各种图形，一般由位置、颜色、大小、形状、方向、坐标系、注释、字体等元素组成。统计图可以使大数据简单化、通俗化、形象化，使人一目了然，便于理解和比较。因此，统计图在大数据分析中占有重要地位，并得到广泛应用。

二、可视化的基础图表

(一)散点图(Scatter Plot)

散点图是因变量(y)随自变量(x)变化的大致趋势图。数据点绘制在直角坐标系上,以一个变量为横坐标,另一个变量为纵坐标。散点图利用坐标点(散点)的分布形态来反映变量的统计关系。散点图适合应用于判断两个变量之间是否存在某种关联或者发现数据分布、聚合情况的场景。它的优点是:

(1) 可以展示数据的分布和聚合情况;
(2) 适合展示较大的数据集;
(3) 通过反映数据在一个有序的因变量上的变化,来反映事物随类别而变化的趋势。

按照自变量的维度,散点图可以分为单一变量类型和分组变量类型两种。

1. 单一变量类型

单一变量类型散点图表示一类变量的分布情况或趋势,图 7-18 表示共享单车使用量与天气的关系。

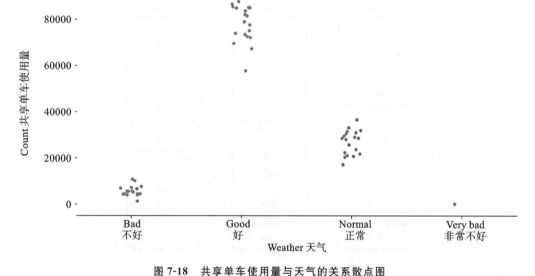

图 7-18　共享单车使用量与天气的关系散点图

(数据来源:https://www.kaggle.com/c/bike-sharing-demand/data。)

2. 分组变量(多变量)类型

分组变量类型散点图表示两类及以上的变量分布情况或趋势,图 7-19 表示不同性别的身高和体重的关系。图中有两个自变量,一个是性别,另一个是身高。可以通过对性别进行分组,来保证在一个二维的平面直角坐标系中呈现具有多个自变量的情况的数据。

(二)折线图(Line Plot)

折线图用于显示随时间或某种有序的类别而变化的趋势。在折线图上,横轴通常表示时间或者某种有序的类别,纵轴表示变化趋势。图 7-20 是 2018 年 7 月初《我不是药神》的电影票房情况折线图。可以看出在 7 月 1 日时,电影的票房比较低,但是随后几天票房得到了一个快速的增长,在 7 月 7 日附近,票房达到了最高点并且保持了一个持续稳定的状态,随后票房开始下降。

折线图适合展示数据在一个有序的因变量上的变化情况。它的特点是反映事物随类别变化的趋势,可以清晰展示数据的增减趋势和速率、增减的规律和峰值等特征。它的优点是:

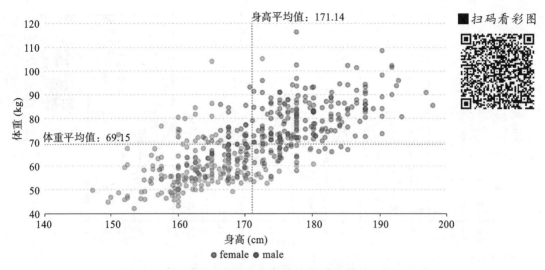

图 7-19　不同性别的身高和体重散点图

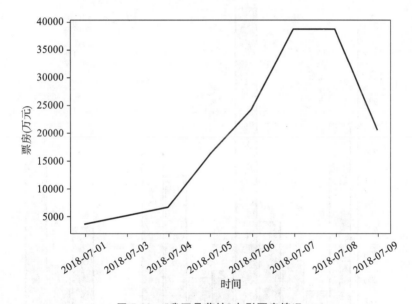

图 7-20　《我不是药神》电影票房情况

(1) 能够很好地展现沿某个维度的变化趋势；

(2) 适合展现较大的数据集。

图 7-21 展示了不同季节共享单车的 24 小时使用量与季节的关系。可以看出，四个季节需求趋势整体一致，气候最宜人的秋天，共享单车整体使用量最高，而春季整体小于夏、秋、冬三个季节，其中的缘由值得深思。

(三) 柱形图(Column Chart)

柱形图也叫柱状图，是一种用宽度相同的条形的高度显示变量数值的可视化方法。通常横轴用来表示数据的分类，纵轴表示数量。柱形图适合展现自变量是离散数据的情况。每一个条形代表一类数据。例如，图 7-22 表示某段英文小说中字母 A-N 出现频率的柱形图。

当图形中有两个分类变量、一个数值变量的时候，可以绘制分组柱形图。分组柱形图可用

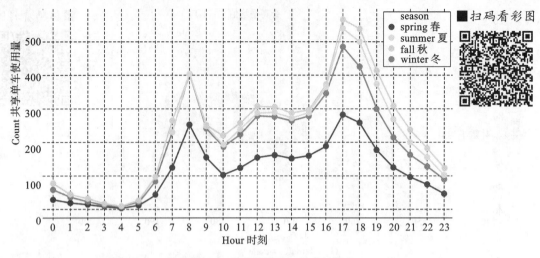

图 7-21 共享单车 24 小时使用量与季节的关系

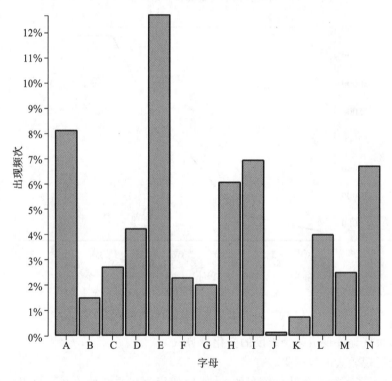

图 7-22 字母 A-N 出现频率的柱形图

于展示三维数据。图 7-23 展示了三个上市公司对应的三只股票的固定资产和流动资产的情况,浅灰色表示的是固定资产,深灰色表示的是流动资产。

图 7-24 为堆积柱形图,它与分组柱形图类似,区别只是以叠加的形式进行展示,它适用于对不同的子类求和的应用场景。这张图把固定资产和流动资产进行了堆积,是因为固定资产和流动资产是可叠加的。

(四)条形图(Bar Chart)

条形图使用的可视化元素是一维空间的长度信息。研究表明,条形图在比较不同类别时

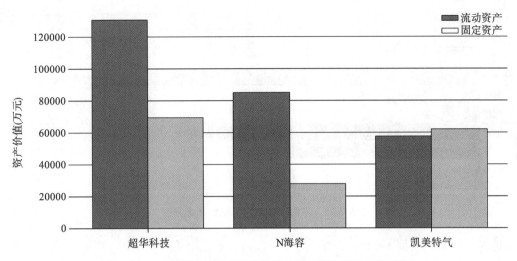

图 7-23　三只股票的固定资产和流动资产情况的分组柱形图

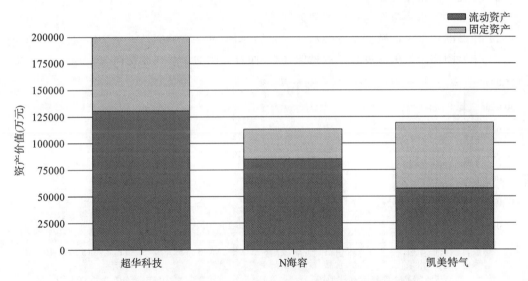

图 7-24　三只股票的固定资产和流动资产情况的堆积柱形图

的效果要比柱形图差一些,这可能是基于人的视觉的一些特征。但总体上来讲,条形图和柱形图的差异不大。图 7-25 展示了不同产品类别的销售额的对比情况。

无论是柱形图还是条形图,它们的应用场景与优势是一样的:都适合展示二维的数据集,展示数据的分布情况,其中一个轴表示需要对比的分类维度,另一个轴表示相应的数值。它们的优点是:

(1) 简单直观;

(2) 通过柱形的高矮和条形的长短,可以非常直观地看出不同组数据之间的差异性。

(五) 直方图(Histogram)

直方图适合用来展示数值数据的分布。通常横轴表示一个范围内的连续数据,纵轴表示分布情况。直方图的绘制方法如下:

(1) 将横轴的连续数据进行分组,通常采用平均分组,这样画出来的每一个条形的宽度也

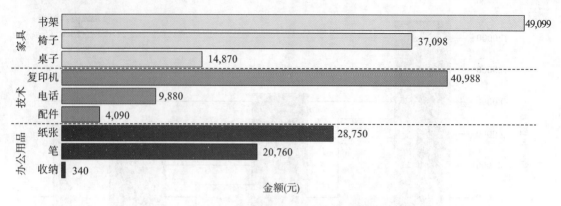

图 7-25　不同产品类别的销售额条形图

是相等的,例如,将数据 1—100 平均分为 10 组,那么第 1 组就是 1—10；

(2) 统计每组情况出现的频数；

(3) 按统计结果来绘制图形。

如图 7-26 所示,直方图与柱形图的区别在于：

(1) 柱形图横轴上的数据是分类数据,而直方图横轴上的数据是一个个连续的区间；

(2) 柱形图用条形的高度表示数量的大小,而直方图的条形高度是频次。

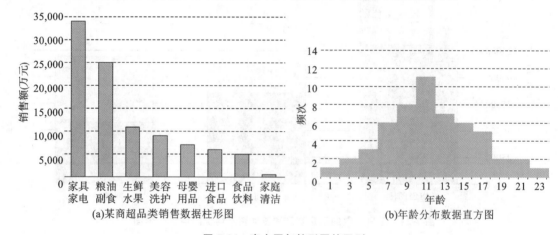

图 7-26　直方图与柱形图的区别

（六）饼图（Pie Chart）

饼图是条形图的变种,它能够很好地展示各个分量在总体中的比例。图 7-27 中,用不同底纹的扇形对应不同的分量,分别代表优秀、良、一般、差员工的工作状态的占比。从饼图中我们可以看出优秀占比 40%,是最大的分量。

饼图的绘制方法是：

(1) 统计每个分量的频数或者频率；

(2) 绘制饼图,每个分量对应扇形的面积由分量的频数或频率的大小决定。

饼图适用于分析简单占比的情况。它的特点也是简单直观,很容易看到组成成分的占比。

（七）箱线图（Box Plot）

箱线图,又称盒须图、盒式图或盒状图,是一种显示一组数据分散情况的统计图,特别适用

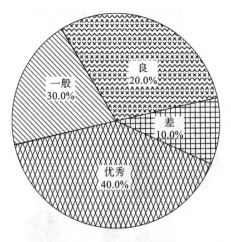

图 7-27　工作状态饼图

于异常值的检测。它的横轴通常表示分类数据，纵轴表示数量。它能展示一组数据的最大值、最小值、中位数，及上下四分位数。图 7-28 中展示了三种鸢尾花的不同特征的分布情况。这三种鸢尾花在花萼的长度、宽度以及花瓣的长度和宽度这四个特征上具有不同的分布，通过这样的箱线图便可以直观地表达。

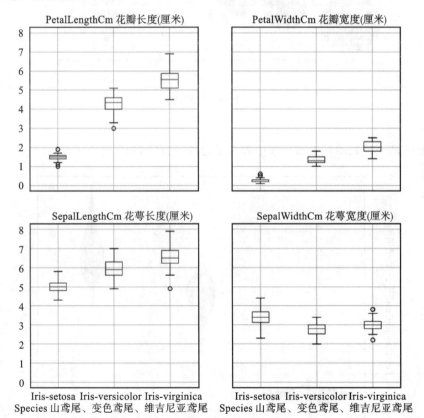

图 7-28　鸢尾属植物的箱线图

箱线图适合于观察数据总体分布的场景。从图中可以观察到数据的分位数等统计信息，并且可以大致判断数据的分布形态、识别数据中的异常值。它的优点是当比较多个数据集的分布时,它所占用的空间相对较小,且可以观测到数据的许多信息。

(八) 其他

除了上述介绍的这些基本图形以外,还有许多高级图形。

1. 气泡图

如图 7-29 所示,气泡图是散点图的一个变体,以散点的面积大小表示数值变量的大小,配合位置和不同的颜色来展示三维甚至四维的数据。

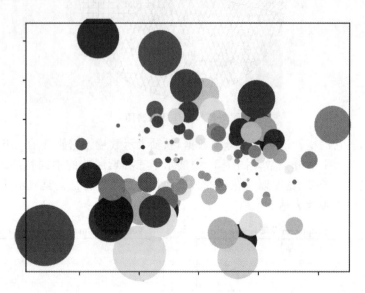

图 7-29　气泡图

2. 小提琴图

小提琴图是一种展示多组数据集中和离散趋势的方法,如图 7-30 所示。

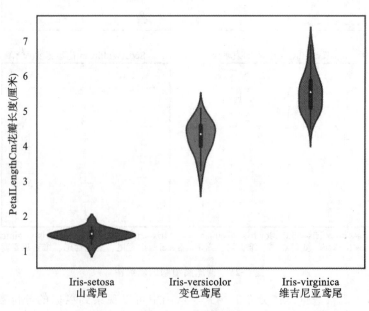

图 7-30　小提琴图

3. 热力图

热力图是一种用于二维空间表示现象的量级的方法,有时用来显示地理数据,以便展示活动发生的高密度或高聚集区域的情况,如图 7-31 所示。

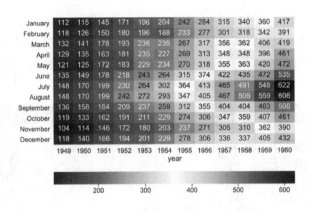

图 7-31 热力图

第四节 视觉可视化案例

一、垃圾短信类型分析

图 7-32 使用词云图展示了垃圾短信主要涉及的关键词,并将垃圾短信分为广告推销、诈骗、非法服务及其他四大类。每一大类包含数量不等的小类,用嵌套环形图展示类别之间的关

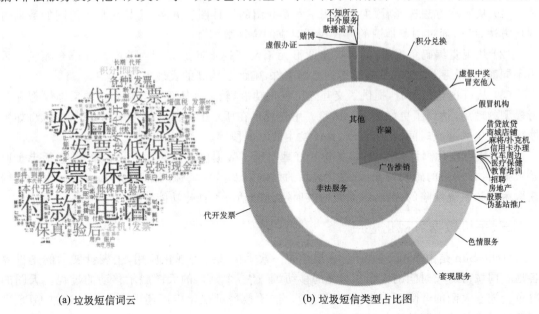

(a) 垃圾短信词云 (b) 垃圾短信类型占比图

图 7-32 垃圾短信类型分析图

系和数量比例。内嵌圆的扇形部分表示某一大类,扇形映射到的外侧环形部分是其包含的短信子类别。

二、美国旧金山 Oakland 地区犯罪数据的可视化

Stamen Design 工作室的 Michal Migurski、Tom Carden 和 Eric Rodenbeck 曾研发过一种可视化应用,主要以可视化方式显示 Oakland 地区发生的犯罪事件的统计数据(见图 7-33)。该应用的原始数据来自 CrimeWatch,进行必要的预处理后存放在自己的数据库之中,采用数据可视化技术实现了犯罪数据的可视化显示。

图 7-33　Oakland 地区犯罪数据

(1) 从实现方法选择看,主要采用了本章介绍的统计图表方法,尤其是基于地图的数据可视化方法,可以通过浏览地图的方式找到对应的统计数据。

(2) 从视觉编码角度看,其可视化图形元素及其视觉通道分别为圆圈及其填充颜色。采用不同颜色(及字母)代表不同类型的犯罪事件,确保了较高的表现力。

(3) 从可视化结果看,提供了交互式可视化功能,较好地体现了本章介绍的反馈模型和分析模型的理念,达到了更好的用户体验。用户可以在所示的系统界面中调整可视化参数,如犯罪事件发生的起止时间、犯罪类型、具体发生的时间段等。

(4) 从可视化测评角度看,该案例较好地实现了数据可视化的几个基本原则,包括忠于原始数据、目标用户的感知特征、可视化表示的目的以及具备较强的用户体验。但是,由于数据获取困难和系统缺陷的存在,该系统对实时数据的动态可视化功能较弱。

三、手机数据可视化应用

Hello Sun 是由 Small Multiples 设计的一款手机数据可视化应用,主表盘展示的是世界各地不同城市对应时间的太阳和月亮的移动,通过一个圆形的天图展示移动的过程。天图的颜色会随着太阳的升降而变化(见图 7-34)。这款数据可视化应用还可以让用户通过 GPS 坐标了解世界各地太阳的运行过程。

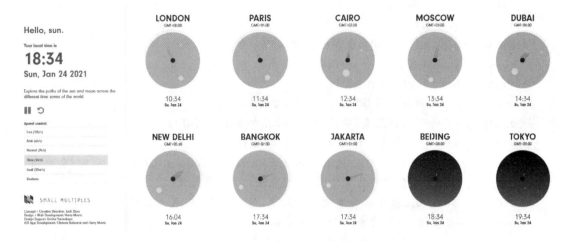

图 7-34　天图

本章小结

本章介绍了数据可视化的基本概念；大数据对数据可视化的挑战；视觉感知的基本概念、处理流程、视觉编码、统计图。通过本章的学习，学生可掌握数据可视化的基本原理，具备一定数据可视化的设计能力。

思考与练习

1. 请列举高维数据可视化的主要方法，并比较它们的优缺点和适用场景或范围。

2. 在北京、上海这样的大城市，每天产生大量的数据，可以怎样利用以及发展相应的可视化方法，支持城市大数据的分析和探索。

实验

数据可视化

一、分析

数据可视化将客观世界的信息映射为易于被人类感知的视觉模式，旨在探索、解释隐藏在数据背后的信息。数据可视化常用图形有散点图、折线图、柱形图、直方图、饼图、箱型图。六种图形应用场景各有不同：散点图用于判断两种变量的关系；折线图用于表示事物变化的趋势；柱形图用于对比不同事物的数量；直方图用于展示数据的分布；饼图能展示组成成分的占比；箱型图能检测异常值，显示数据的分布。

"shared_bikes"数据集是美国一家共享单车公司在华盛顿地区收集的 2011 年和 2012 年使用记录以及每天对应的天气信息，这个数据集包含以下 16 个特征，内容及含义如下：

- instance => 行编号；
- dteday => 日期；
- season => 季节(1—4分别表示一年中的四个季度)；
- yr => 年份(0代表2011年,1代表2012年)；
- mnth => 月份(1—12代表12个月)；
- holiday => 是否为节假日(0代表不是,1代表是)；
- weekday => 一周的第几天(取值为0—6,其中0表示周日)；
- workingday => 是否为工作日(0代表不是,1代表是)；
- weathersit => 天气类型(1代表晴朗少云,2代表多云雾,3代表小雨/小雪/雷电)；
- temp => 以摄氏度表示的标准化温度,值被除以41(最大值)；
- atemp => 以摄氏度表示的标准化体感温度,值被除以50(最大值)；
- hum => 标准化湿度,值被除以100(最大值)；
- windspeed => 标准化风速,值被除以67(最大值)；
- casual => 未注册用户单车使用量；
- registered => 注册用户单车使用量；
- cnt => 所有用户单车使用量。

利用该数据集,可以对季节因素、天气因素等对单车使用量的影响进行可视化分析。

二、建立数据可视化流程

1. 创建一个工作流

略。

2. 文件读取

(1) 添加CSV Reader节点。因为原文件为csv文件,选择文件读取CSV Reader节点。在"Node Repository"的搜索框中输入"CSV Reader",选择"IO"→"Reader"下的"CSV Reader",然后将其拖入工作流编辑器窗口。

(2) 配置CSV Reader节点。

在工作流编辑器窗口中双击CSV Reader节点,打开"Configure",点击Browse,在工作区中选择要输入的"shared_bikes.csv"文件。去除勾选"Has Row Header",其他的默认配置,然后,点击"OK"(见图7-35)。

(3) 执行CSV Reader节点。右键单击CSV Reader节点,选择"Execute",执行读取数据。

(4) 查看CSV Reader节点的执行结果。右键单击CSV Reader节点,选择"File Table",发现"shared_bikes.csv"数据被读出来了。

3. 变换数据类型

(1) 添加Number to String节点。

根据特征描述和含义更改数据类型,数据集中特征"season""yr""mnth""holiday""weekday""workingday""weathersit"都表示类型,是字符串型数据。在"Node Repository"的搜索框中输入"number to string",选择"Manipulation"→"Column"→"Convert & Replace"下的"Number to String",然后将其拖入工作流编辑器窗口。

(2) 连接CSV Reader节点和Number to String节点。

(3) 配置Number to String节点。

在工作流编辑器窗口中双击Number to String节点,打开"Configure",在"Options"→"Include"中选择特征:"season""yr""mnth""holiday""weekday""workingday""weathersit"。然后,点击"OK-Execute"(见图7-36)。

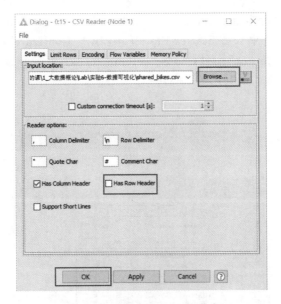

图 7-35　配置 CSV Reader 节点

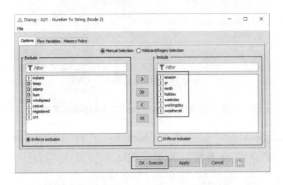

图 7-36　配置 Number to String 节点

(4) 执行 Number to String 节点。
(5) 查看 Number to String 节点的执行结果。

右键单击 Number to String 节点，选择"Transformed input"，可以看到选中特征的数据类型由数值型变为了字符串型(String)(见图 7-37)。

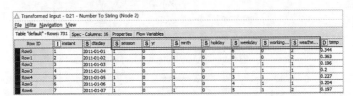

图 7-37　查看 Number to String 节点的执行结果

4．绘制散点图
(1) 添加 Scatter Plot 节点。

绘制单车使用量与温度关系的散点图。在"Node Repository"的搜索框中输入"Scatter Plot"，选择"Views"→"JavaScript"下的"Scatter Plot"，然后将其拖入工作流编辑器窗口。

(2) 连接 Number to String 节点和 Scatter Plot 节点。

（3）配置 Scatter Plot 节点。

在工作流编辑器窗口中双击 Scatter Plot 节点，打开"Configure"，在"Options"选项卡中勾选"Create image at output"；在"Choose column for x axis"中选择"temp"；在"Choose column for y axis"中选择"cnt"（见图 7-38）。

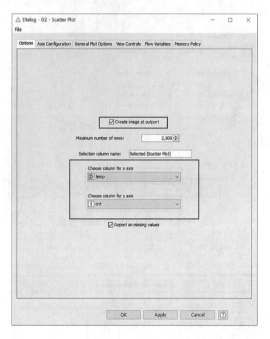

图 7-38　配置 Scatter Plot 节点-Option 选项卡

然后，在"Axis Configuration"选项卡的"Labels"中的"Label for x axis"输入"温度"；在"Label for y axis"中输入"单车使用量"（见图 7-39）。

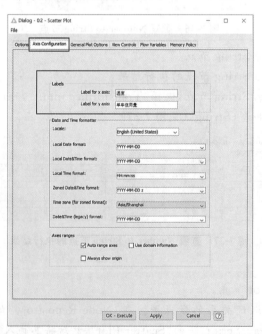

图 7-39　配置 Scatter Plot 节点-Axis Configuration 选项卡

在"General Plot Options"选项卡的"Titles"中的"Chart title"输入"单车使用量与温度的关系",然后点击"OK-Execute"(见图7-40)。

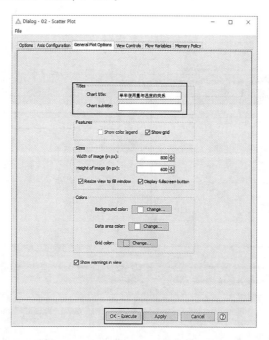

图 7-40　配置 Scatter Plot 节点-General Plot Options 选项卡

(4) 执行 Scatter Plot 节点。

(5) 查看 Scatter Plot 节点的执行结果。右键单击 Scatter Plot 节点,选择"Image",可以看到散点图(见图7-41)。

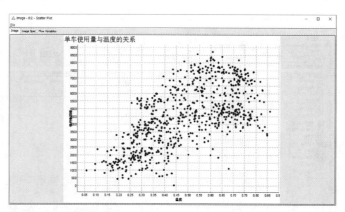

图 7-41　查看 Scatter Plot 节点的执行结果

5. 按季节分组

(1) 添加 GroupBy 节点。

绘制季节与单车使用量的折线图,需要统计四个不同季节的单车使用总量,可以使用分组节点进行统计。

在"Node Repository"中的搜索框中输入"GroupBy",选择"Manipulation"→"Row","Transform"下的"GroupBy",然后将其拖入工作流编辑器窗口。

(2) 连接 Number to String 节点和 GroupBy 节点。

(3) 配置 GroupBy 节点。

在工作流编辑器窗口中双击 GroupBy 节点,打开"Configure",在"Group columns"中选择"season"字段(见图 7-42)。

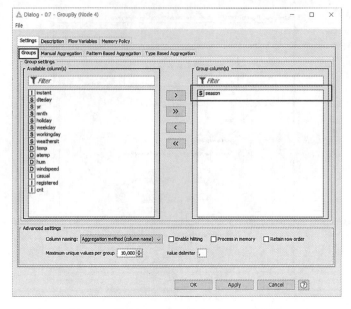

图 7-42 配置 **GroupBy** 节点-**Groups** 选项卡

在"Manual Aggregation"选项卡中"Aggregation settings"的"Available columns"中找到单车使用量"cnt"字段。在"Aggregation(click to change)"中选择"Sum"。然后,点击"OK-Execute"(见图 7-43)。

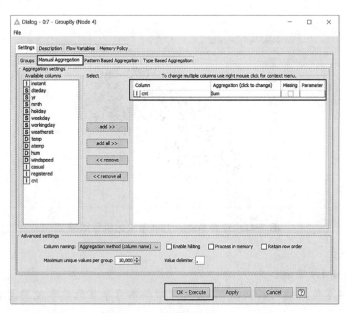

图 7-43 配置 **GroupBy** 节点-**Manual Aggregation** 选项卡

(4) 执行 GroupBy 节点。

(5) 查看 GroupBy 节点的执行结果。右键单击 GroupBy 节点,选择"Group Table",可以看到四个季节单车使用量的统计值(见图 7-44)。

Row ID	S season	I Sum(cnt)
Row0	1	471348
Row1	2	918589
Row2	3	1061129
Row3	4	841613

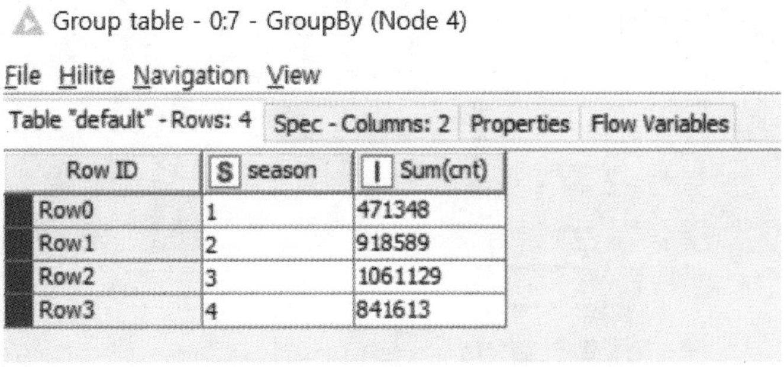

图 7-44　查看 GroupBy 节点的执行结果

6. 绘制折线图

(1) 添加 Line Plot 节点。

在“Node Repository”中的搜索框中输入“Line Plot”,选择“Views”→“JavaScript”下的“Line Plot”,然后将其拖入工作流编辑器窗口。

(2) 连接 GroupBy 节点和 Line Plot 节点的实心三角形。

(3) 配置 Line Plot 节点。

在工作流编辑器窗口中双击 Line Plot 节点,打开“Configure”,在“Options”选项卡中勾选“Create image at output”;在“Choose column for x axis”中选择“season”;在“Include”中选择按季节分组的结果“Sum(cnt)”(见图 7-45)。

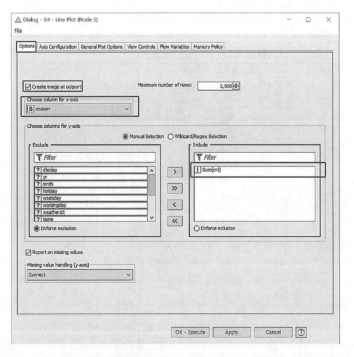

图 7-45　配置 Line Plot 节点-Options 选项卡

然后,在“Axis Configuration”选项卡的“Labels”中的“Label for x axis”输入“季节”;在“Label for y axis”中输入“单车使用量”(见图 7-46)。

图 7-46 配置 Line Plot 节点-Axis Configuration 选项卡

在"General Plot Options"选项卡的"Titles"中的"Chart title"输入"单车使用量与季节的关系",然后点击"OK-Execute"(见图 7-47)。

图 7-47 配置 Line Plot 节点-General Plot Options 选项卡

(4) 执行 Line Plot 节点。
(5) 查看 Line Plot 节点的执行结果。右键单击 Line Plot 节点,选择"Image",可以看到单车使用量与季节关系的折线图(见图 7-48)。

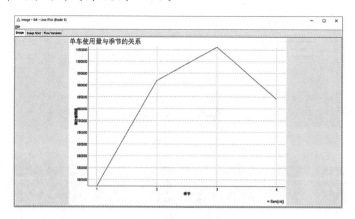

图 7-48　查看 Line Plot 节点的执行结果

7. 绘制柱形图

(1) 添加 Bar Chart 节点。

绘制 2011 年和 2012 年两年单车使用量的柱形图。在"Node Repository"中的搜索框中输入"Bar Chart",选择"Views"→"JavaScript"下的"Bar Chart",然后将其拖入工作流编辑器窗口。

(2) 连接 Number to String 节点和 Bar Chart 节点的实心三角形。

(3) 配置 Bar Chart 节点。

在工作流编辑器窗口中双击 Bar Chart 节点,打开"Configure",在"Options"中勾选"Generate image";在"Category Column"中选择"yr";在"Aggregation Method"中选择"Sum";在绿色方框中选择特征"cnt"(见图 7-49)。

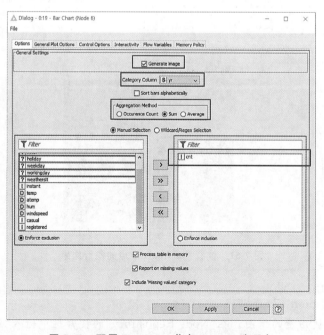

图 7-49　配置 Bar Chart 节点-Options 选项卡

在"General Plot Options"选项卡的"Titles"中输入"两年单车使用量对比";在"Category-axis label"中输入"年份";在"Frequency-axis label"中输入"单车使用量";在"Chart type"中选

择"Grouped",其他默认配置,然后点击"OK-Execute"(见图7-50)。

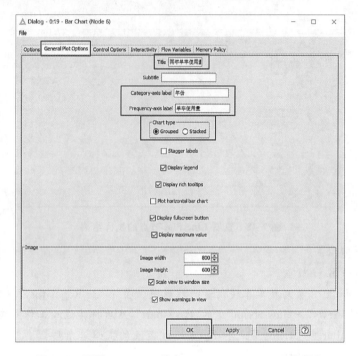

图 7-50　配置 Bar Chart 节点-General Plot Options 选项卡

(4) 执行 Bar Chart 节点。

(5) 查看 Bar Chart 节点的执行结果。

右键单击 Bar Chart 节点,选择"Bar chart image",可以看到绘制的两年单车使用量的对比图,"0"表示 2011 年,"1"表示 2012 年(见图 7-51)。

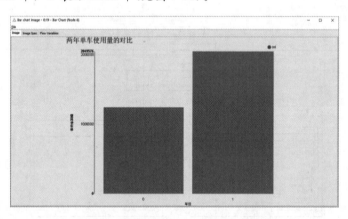

图 7-51　查看 Bar Chart 节点的执行结果

8. 绘制饼图

(1) 添加 Pie/Donut Chart 节点。

绘制两年单车使用量的饼图。在"Node Repository"的搜索框中输入"Pie/Donut Chart",选择"Views"→"JavaScript"下的"Pie/Donut Chart",然后将其拖入工作流编辑器窗口。

(2) 连接 Number to String 节点和 Pie/Donut Chart 节点。

(3) 配置 Pie/Donut Chart 节点。

在工作流编辑器窗口中双击 Pie/Donut Chart 节点,打开"Configure",在"Options"选项卡中勾选"Generate image";在"Category Column"中选择年份"yr";在"Aggregation Method"中选择"Sum";在"Frequency Column"中选择单车使用量"cnt"(见图 7-52)。

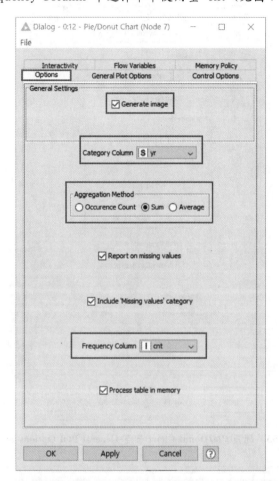

图 7-52　配置 Pie/Donut Chart 节点-Options 选项卡

在"General Plot Options"选项卡的"Titles"中输入"两年单车使用量占比";在"Label type"中选择"Percent",然后点击"OK"(见图 7-53)。

(4) 执行 Pie/Donut Chart 节点。

(5) 查看 Pie/Donut Chart 节点的执行结果。右键单击 Pie/Donut Chart 节点,选择"Pie chart image",可以看到两年单车使用量的占比图(见图 7-54)。

9. 绘制直方图

(1) 添加 Histogram 节点。

绘制单车使用量的直方图。在"Node Repository"中的搜索框中输入"Histogram",选择"Views"→"JavaScript"下的"Histogram",然后将其拖入工作流编辑器窗口。

(2) 连接 Number to String 节点和 Histogram 节点。

(3) 配置 Histogram 节点。

在工作流编辑器窗口中双击 Histogram 节点,打开"Configure",在"Options"选项卡中选中"Generate image";在"Histogram column"中选择"cnt";在"Aggregation Method"中选择

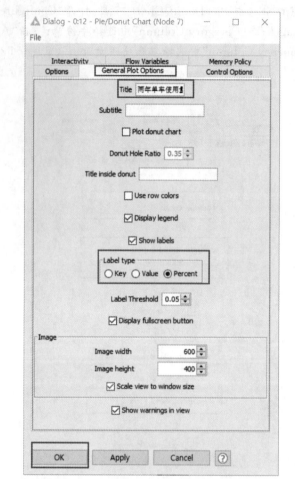

图 7-53　配置 Pie/Donut Chart 节点-General Plot Options 选项卡

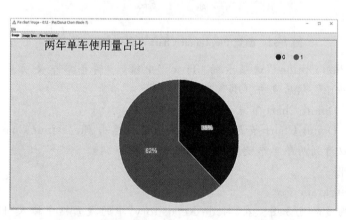

图 7-54　查看 Pie/Donut Chart 节点的执行结果

"occurrence Count"(见图 7-55)。

然后,在"Binning"选项卡的"Binning method"中选择"Fixed number of bins";在"Number of bins"中输入"10";在"Bin Naming"中输入"Midpoints"(见图 7-56)。

在"General Plot Options"选项卡的"Titles"中输入"单车使用量的分布";在"Category-

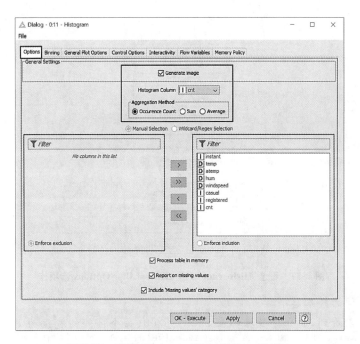

图 7-55　配置 Histogram 节点-Options 选项卡

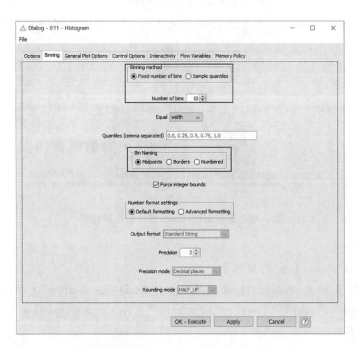

图 7-56　配置 Histogram 节点-Binning 选项卡

axis label"中输入"单车使用量";在"Frequency-axis label"中输入"频数";在"Chart type"中选择"Grouped",其他的默认配置。然后点击"OK-Execute"(见图7-57)。

(4) 执行 Histogram 节点。

(5) 查看 Histogram 节点的执行结果。

右键单击 Histogram 节点,选择"Histogram image",可以看到生成了单车使用量的直方图。单车使用量为横轴,分为10个区间,区间名称是刚才设置的区间的中间数;纵轴是频数,

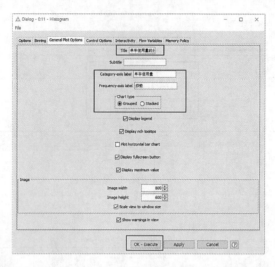

图 7-57　配置 Histogram 节点-General Plot Options 选项卡

即落入到每个区间的样本总个数。

从直方图可以看到,大部分数据都在 3500—5300(每个区间的宽度为 871.4,半个区间宽度为 435)(见图 7-58)。

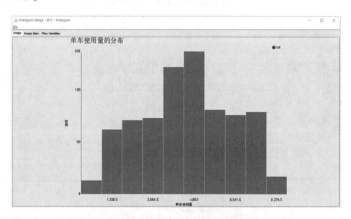

图 7-58　查看 Histogram 节点的执行结果

10. 绘制箱线图

(1) 添加 Conditional Box Plot 节点。

绘制不同季节单车使用量的箱线图。在"Node Repository"中的搜索框中输入"Conditional Box Plot",选择"Views"→"JavaScript"下的"Conditional Box Plot",然后将其拖入工作流编辑器窗口。

(2) 连接 Number to String 节点和 Conditional Box Plot 节点。

(3) 配置 Conditional Box Plot 节点。

在工作流编辑器窗口中双击 Conditional Box Plot 节点,打开"Configure",在"Options"选项卡中勾选"Generate image";在"Category Column"中选择"weathersit";在右侧绿色框中选择"cnt";在"Selected Column"中选择"cnt"(见图 7-59)。

在"General Plot Options"选项卡的"Titles"中输入"单车使用量与天气的关系",然后,其他的默认配置,点击"OK"(见图 7-60)。

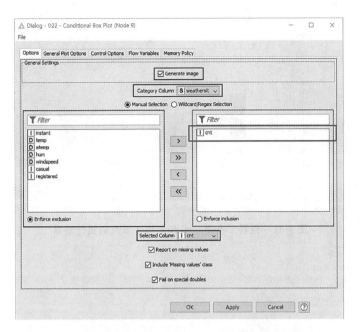

图 7-59　配置 Conditional Box Plot 节点-Options 选项卡

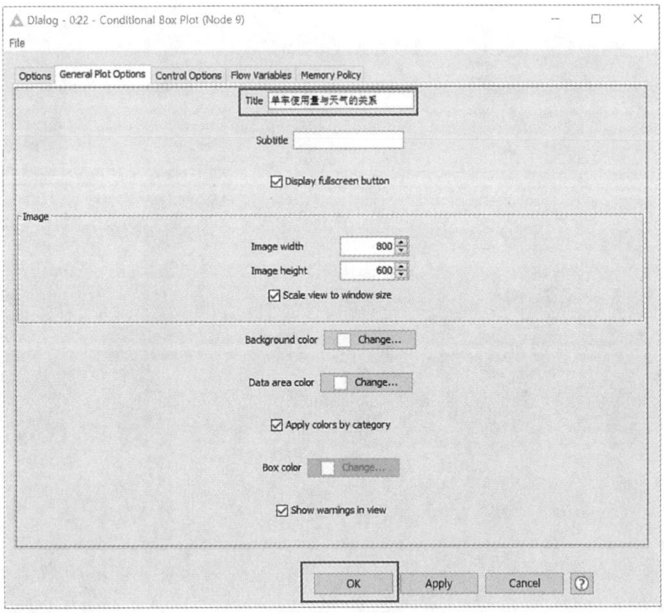

图 7-60　配置 Conditional Box Plot 节点-General Plot Options 选项卡

（4）执行 Conditional Box Plot 节点。

（5）查看 Conditional Box Plot 节点的执行结果。

右键单击 Conditional Box Plot 节点，选择"Box Plot image"，可以看到在三种不同的天气单车使用量存在差异，即天气情况影响单车使用量（见图 7-61）。

11. 导出工作流

选中"File"→"Export KNIME Workflow…"，选择一个导出路径，将工作流命名为"visualization.knwf"。

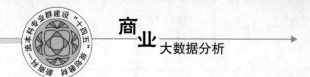

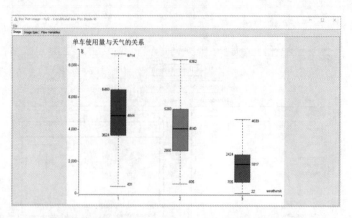

图 7-61 查看 Conditional Box Plot 节点的执行结果

References 参考文献

[1] Mayer-Schönberger V, Cukier K. Big Data: A Revolution that Will Transform How We Live, Work and Think[M]. London: Hodder, 2013.

[2] Reinsel D, Gantz J, Rydning J. Data Age 2025: The Evolution of Data to Life-Critical Don't Focus on Big Data; Focus on Data That's Big[M]. Seagate, 2017: p. 2—24.

[3] 《大数据领导干部读本》编写组. 大数据领导干部读本[M]. 北京: 人民出版社, 2015.

[4] Manyika J, et al. Big Data: The Next Frontier for Innovation, Competition, and Productivity[M]. McKinsey Global Institute, 2011.

[5] Gandomi A, Haider M. Beyond the Hype: Big Data Concepts, Methods, and Analytics[J]. International journal of Information Management, 2015(2).

[6] Laney D B. Infonomics: How to Monetize, Manage, and Measure Information as an Asset for Competitive Advantage[M]. London: Routledge, 2017.

[7] 李国杰. 大数据研究的科学价值[J]. 中国计算机学会通讯, 2012(9).

[8] Hey T, Tansley S, Tolle K. The Fourth Paradigm: Data-Intensive Scientific Discovery[M]. Vol. 1. Washington: Redmond, 2009.

[9] Mayer-Schönberger V, Cukier K. Learning with Big Data: The Future of Education[M]. Boston: Houghton Mifflin Harcourt, 2014.

[10] Davenport T H, Patil D J. Data Scientist[J]. Harvard Business Review, 2012.

[11] 夏坤庄. 深入解析 SAS 数据处理、分析优化与商业应用[M]. 北京: 机械工业出版社, 2015.

[12] Hartigan J A, Wong M A. Algorithm AS 136: A K-Means Clustering Algorithm[J]. Journal of the Royal Statistical Society. Series C(Applied Statistics), 1979(1).

[13] Idoine C, Krensky P, Brethenoux E, et al. Magic Quadrant for Data Science and Machine Learning Platforms[M]. Stamford: Gartner Research, 2018(22).

[14] 王海涛, 毛睿, 明仲. 大数据系统计算技术展望[J]. 大数据, 2018(2).

[15] 小孩子 4919. MySQL 是怎样运行的 从根儿上理解 MySQL. 北京: 人民邮电出版社, 2020.

[16] Keqiang Ker-Ching. How China's Next Prime Minister Keeps Tabs on Its Economy[J]. The Economist, 2010(397).

[17] Adedeji O, Wang Z. Intelligent Waste Classification System Using Deep Learning Convolutional Neural Network[J]. Procedia Manufacturing, 2019(35).

[18] Pyle D. Data Preparation for Data Mining[M]. San Francisco: Morgan Kaufmann

Publishers,Inc,1999.

[19] 宋光辉.管理统计学[M].4版.广州:华南理工大学出版社,2017.

[20] 金澈清,钱卫宁,周敏奇,等.数据管理系统评测基准:从传统数据库到新兴大数据[J].计算机学报,2015(1).

[21] 罗.从传统数据到云数据库演进[EB/OL].阿里云.[2020-6-18]. https://developer.aliyun.com/article/765350?spm=a2c6h.13813017.0.dArticle738638.1934569f57SK2P.

[22] 施伯乐,丁宝康,汪卫.数据库系统教程[M].2版.北京:高等教育出版社,2003.

[23] Inmon W H. Building the data warehouse[M]. 4th ed. New Jersey:John Wiley & Sons,2005.

[24] Özsu M T,Valduriez P. Principles of Distributed Database Systems[M]. 3rd ed. New York:Springer,2011.

[25] Gilbert S,Lynch N. Brewer's Conjecture and the Feasibility of Consistent,Available,Partition-Tolerant Web Services[J]. Acm Sigact News,2002(2).

[26] 覃雄派,王会举,李芙蓉,等.数据管理技术的新格局[J].软件学报,2013(2).

[27] 王昊奋.知识图谱:方法、实践与应用[M].北京:电子工业出版社,2019.

[28] Chakraborty C,Joseph A. Machine Learning at Central Banks[J]. Social Science Electronic Publishing,2017.

[29] Hinton G E,Salakhutdinov R R. Reducing the Dimensionality of Data with Neural Networks[J]. Science,2006(674).

[30] Tufte E R. Visual Explanations:Images and Quantities,Evidence and Narrative[J]. Biometrics Journal of Policy Analysis & Management,1998(3).

[31] Tukey J W. The Future of Data Analysis[J]. Annals of Mathematical Statistics,1962(1).

[32] 陈为,沈则潜,陈煜波.数据可视化[M].2版.北京:电子工业出版社,2019.

教学支持说明

新商科一流本科专业群建设"十四五"规划教材系华中科技大学出版社重点教材。

为了改善教学效果,提高教材的使用效率,满足高校授课教师的教学需求,本套教材备有与纸质教材配套的教学课件(PPT电子教案)和拓展资源(案例库、习题库视频等)。

为保证本教学课件及相关教学资料仅为教材使用者所得,我们将向使用本套教材的高校授课教师免费赠送教学课件或者相关教学资料,烦请授课教师通过电话、邮件或加入旅游专家俱乐部QQ群等方式与我们联系,获取"教学课件资源申请表"文档并认真准确填写后发给我们,我们的联系方式如下:

地址:湖北省武汉市东湖新技术开发区华工科技园华工园六路

邮编:430223

电话:027-81321911

传真:027-81321917

E-mail:lyzjjlb@163.com

旅游专家俱乐部QQ群号:306110199

旅游专家俱乐部QQ群二维码:

群名称:旅游专家俱乐部
群　号:306110199

教学课件资源申请表

填表时间：_____年___月___日

1. 以下内容请教师按实际情况写，★为必填项。
2. 学生根据个人情况如实填写，相关内容可以酌情调整提交。

★姓名		★性别	□男 □女	出生年月		★职务	
						★职称	□教授 □副教授 □讲师 □助教

★学校		★院/系	
★教研室		★专业	
★办公电话		家庭电话		★移动电话	
★E-mail （请填写清晰）				★QQ号/微信号	
★联系地址				★邮编	

★现在主授课程情况	学生人数	教材所属出版社	教材满意度
课程一			□满意 □一般 □不满意
课程二			□满意 □一般 □不满意
课程三			□满意 □一般 □不满意
其 他			□满意 □一般 □不满意

教材出版信息			
方向一		□准备写 □写作中 □已成稿 □已出版待修订 □有讲义
方向二		□准备写 □写作中 □已成稿 □已出版待修订 □有讲义
方向三		□准备写 □写作中 □已成稿 □已出版待修订 □有讲义

请教师认真填写表格下列内容，提供索取课件配套教材的相关信息，我社根据每位教师/学生填表信息的完整性、授课情况与索取课件的相关性，以及教材使用的情况赠送教材的配套课件及相关教学资源。

ISBN（书号）	书名	作者	索取课件简要说明	学生人数 （如选作教材）
			□教学 □参考	
			□教学 □参考	

★您对与课件配套的纸质教材的意见和建议，希望提供哪些配套教学资源：